本课题和本书出版受河北大学历史学强势特色学科建设经费资助

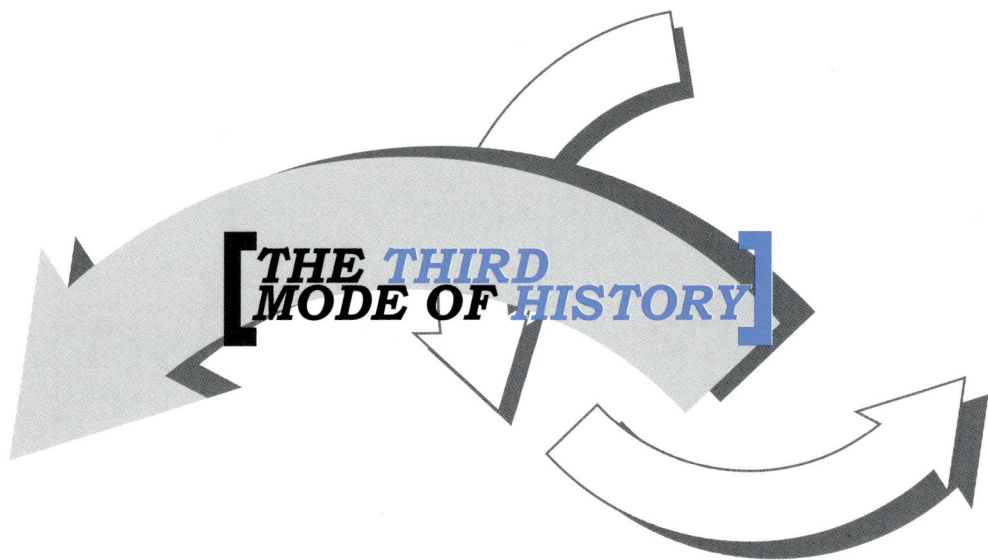

[THE THIRD
MODE OF HISTORY]

一个历史新闻学的文本   第三种历史

雷戈 著

人民出版社

目 录

CONTENTS

第一章　历史与现实 …………………………………………（1）

第二章　史学与新闻 …………………………………………（28）

第三章　自由:史学与新闻的共同基础 ……………………（72）

第四章　书写历史的另一种文本 ……………………………（89）

第五章　两种历史文本的界限与张力(上) …………………（106）

第六章　两种历史文本的界限与张力(下) …………………（126）

第七章　历史形态学 …………………………………………（148）

第八章　经验、心灵与生命 …………………………………（165）

第九章　历史形态的文学观 …………………………………（187）

第十章　历史感与历史意识 …………………………………（217）

第十一章　想象之可能 ………………………………………（228）

第十二章　历史学家在历史文本中的角色变迁 ……………（241）

第十三章　个人的世界史 ……………………………………（268）

后　记 …………………………………………………………（294）

第一章　历史与现实

　　从逻辑上讲,历史这个概念,可以这样来陈述:只要历史所研究的是那些一次性的、个别的现实事物本身,而它们又是独特的现实事物,我们对它们确有所知,那么历史就是**现实**科学;只要它所采取的是对众人均为有效的纯观察立场,只要它仅仅把那些因为和某种一般价值相联系才成为重要的或本质性的个别现实事物或历史的不可分个体作为自己表述的对象,那么历史就是现实**科学**。①

——李凯尔特

　　这些哲学流派在具有不可分割的两个侧面的现实面前、即存在的面前纷纷宣告失败了;所谓两个侧面者,一面是现实的历史及其矛盾,一面是现实的个人及其悲剧。

——加罗蒂

一

　　历史与现实不是对立的,而是分裂的。② 而且这种分裂是由来已

---

　　①　黑体字原有。
　　②　显然,对于"对立"与"分裂"这两个词语还不能单单从字面上去理解和诠释。

1

久,以至于我们现在试图为它寻找一个统一的原始根基也都几乎不可能。甚至,我们根本弄不清历史与现实的这种分裂究竟开始于何时。我们唯一能够知道的是:到了现代,历史与现实的分裂似乎变得空前剧烈起来,以至于人人都能感觉到它并不得不面对它。这也许就是所谓的"现代意识"或"现代感"。就其本质而言,现代意识和现代感也只能是这种基于历史与现实的严重分裂而产生的忧患意识和危机感,也只能是针对历史与现实的分裂所产生的警醒意识和畏惧感。所以,在这种现代意识和现代感中,**历史与现实的分裂状态始终是一个中心问题**。任何问题都绕不过去。任何一个真正意义上的现代问题都与这个问题有着千丝万缕的内在联系。不言而喻,对于历史与现实的这种分裂,普通历史学根本不具有将此裂缝弥合起来的特殊能力。它连明确意识到这点都很困难。尽管如此,通过努力,历史学还是能够做到以下几点:第一,指出这条裂缝的客观存在;第二,描绘出这条裂缝的走向和轨迹;第三,测量和计算出这条裂缝的深度和宽度;第四,探明这条裂缝形成的大致时间;第五,分析这条裂缝产生的复杂原因。

这就为历史学提出了一个空前的任务。这一任务不但是对历史学的挑战,而且也是对历史的挑战。这就要求历史学必须实现自身的彻底变革。因为只有变革了的历史学才有可能当此大任。这就意味着历史学必须实现自身的形态性转换,即转换成另外一种历史学。这种历史学就是"历史新闻学"。① 由历史新闻学写出来的历史就是"第三种历史"。第三种历史的理想就是重构历史与现实之关系的统一,就是全面展示历史与现实重新统一的诸种可能性。

因为历史与现实本来是绝对同一的,但后来它却变得分裂了。当然,这种分裂仅仅是事实层面上的,而非本体层面上的。在本体层面

---

① 在新闻学术语中,"历史新闻学"或"新闻史学"一般指称新闻史,与我的看法不同。

上,历史与现实仍然是完满统一的。但在事实层面上,这种统一却出现了问题,即这种统一被打破了。这样一来,建立在事实层面上的各种基本观念、理论、学说便不能不依据这种分裂状态之前提而得以扭曲地偏颇地构成。因为人们相信,任何理论学说都离不开事实基础,都需要一个事实依据。而**所有的理论学说又都恰恰依据的是一个历史与现实相分裂的事实基础**。① 这样,在所有的理论学说中,便从未有一家理论学说明确声称"历史即现实",而无一例外地都是认定"历史不是现实"。显然,在这种言之凿凿的认定后面,支撑它们的是历史与现实相分裂这一普遍的事实基础。

这一事实基础的特征是历史与现实成为两截子的东西,二者是既有联系又有区别,但不论二者的联系如何密切,历史终究不是现实。所以,历史与现实的基本关系就是相互异质。这种异质性导致的结果就是历史没有自己独立的存在价值,历史必须从属于现实。所以,人们不厌其烦地强调必须根据现实需要去研究历史,历史研究必须为现实服务。这种观念诚然有其合理性。但这种观念的暧昧之处在于它表面上看起来是历史观,但实际上却是史学观。换言之,它形式上是历史观,但内涵上却是史学观。这是它的二重性所在。从"历史观"角度看,它认为历史不同于现实、有别于现实、异己于现实、前在于现实。从"史学观"角度看,它认为必须根据现实发展的不同需要去不断地重新解释历史和认识历史。说到底,这是一种把"历史观"与"史学观"合二为一的混合观念。

毫无疑问,这种重叠性的观念体系的事实基础就是历史与现实相分裂的客观状态,但它却没有充分意识到历史与现实的相统一这一本体论结构。这样,它就无法立足于本体论去消除历史与现实在事实层面上的分裂状态,而只能不遗余力地强调历史与现实在事实层面的相

① 由于坚持历史与现实的对立,历史学家普遍患有一种**观念分裂症**。过去的事情记得一清二楚,现在的事情则忘得一塌糊涂。

互联系性以及这种联系的紧密性。然而,我们的目的与思路则与此不同。第一,我们明确指出历史与现实在本体层面是绝对统一的,这就是"历史即现实"的基本原理。它构成一种**现实主义历史观**,①而且是一种真正意义上的本体论的历史观。**唯有本体论历史观才有思想尊严**。② 第二,我们同样明确指出历史与现实在事实层面是分裂的。这一分裂状态为有史以来的所有历史观、史学观以及历史哲学和历史学提供了一个最起码的事实基础。同样,它也是我们的前提。第三,我们虽然承认这个前提,但却不局限于这个前提,不停留于这个前提,不固守于这个前提。我们从这个前提出发,尽可能地超越这个前提,撇开这个前提,跨过这个前提。这就要求我们绝不能消极地满足于这种分裂的现状,而必须深入到其事实内部,找出比这一事实更为内在和根本的存在,这就

---

① 现实主义历史观也就是**历史现实主义**或**历史—现实主义**。这既是一种新现实主义,也是一种新历史主义。总之,它是新现实主义与新历史主义二者之综合与集成。现实主义历史观至少有两个层面:(1)本体论层面:历史即现实;(2)认识论层面:有两种表述:(a)历史是现实自我认识和现实自我意识;(b)历史是现实自我想象和现实自我虚构。现实主义历史观包含有理性主义认识论、个体主义方法论、自由主义价值论三个部分。理性主义认识论、个体主义方法论、自由主义价值论构成三个相互重叠的圆。三者应该是三位一体之关系,因为只有理性能确证个体之存在(所谓"我思故我在"),只有自由能确保个体之价值(所谓"不自由毋宁死")。相对而言,理性主义认识论和自由主义价值论都不难理解。唯有个体主义方法论似乎稍显费解。其实,个体主义方法论仅仅意味着:(a)个人历史优先于人类历史;(b)个人历史赋予人类历史以意义。最大限度地寻求和发现个人历史与他人历史之间的差异和缝隙,并将其自然呈现出来,是个体主义方法论的基本特征。个体主义方法论考察的不是人类的历史,也不是一群人的历史,而是一个人一个人的历史。二者之间显然不存在直接的等值关系。个体主义方法论坚决反对在历史问题上"整体大于部分之和"的说法,而强调"部分先于整体"。现实主义历史观在方法论上特别重视个体生命的价值,故而它是个体主义的。这种基于现实主义历史观的个体主义方法论,其目的在于努力凸显个人的生命存在和历史价值。它试图让每个人都能正常发出自己的声音。它希望在方法论层面发展出一套技术,这套技术可以同时有两个功能:既能使人听见普通个人的声音,又不影响听清一般人的声音。这就需要用思想制造出一种隔音设备。这种方法论的隔音技术,是一种思想实验。我希望这种方法论的隔音技术能为个人历史的自由显现提供一个不错的尝试。

② 历史观的尊严在于,它永远是把历史与现实作为一个绝对整体来思考的。历史学或许还可以某种方式逃避现实,而历史观则绝对不能回避现实。历史观不仅要解释历史,还必须解释现实。所以,历史观建立的前提是历史与现实的本体论统一。

是历史与现实相统一的真实本体。一旦找到这个本体,我们就可以有的放矢地制订一套方案、设计一种思路、尝试一种方法、建构一种观念去对历史与现实的分裂状态加以新的整合。我把这套观念称之为"历史新闻学",同时我把基于这套理念而进行的历史写作称之为"第三种历史"。

需要说明的是,我之所以要把历史与现实之间的事实关系称之为"分裂",而不称之为"对立",原因有四:一是对立多给人一种两极性的、形式化的、规范化的感觉,而分裂则多给人一种多元的、混乱的、无规则的感觉。二是对立主要是基于一种时间层面的简单分类,它不但使事情变得庸俗,而且使事情变得宿命;它不但扭曲了历史与现实的正常关系,而且破坏了历史与现实的本真关系。三是(其实也是最重要的)对立是一种结构,而分裂是一种状态。作为一种结构,我们无法改变;作为一种状态,我们则有可能改变。四是分裂不是自然形成的,而是人为造成的,所以它不但能够被改变,而且也必须被改变。

二

"历史"是一个概念整体。这个概念整体不但包含有现实,而且因现实而得以可能。这就意味着:(1)历史的每一部分都必须有一个现实基础,必须能够展示为一种现实过程,必须构成一种现实关系;(2)每一个人与历史整体之间都存在于一种可以直观和体验的现实境遇之中;(3)每一代人与历史整体之间都存在于一种可以直观和体验的现实境遇之中。同样,"现实"也是一个概念整体。虽此现实非彼现实,但作为高度抽象化的"现实"概念,则意味着在任何时候都存在有一个绝对客观的现实,意味着现实在任何时候都是一种客观存在。这正是"现实"概念作为历史本体论的实质所在。①

---

① 由于"现实"这个本体论概念,使得我对历史的客观性永远充满信心。

作为概念整体,"历史"与"现实"完全重合。这种重合的命题式表述就是:一切历史都是现实,现实之外无历史。所谓现实"之外"同世界"之外"一样,只在纯粹的语言学意义上和逻辑学意义上才有其可能。现实之外并不是"非历史",现实之前也不是"前历史"。我们不能说先有历史后有现实,而只能说有历史就有现实。我们既不能笼统地说历史先在于现实,也不能抽象地说历史使现实得以存在,而只能说**历史在现实,故现实存在**。一般说来,在汉语思维习惯中,人们最常说的是"历史是什么",而不说"历史在哪里";或喜欢问"历史是何物",而不问"历史在何处"。这是因为在汉语语境中,"是"与"在"二者均不具有相互包含性和兼容性。"是"与"在"的彼此分裂,使得人们既不能把自己所想的清楚地说出来,也不能把自己所看到的明确指认出来。思维的模糊和语言的盲目,似乎是汉语的传统缺陷和普遍特征。相形之下,英语思维显然具有某种优势。在那里,"是"同时包含有"在"的含义。"是"同时意味着"在"。在我看来,这至少意味着存在可以以某种方式被语言揭示出来。在历史问题上,"是"与"在"的统一仿佛具有某种罕见的唯一性。比如,我们一般不说"历史是过去",也不说"历史在过去"(因为这不符合汉语思维习惯),而只是说"历史是过去发生的事情",或者说"历史是人们在过去所做的事情"。这种说法无疑符合常识。但在这种表述中,"是"显然不能被保值地替换为"在"。然而,在历史与现实的关系上,我们却既可以说"历史是现实",也可以说"历史在现实"。这绝对具有唯一性。其实,即便说"历史在过去"我们也无法指认历史。因为过去已不存在。而只有说"历史在现实"我们才有可能指认历史。因为现实绝对存在。这起码说明现实"有"历史,而过去"无"历史。或唯独现实才有真正意义的历史,而过去则根本没有真正意义的历史。

这从另一方面证明"历史是(在)现实"确实具有唯一性。而唯一性恰恰是本体论的本质规定。为了正确理解这一点,我们不妨把"根本"一词拆开来说，**历史是现实的"根"，现实是历史的"本"**。所以，"历史在现实"并不是说，历史好像一件"东西"，现实好像一个"容器"，而历史这件"东西"就放在了现实这个"容器"里面。因为这仿佛是说现实比历史更"大"。这完全不对。准确的理解应该是，历史存在于现实，故现实得以存在。所以，说因历史存在而使现实得以存在，也是不对的。至少是不妥当的。因为这似乎是说历史比现实更"早"。在这里，我想强调的是，**历史绝不是一般意义上的存在，而仅仅是现实意义上的存在**。海德格尔所谓"存在之历史"也是这个意思。"存在之历史从未过去，它永在当前。存在之历史承担并规定着任何一种人类的条件和境况。"①这种存在论之分析表明历史只能存在于现实。**正是因历史存在于现实，现实便必然成为存在**。所以，在历史与现实之间硬要人为地区分出二者孰大孰小孰早孰晚，没有任何意义。因为，现实本身就是历史，就是唯一的历史，就是真正的历史，就是全部的历史。这是本体论历史观的绝对规定。它具有四个限定条件：(1)必须绝对存在；(2)必须是史学概念；(3)必须能够直观；(4)必须适用于所有人。这个限定使得现实成为本体论历史观的纯粹本质。故而本体论历史观只能是一种现实本体论的历史观念。一般而言，缺乏现实本体论的历史观念大致表现为四种弊端：(1)迷信现实，以现实为唯一标准去裁割历史；(2)轻视现实，以历史决定论和复古主义的眼光来指责现实；(3)回避现实，在历史的另一边以历史的另一种形式来美化现实；(4)认同现实，通过某种形式中立和学术客观来表示对现实的无条件肯定。

在这里，现实成为一种极不确定的东西。它诱发出无穷尽的暧昧性解释和想象。在无限多的可能性中，我必须把现实规定为历史的绝对本质。这就意味着，历史只能是现实。把历史规定为现实，**并不是为了确立历史事实的实在性，而是为了确认历史本身的本体性**。历史

---

① 海德格尔：《关于人道主义的书信》，《路标》，商务印书馆2000年版。

事实(包括大大小小的历史事件、复杂多变的历史过程、面目各异的历史人物等)诚然具有实在性,也肯定是一种毋庸置疑的实在,但它却绝非本体。所谓本体则只能是作为现实的历史本身。① 只要把本体与实在(事实)严格分开,许多事情都能讲清楚,许多问题都能解决。可以说,这是我们的一个最基本的立足点。正因为我们首先把历史区分为两个层面:本体与实在,即历史本体与历史事实,才能有效地展开我们的论证。关于历史本体,我又把它称之为"历史本身"。所谓历史本身,指的就是现实。其实,这二者完全就是一个意思,完全就是一回事。**唯一的区别仅仅在于二者是两个不同的词,而不在于二者是两件不同的事。**

被人们称为"最具历史感"的黑格尔曾说过这样一句名言:"**凡是合乎理性的东西都是现实的;凡是现实的东西都是合乎理性的。**"②显然,这里的所谓"理性"和"合乎理性"无疑是一种确凿的价值判断。而我**在这里**却更喜欢一种纯事实的描述。当然,所谓纯事实的描述**并非**某种事实层面的说法,而是一种真正的本体论规定。所以,我觉得如果换一种说法也许会更合理一些,即,**凡是历史的都是现实的,凡是现实的都是历史的**。这就是说,越是历史的,就越是现实的;反之,越是现实的,就越是历史的。所以,历史与现实只能是同一个东西。"**所谓同一个东西**,并不是比较地相同,而是就其本身说根本是一个东西。"③总之,在"真实"意义上,"'历史的'所表示的意思,和'**现实的**'所表示的意思一样多。"④历史既不比现实多一点什么,现实也不比历

---

① 西尔维娅·阿加辛斯基表示,"事实上是因为《精神现象学》一书,短暂的现实才获得了它最高的本体论地位。"(《时间的摆渡者》中信出版社2003年版,第23页)对此,我只能半信半疑。

② 黑格尔:《法哲学原理》"序言",商务印书馆1961年版。黑体字原有。

③ 黑格尔:《精神现象学》上卷,商务印书馆1979年版,第157页。

④ 李凯尔特:《历史上的个体》,《现代西方历史哲学译文集》,上海译文出版社1984年版。黑体字原有。

史少一点什么。历史上有什么，现实中就有什么。现实中没有的，历史上也不会有。**历史与现实就好像是手心手背的关系。虽然有两面，但却只是一只手。**这个比喻可以说明诸多问题。至少它可以提醒人们，我始终是在严格区分本体与事实两个不同界面的前提下来谈论历史与现实之关系的。我希望避免一些无谓的问题，比如，如何才能把历史从"过去"拉回到"现实"？这类问题的实质在于，它压根混淆了本体与事实两个不同性质的层面，即把历史本身同历史事实混为一谈。所以，根本无须把历史从过去拉回到现实，因为完全没有这个必要。历史作为本体，只能就是现实；历史作为事实，则必然属于过去。但过去与现实又不是同一个层次的范畴。过去属于时间范畴，①现实

———————

①　在时间层面上，过去与现在对应而与现实无涉。新历史观不但区分了历史与过去，而且也区分了现实与现在。比如，现在是 10 点 49 分，那么 10 点 48 分就不再是现在，而是过去。但毫无疑问的是，10 点 48 分仍然是现实。如果放开一点说，今天是现在，那么昨天就是过去。可不容否认的是，昨天仍然是现实。再扩大一点说，今年是现在，那么去年就是过去。可我们不能否认，去年仍然是现实。所以从严格意义上讲，现在只是一个瞬时存在即短暂瞬间，而现实则是一种瞬时存在的普遍结构。现在不具有绵延性，而现实则具有绵延性。当然，这个绵延性并不是无限的，它的基本界限是人一生的长度。也就是说，人一生就是人的现实，人的现实就是人的一生。每一个人都是这样。人一生有多长，人的现实就有多久。人一出生，他的现实就形成了。而这也恰恰是人的历史的开端。这就意味着，人的一生既是人的历史，又是人的现实。对每一个具体的人来说，他的历史和他的现实完全重合。总之，**在非常具体的个人身上，历史与现实完全是一体的**。这也就是"个体生命瞬时存在的普遍结构"的基本含义之一。（参见雷戈：《哲学主义的历史》第四部分，电子科技大学出版社 1994 年版）

现实作为个体生命存在的本质特性，它同时包含有双重向度。从"时间性"看，现实是**个人一生的长度**，它包含有生命自我创造和自然延续的双重张力。从"空间性"看，现实是**个人关系的总和**，它在个人与社会的辩证互动中特别凸显出个人的存在和价值。前者意味着现实是个人历史的全部，后者意味着现实是个人历史间的总和。所以，"现实"概念本身蕴含着"**历史间性**"。而且这种"历史间性"是纯然个体性的。这里需要指出的是，新历史观诚然强调历史与现实的个人性内涵，但这绝不意味着它就仅仅局限于纯粹的个人眼光。就其本质而言，在具体的个人身上，历史与现实的高度一体性和绝对统一性主要在于为新历史观奠定了一块生命基石。所以，新历史观以前所未有的力度提高了个人的历史地位并提升了个人的现实价值。因为新历史观是生命直观，新史学观是理性直观。生命直观的核心是人性，理性直观的核心是真理。二者皆为自由。它要求，生命直观必须重视个体生命的独特体验，理性直观必须重视史家个人的独立思考。这就意味着，生命直观让人生活得更有意义，理性直观让人思想得更有价值。

属于历史范畴。历史绝对高于时间。所以,**我们只能依据历史去把握时间,而不能凭借时间去创造历史。**① 这就是说,历史作为现实是一个绝对规定,而历史作为过去则只是一个相对规定。

显然,我们试图通过历史新闻学即第三种历史这种方式来重新整合历史与现实的分裂状态只能是指事实层面上的历史与现实之关系,而非本体层面上的历史与现实之关系。但这里还有关键之点,切不可轻易忽视过去。这就是:**事实层面上的历史与现实之分裂绝不等于时间层面上的过去与现在之对立。**尽管二者之间存在有某种惊人的类似之处。类似之处虽有,但性质之别乃是更为根本的。因为一旦失去这个原则区别,我们的目的似乎就变成了一种近似荒唐的恶作剧,它意味着我们只是在搞一种无聊的把戏。因为当我们试图在事实层面上重构历史与现实之统一时,却被合乎逻辑地视为企图在时间层面上将过去与现在捏合在一起。就此而言,"客观精神"把过去规定为"一个永远持续的现在",②就显得极不妥当。要想避免这种荒谬性,就必须把事实层面的历史与现实同时间层面的过去与现在二者明确区开。当然,这种区分是很困难的。因为在事实层面上,历史的确是过去,现实也确实是现在。尽管如此,我还是坚持认为,绝对不能把事实

---

① 历史学和人类学研究表明,许多民族一开始使用的都是"事件历法",而不是年月日的"数字历法"。它包括"事件纪年"、"事件纪季"、"事件纪月"、"事件纪时"。(参见汪宁生:《初民时间、空间及数字观念探源》,《古俗新研》,敦煌文艺出版社2001年版)其实,这种"事件纪时"在人类日常生活中俯首皆是触目可见,只是人们习焉不察熟视无睹。所以,**时间不但是相对的,而且还是人为的和人造的。**没有关于时间的符号、概念和器具,也就没有人类性质的时间。比如,在漆黑的地下室里,没有钟表之类的时间器具,那么一个人就感觉不到时间。又如,古代先民如果缺乏一套独特的农时术语(春分秋分夏至冬至之类)和计时符号(黄道吉日之类),他们同样也感觉不到时间。而时间符号、概念和器具都是历史的产物,故而,历史创造时间。至于"倒计时"这种现代做法本身就暗示出时间的人为性和被制造性。设置时间与制造时间实质上没有什么不同。正是基于时间的人为性和人造性,人们得以可能在"历史"与"现实"、"过去"与"现在"、"传统"与"现代"、"历史"与"新闻"之间作出**约定分割**和有效区分。

② 狄尔泰语。参见鲁道夫·马克瑞尔:《狄尔泰传》,商务印书馆2003年版,第282页。

层面的历史与现实等同于或转换为时间层面的过去与现在。因为过去与现在仅仅是一个抽象的时间符号,它毫无任何真实具体的历史内容。所以,尽管在事实层面上历史是过去,现实是现在,①但却不能反过来说,在事实层面上过去就是历史,现在就是现实。② 这个道理就像我们平常只能说"历史在过去",而不能说"过去在历史"一样。正是基于这个严格规定,我们才能摆脱各种不必要的概念误会和细节纠缠,而有可能按照我们原有的思路去依据本体层面的历史与现实之统一来重新整合事实层面上的历史与现实之分裂。这就意味着,我们在任何时候,都必须在明确肯定历史作为现实这一本体论的基础上来有条件地认可历史作为过去这一事实存在。所以,历史事实的过去性与历史本身的现实性并不矛盾,**因为历史事实的过去性恰恰正是依据历史本身的现实性而得以可能的。**遗憾的是,人们总是有意无意地颠倒这种关系。

正因如此,传统的看法总表现出一种明显的偏见,即人们仅仅看到了历史事实的过去性一面,而根本没有看到历史本身的现实性一面。而恰恰是这一面才是最为根本的。人们总以为历史是一种属于过去的存在(哪怕刚刚过去一秒钟也罢),它的内在矛盾和运动方式在过去已经完成和终结,这实质上就是把历史看成了类似于宇宙天体中的"黑洞"。在宇宙中,一颗具有巨大质量和超级能量的恒星天体在其物质消耗殆尽乃至死亡以后,就会把它剩余的残骸演变成一个黑色的空洞,它能吞没一切向它发射过来的光和能、信息和物质。这种黑洞由于无数的外部的能量和物质以及信息的不断输入,使得黑洞越来越大,所以我们人类是无法进入黑洞里面的,我们只能站在离它遥远的外部对它进行观察、猜测。按照人们的这种理解,历史不正是我们人

---

① 其含义是:历史是过去发生的事情,现实是现在发生的事情。

② 比如我们不能说,过去就是历史上所发生的事情,现在就是现实中所发生的事情。

类社会中的无形黑洞吗？历史作为过去的有机体已经死亡，我们再也无法接近它拥有它或使它复活，我们所能做的唯一事情就是站在历史黑洞的外边——现实的彼岸去小心翼翼地观察和研究它。尽管我们十分愿意相信过去消失的历史是客观存在的，但是，对于站在历史进程之外的人来说，他是否能够感觉并理解这种最深刻的历史存在呢？我相信，站在黑洞之外，不进入黑洞之中的人永远无法把握黑洞的本质，永远无法认识黑洞的神秘真相，同样，站在历史之外，不进入历史之中进行深刻的观察和充满激情的体验更是绝对无法理解历史的本质，也永远不可能把握到历史本身。有的宇宙学家天才地猜测道：我们的整个宇宙就是一个巨大无比的黑洞，这样，我们的地球就是存在于黑洞之中，而不是之外。我必须承认，这个猜想确实具有诱惑力。我非常希望它能有助于我们对问题的阐释。基于此，那么对于进入事物发展内部的思维来说，还有什么不能使它把对象本质化和真实化呢？

好有一比，历史好比产品，现实好比市场，人们好比消费者。这就是说，历史的产品只有首先进入现实的市场，才能成为人们实际的购买对象和消费对象，同时，人们也只能在现实的市场中购买到历史的产品。当然，历史在满足现实需要的同时，也必须考虑到人们的心理、情绪、要求和利益。所以，历史既非空洞的载体，简单的工具，也非神秘的主宰，抽象的意念，而是与现实、与人紧密联系在一起，并凝聚成的一个伟大的整体。历史、现实、人，这三者从来就是密不可分的统一体。**一个人轻视历史就意味着他还不配生活在现实。**所以，当我们说历史与现实相统一时，其实也就包含了人本身的统一。依据本体论的眼光，历史即现实，**历史问题即现实利益**，历史的本质即人的本质。

三

历史之谜在本质上绝对不是什么单纯的、静止的、孤立的过去事件和结果所产生的某些模糊不清的疑惑和难题，**而是历史与现实的内在关系之谜**，是复杂的、变化的、整体的现实生活本身之谜。一位当代作家对此作过形象的比喻：

> 历史和现实像两条缠在一起厮咬恶斗的蛇，从混沌初开打到人类文明的尽头（假如文明有尽头的话），从天堂打到地狱（假如有天堂和地狱的话）。现实之蛇一口咬住地狱之蛇的脑袋，三吞两咽就将历史吃进去一大截。历史却不甘就范，虽成现实之蛇的腹中食，却在现实的肚子里乱咬一气，甚至把现实之蛇的胆吞进嘴里，再拼命甩着尾巴，将现实之蛇卷了进去。……现实之蛇虽然内部受伤，丢了苦胆，仍然生吞活吃，死缠不放，蜿蜒而行。①

不过，对我来说，似乎还意犹未足。因为与其说历史与现实是两条相互撕打得不可开交的蛇，不如更准确地说是一条**自相残杀的两头怪蛇**。历史与现实这条巨蛇有两个头，一个身子，这就决定了二者只能拥有一个共同的生命、一种共同的命运。这种共同的生命和共同的命运就是历史与现实的绝对本质，即它的本体统一性。而它所拥有的两个头则表现为某种外在的分裂。由于这种外在的分裂，便使得人们总习惯于把历史当成过去了的东西，而现实则是尚未过去的存在。于是古今就成为相互对峙的天然异己。这也就是"古今"一词的来历与最初本义。古是古，今是今，二者虽非老死不相往来，却也是八竿子打不着。在人们的习俗眼界中，历史与现实的关系与其被看成是近邻，不如被视作是远亲。历史与现实好像是有那么一种若明若暗若隐若现的关系，但二者又的确是迥然不同。因为历史已经过去。过去的历史便不再有发言权。它的一切要求都由现实来替它说明。这样，历史的本体性便成为必须由现实来加以认可和裁决的东西。这种意见虽

---

① 蒋子龙：《蛇神》"序"，《当代》1986 年第 2 期。

然非常符合常识，但却遭到黑格尔的强烈反对。"正在消失的东西本身勿宁应该被视为本质的东西，而不应该视之为从真实的东西上割除下来而弃置于另外我们根本不知其为何处的一种固定不变的东西；同样，也不应该把真实的东西或真理视为是在另外一边静止不动的、僵死的肯定的东西。"①

事实上，变化、运动乃至发展，它本身都意味着某种东西的消失、过去和失去。但由于人们大都不从本体层面去观照，而多停留于事实层面的描述，故而就使得历史与现实二者成为某种圆凿方枘格格不入的关系。历史作为过去的化身被很自然地摒弃于现实之外。只有当现实有空光顾它的时候，或偶尔垂询它的时候，它才有幸从昏暗不明的潮湿角落里被拉出来，派上用场，充当某种权力意志的直观道具。这样，历史就有了色彩迥异的红白两副脸谱。往好处说是"经验"，往坏处说是"教训"。于是，"资治"、"借鉴"、"仿效"、"师法"、"学习"、"参考"、"引以为戒"等等说法便不胫而走。

但这种境遇毕竟不是历史与现实的正常关系。因为历史始终是被当成异己于现实、外在于现实的东西来处理的。这种境遇往往导致两个极端：一是崇拜现实的**唯现实主义**或**伪现实主义**。它把现实视为终极和目的，认为历史不过是现实的陪衬、装饰、工具，现实的权力决定历史的价值，历史仅仅是现实斗争的工具和现实舞台的道具，历史的功能就是给现实统治的合理性、权威性和神圣性提供全方位的证明。所以，历史是绝对低于现实的东西。现实主宰着历史的一切。历史成为现实的奴仆。一是神化历史的**唯历史主义**或**伪历史主义**。它把历史视为绝对不可改变的铁定的秩序和规律。现实生活中的一切都必须无条件地服从历史的神秘规律和全权意志。历史的目的决定人类的命运。人们只有仰慕历史，向历史学习，向历史祈祷，才能在历

---

　　① 黑格尔：《精神现象学》上卷，商务印书馆 1979 年版，第 30 页。

史上占有一席之地,才能不被历史所抛弃。所以,历史绝对高于现实。显然,这两种看法都没有摆正历史与现实的关系。**历史要么低于现实,要么高于现实,但从未与现实真正平等过**(更不要说与现实真实统一过)。这就是一切问题的关键所在。因为只有既不崇拜现实,又不迷信历史,才能摆正历史与现实的关系,也就是**恢复历史与现实的正常关系**。这个关系的实质是:历史与现实是平等的。正因为平等,历史与现实之间才能达成一致,才能产生共同利益,才能形成统一。所有的历史观和历史学都必须基于这个前提,而不是撇开这个前提。

历史与现实之关系的平等性意味着我们在思考历史与现实之问题时不能随便割舍任何一方或轻易损失任何一方。因为损失任何一方,历史与现实就不复为一个整体,而成为支离破碎的东西。事实上,我们目前面临的就是这么一个破败不堪的残局。**这个残局困扰着我们,但并未远离于我们**。相反,它还越来越逼近我们。现在,历史不是变得与我们越来越远,而是变得与人们越来越近了。简直是近在眼前。对此,不仅是职业的历史学者意识到了这一点,就连那些对历史漠不关心的人也都略带吃惊地感觉到了这一点。现代社会的一个普遍特点就是:**历史的压力空前增大**。这同时也给人们从各个角度去诠释历史提供了可能。从最古老的历史到最当下的历史,从最遥远的历史到最切近的历史,正在逐渐形成为一个统一的整体。人们正在逐渐学会用一种新的综合眼光来看待历史的方方面面。于是,"大历史观念"、"全球史观"、"世界历史"、"世界体系"等应运而生。历史所展示出来的宏观架构,使得每一个人都不能无视历史。历史所呈现出来的深远背景,使得每一个人都会情不自禁地产生返回历史的朴素欲望。

可以说,在现代社会,历史已经成为一种实实在在的东西。遗憾的是,历史所具有的这种实在的力量还远未被人们所自觉地理性地意识到。他们仍然固守着迂腐的教条,把历史拒之门外。其实,他们压根不知道**历史就是这道门**。历史作为这道门本身是永远无法被任何人强行拒之门外的客观现实。这正像谁又能把现实给拒之门外呢？所以，人们拒绝历史的种种企图和努力，非但是徒劳的，而且是虚妄的。它除了搞乱人们的思想，并制造出一些缺乏思考深度和现实批判价值的伪观念、伪学术、伪理论、伪知识之外，毫无任何用场。在这种思维定式下，历史从现实中被人为地切割出来，从而失去了与现实连接的可能性。历史一旦不再与现实接触，不再与现实发生联系，那么历史就会被赋予一种超现实的神话性魅力。于是，在这种魅力的蛊惑下，各种充满矛盾性的截然相反的混乱命题便纷纷出笼。"历史是有规律的"，"历史是无规律的"；"历史是有目的的"，"历史是无目的的"；"历史是偶然的"，"历史是必然的"；"历史是有意义的"，"历史是无意义的"；"历史是有用的"，"历史是无用的"；"在历史中一切都是可能的"，"在历史中一切都是不可能的"。如此等等。其实，这些话题都只有被彻底还原为现实生活才能进行有效思考和普遍证实。但从一开始它们就被弄成一种超现实的历史话语。它除了沿着各种神秘性的隧道自我繁殖外，根本不能对把握历史本身提供任何有益的帮助。这些永远难以辨析清楚的悖论性命题像一张神奇的画皮被紧紧依附在超现实的历史身上，使其神话性魅力更具思辨性和哲理性。这便是一种最简单的原始话语。历史被缠绕于诸如此类的原始话语之中，成为一种有待于思想话语予以批判性言说的东西。

四

如何理解历史，始终是一个现实问题。任何现实都无法回避这一问题，也无法掩饰这一问题。因为恰恰正是这一问题才构成了理解历史的可能性境遇。正因如此，对历史学来说，它就不得不面临着一个

认识论的循环：认识历史往往要以认识现实为前提，而认识现实则又往往要以认识历史为前提。① 这种循环表明了这样一种困惑，即，**历史学试图在一种绝对分裂的前提下去努力寻找一种相对统一的结果。**这虽然愚蠢，但并不可笑。事实上，历史与现实的统一首先不是思维的原则，而是存在的原则；首先不是认识论的要求，而是本体论的规定。

现实作为历史本身，每时每刻都在给人们提供着足够多的历史信息。而且这种历史信息是全方位的。政治、经济、文化、宗教、军事、外交、社会、语言、性爱、日常生活等等。大到国家、国际，小到私人、家庭。它足以使人形成坚实有力的历史观和独特生动的历史感。相形之下，以往的所有历史事件和历史过程便都变成了一种纯粹可能性的东西。所以，我从不相信，单纯地、孤立地研究过去以至于把过去彻底搞清，就能满足未来的需要和达到现在的目的。因为，历史与现实始终联系在一起，而且，这种联系性又常常是我们生存的最大极限和我们的生命之舟驶向目的地的唯一航道。在这个意义上，研究历史正是参与现实乃至改变现实的必由之路。也不妨说，**献身于历史研究乃是投身于现实生活的最好方式**。但令人伤感的是，这二者之间原有的那种内在统一性现在却变成了一种难以黏合起来的可怜碎片。

这就要求我们必须对历史学本身作出新的反思。历史学是历史的产物，也是人的思维的产物。它绝不应该把自己局限于跟在历史身后，而只求能够看见历史老人的蹒跚背影就已经心满意足，甚至是得意洋洋，它必须有一种不断地使自己与历史同步，以便能看到历史老人的侧面，并尽可能地走得再快一点，以便能够看到历史老人的正面

---

① 据说，方法论解释学循环是空间性结构（整体与部分），本体论解释学循环是时间性结构（先见与此在）。

形象的要求。透过它的眼睛和神态,联系到它的举止、动作和语言来判断它的心理活动,把握它的思想机制。接近历史,才能深刻理解历史。这是我所坚持的原则。它与那种习俗看法正相反对。习俗的看法是:只有远离历史,才能正确认识历史。它把某种时间的距离因素视为理解历史的决定性条件,显然是自欺欺人。在历史之外怎么能理解历史呢?只有在历史之中才能有效理解历史。这就好比站在房间外面的人怎么能弄清房间里面发生的事情呢?这本来是一个最简单的常识,但却遭到人们的彻底遗忘。这就迫使我们不得不采取行动把这一常识确立为一种基本原则。它的要求是:**在历史中理解历史**。这是理解历史的**唯一可行的现实方式**。所以,我们相信,越深刻地理解历史,我们就越接近历史。远离它,我们就会听错它的声音,它的形象就一定变得模糊不清,它就会只成为一种空洞的幽远的回声。它就会成为一种偶像,进入我们观察视野中的只是一些剩余的外在表象。而这些丝毫引起不了我们的情感波动和思维灵感。

费尔巴哈说得对,人不能一方面既**在观念中**把历史视为**过去**的存在,另一方面又奢想能够认识这个过去。

> 你不能从历史中认识现时;因为对你来说,历史只显示一个现象和另外一个已经过去了的现象之间的相同之处,而不是它的特点,不是它的个性,不是它的与众不同之处;现在只能直接通过它自身被认识的。只有当你自己不是已经属于过去,而是属于现在,不属于死的事物,而是属于活的事物时,你才了解现代。①

对我们来说,生命和骨骼哪一个更符合历史本身的初始状态和真实状态呢?所以,历史永远是活生生的东西。所谓历史的"活"并不是活在人们的想象中和回忆中,而是活在人们的生活中和思想中。能否

---

① 费尔巴哈:《费尔巴哈哲学著作选集》上卷,三联书店 1959 年版,第 245 页。

意识到历史的这种"活性"，以及在多大程度上准确意识到历史的这种"活性"，对历史学家的素质是一个极大的检验。难怪费尔巴哈尖锐地批评说，人们常常"为了已经不再有的东西却忘记了现有的东西"。并特别指出，对于历史学家来说：

> 并不是活的、感性的、现代的、直接的东西，而只有"历史的事物"才具有真实性和重要性。历史家只有对于一切已成为历史学术的对象的事物和人感到兴趣；他总按照过去的标本来构想现在；他老在挖掘什么，但他不是在活生生的人们中间，而是在人类的排泄物中挖掘的。凡是死的东西，对他是活着的，而正因如此，凡是活着的东西，对他却是死的、不存在的；最遥远的在他看来是最迫近的、可感觉的东西；而现实的东西反倒是最遥远的。①

而这正好应验了尼采的那句话，"为了追根溯源，一个人变成了螃蟹。历史学家向后看；最后他也向后信仰。"②这就是说，迷恋过去而遗忘现在，是历史学家的职业病。尽管这种职业病非常合乎一般性的认识论程序，但它却根本不符合我们的要求。我们的要求是基于"历史即现实"这一本体论命题而去实现认识论的革命。所谓认识论的革命，就是说把历史与现实统一在一起。正像那位基督教作家霍布斯"提议把鹰的两个头重新结合在一起，并且完全重建政治的统一"③一样，我则力求把**生命的两个头**重新结合在一起，以此来重建历史与现实的统一。这种统一意味着对历史的认识将不再是一种在与现实相分裂的状态下进行的与现实无关的纯历史式演绎。相反，它必须明确无误地包含有一种深刻的现实意向性，即，它是一种源自于现实的历史思考。它必然是现实主义的。所谓现实主义，就是**理解现实的人性**

---

① 费尔巴哈：《费尔巴哈哲学著作选集》上卷，第 255 页。
② 尼采：《偶像的黄昏》，湖南人民出版社 1987 年版，第 7 页。黑体字原有。
③ 卢梭：《社会契约论》，商务印书馆 1982 年版，第 167 页。

意愿,批判现实的真理意向,改变现实的自由意志。

对历史认识得越深刻,历史与我们之间的距离就越短;对历史理解得越透彻,历史与现实之间的相似性就越多。在这个意义上,历史学的目的就是努力寻求过去与现在的统一,历史与现实的联系,传统与现代的和谐,死亡与生命的对话。历史学的功能就是尽力缩短过去与现在之间的距离,就是消除历史与现实之间的差异,就是缓和传统与现代之间的对立,就是打通死亡与生命之间的隔膜。质言之,**历史学是对时间性质的确认,是对时间关系的调整,是对时间结构的修正**。①

五

我们每一个人都同时拥有两种"历史":一种是独属于我们自己的本真的历史,一种是过去消失了的客观历史过程,它之于我们构成一种纯然可能的历史。在这里,我们必须明确认定:本真的历史并不直接等同于克罗齐式的"当代史",而可能的历史也不等同于克罗齐意义上的所谓"文献学"或"编年史"式的历史。因为本真的历史是历史的本体论形态,而当代史则是历史的认识论形态。二者性质悬殊,迥然有别,不可随意混为一谈。

本真的历史是我们的现实和生活,可能的历史是我们的回忆与想象。可能的历史是近乎无限的,本真的历史则是绝对有限的。可能的历史比本真的历史要多得多。可能的历史固然是有用的、有价值的,但它绝不是最有价值、最有意义的。可能的历史肯定是重要的,但它绝不是最重要的。对于我们来说,最有价值、最有意义、最重要的历史乃是我们自己本真的现实和生活。我们不知道、不了解可能的历史,

---

① 我们只有时钟,而没有时间。因而我们把时钟当成了时间。这就是一种"**伪时间**"。

对于我们的现实来说,并无多大影响。即便有某些影响,这影响也绝对不是决定性的。也就是说,即便我们对过去可能的历史一无所知,它也不能限制和妨碍我们对本真历史产生正常意识,因为我们照样可以对现实进行直接思考。可反过来,一旦我们对自己的本真历史不感兴趣,无所意识,那我们就根本不可能对过去可能的历史产生任何积极的兴趣和要求,更重要的是,它还会直接影响到我们自身的现实生活的正常展开。因为,**本真历史一旦走出我们的思想视野,那么现实生活就会失去心灵的内在把握**。这就意味着,本真历史一旦失去思想的热切关注,那么现实生活必然成为一种丧失心灵的纯粹空虚。我把它称之为"**无心性的存在**"。如此一来,现实生活的价值与存在就不再是一个单纯的值得怀疑的东西,而干脆成为一种必须予以彻底否定的东西。因为失去了思想和心灵,本真历史即现实生活还有什么内在意义?所以,**对本真历史的意识和思考是直接关系现实生活自身生存方式的根本问题**。这就意味着,要想生活得好一些,就必须对本真历史保持一种持久的关注。这是一个大前提。在这一前提之下,我们才会对过去的可能历史产生必要的兴趣和热情。这就是说,对本真历史的关注和思考既是创造现实生活的前提和基础(因为它直接决定着现实生活的展开与状态乃至质量的好坏),同时又是我们了解过去可能历史的根据和动力。

所以,本真历史与可能历史之关系本质上是一种本末关系和因果关系。作为本末关系和因果关系,它是不可以随便颠倒和置换的。正因如此,我们不能轻易说,只有了解了过去可能的历史,才能认识现实本真的历史。尽管这种说法非常合乎一般意义上的认识论程序,但它却根本有违于历史与思想的本体论规定。因为历史即现实是一个本体论的绝对规定。思想从这一规定出发,去重建事实层面上的历史与现实之统一,目的不光是为了弄清过去的事实真相(这个工作虽然有用,但并不是最有意义的),而且更是为了通过这种重建过程,来揭示本真历史的内在意义,从而使现实生活具有更深刻的历史价值和更高尚的思想质量。克罗齐说,"我们必须把历史和生活的关系认为是**统一性**的关系,当然不是抽象的同一性的含义,而是综合的统一性,它把这两个名词的区别和统一性都包含进去了。"①我们完全有理由把这里的"生活"视为"现实生活"。所以,历史与生活的统一性也就是历史与现实的统一性。它意味着,我们关于历史的所有认识都有一个现实的本体论基础。比如,汉朝兴起的历史也就是秦朝灭亡的历史。但这句话并不能翻译成:因为秦朝的灭亡,才有汉朝的兴起;而只能理解为:正因为汉朝的崛起,才导致了秦朝的覆灭。这无疑是一种逆向式的因果关系或逆向类型的因果结构。它要求把"后来"(时间意义上而非历史意义上)的事件看成是"先前"(时间意义上而非历史意义上)的事件的因,而把"先前"的事件看成是"后来"的事件的果。这便是"后来居上"这一成语的哲学解释。所谓"后来居上",就是自觉地、有意识地同时又必须合理地将"后来"事件置于"先前"事件"之上",以"后来"事件为标准去"居高临下"和"自上而下"地衡量"先前"事件的性质和影响。既然"后来"事件"居于""先前"事件"之上",那么"居于""先前"事件"之上"的"后来"事件当然就是因,而被"后来"事件"居于""之上"的"先前"事件也就自然成为果。按照这个原理,我们便可以将现实视为历史的因,而将历史视为现实的果,这样,我们就只能根据现实去解释历史了。在本体论意义上,历史与现实是一回事;在认识论意义上,历史与现实是不同的两种东西。换言之,在本体论层面,历史即现实,故历史并不对现实拥有任何优先性;在认识论层面,现实存在决定历史观念,现实生活决定历史意识。我们的目的就是**依据本体论而去重建认识论的统一**,也就是在认识论的层面上将历

---

① 克罗齐:《历史和编年史》,《现代西方史学流派文选》,上海人民出版社1982年版。黑体字原有。

史与现实重新整合起来。

梭罗说，"生也好，死也好，我们仅仅追求现实。"①我经历，我体验，我感觉，我创造，我直观。这就是现实。现实既非现象与本质之二分，亦非现象与本质之合一。它是无限生成的本体论建构。它把同一时代人的生活建构为一种**经验共同体和命运共同体**，这也就是一种个体生命的普遍结构，故而它不是纯粹原子主义或绝对个体主义的。质言之，现实之于历史是一个划界过程，故而，现实就成了历史的极限。现实对历史构成了可以称之为界限的东西。显然在历史问题上，现实有其特殊的含义。这种特殊的含义就在于：**一切历史意义似乎都来源于现实的赋予**。即，现实似乎成为历史的意义源。没有现实意志的支撑，一切历史意义皆为彻头彻尾的空虚。因为对历史学来说，历史仅仅意味着"是什么"，现实则意味着"为什么"。黑格尔说，"精神有一个**现实的母亲**，但是却有一个**潜在的父亲**。"②我们可以把这句话变换一下：历史学有一个**历史的母亲**，同时还有一个**现实的父亲**。这就是说，现实是更为有力的东西。我们必须充分理解现实在历史问题中的特殊分量。可以说，**人们对历史的发言权是同他自己的现实生存权直接联系在一起的**。这种联系的密切性使得我们不能不说历史发言权就是现实生存权的一部分或主要的一部分。遗憾的是，在漫长的时期中，绝大多数人都没有能够清楚地意识到这一点。这一事实使得人们常常身不由己地成为历史与现实之间夹缝中最不自由、最卑微、最渺小的**偶性存在**。

历史与现实的关系就仿佛是一个人在打电话一样，尽管他看不到对方的面孔，但却可以清晰地听到对方的声音。所以，历史学家必须学会倾听历史的声音。这与其说是历史学家的一种特殊技能，不如说是历史学家的一种普遍素质。对于历史在现实关系中的存在与影响

---

① 梭罗：《我生活的地方；我为何生活》，《悠闲生活随笔》，贵州人民出版社 1992 年版。

② 黑格尔：《精神现象学》下卷，第 233 页。黑体字原有。

来说，一般人自然是感觉不到的，只有那些训练有素的历史学家才能体察出来。尼布尔"把历史家比作一个居于暗室的人，他的眼睛会逐渐地习惯于黑暗，以至于他能看出那些为新进来的人所不能看出而认为是不可见的东西"。① 这也类似于古希腊最伟大的史诗《伊利亚特》和《奥德赛》中所描写的有关情景，能听到众神的声音，能看到众神的身影，能得到众神帮助的只是那些具备特殊品格、超人才智的英雄。比如大将阿喀琉斯同希腊联军统帅阿伽门农争吵时，智慧女神雅典娜就无声无息地来到阿喀琉斯身旁，提醒他不要感情用事，从而避免了一场无休止的争斗。再如当奥德修斯历经千辛万苦地回到他的祖国时，又是雅典娜来到他面前，告诉他如何行事；当他和自己多年不见的儿子相见时，还是雅典娜及时指点他怎样行动。历史学家和历史的关系就好像是英雄和天神的关系一样。英雄尽管不能违背天神的意志，但英雄本身却是有巨大创造力的人。他们通过自己的思想和行为，从而把天神的意志转化成人间的事物。英雄本身不是神的创造物，但英雄的努力和成就则包含有神的品格和力量。

传统的看法是，政治家从现实中学习历史，历史学家则从历史中了解现实。显然，这种看法是基于历史—现实的分裂状态。我们的目的则是**首先澄清和规划历史—现实在本体论上的统一**，其次，**再来重新整合和弥缝历史—现实在认识论上的分裂**。这样一来，历史学家同政治家的认知方式便成为一致的、同步的。所以，我们有理由说，真正的理想的政治家应该是历史学家兼政治家。这样，创造历史与书写历史就成为一种辩证互动的同步过程和共时态活动。② 对此，狄尔泰的

———————

① 乔治·皮博迪·古奇：《十九世纪历史学与历史学家》上册，商务印书馆1989年版，第99页。

② 研究历史与创造历史至少有一点是相同或相通的，即它不能消极等待，而必须积极争取。创造历史争取来的是把握命运的权利，研究历史争取来的是自由思想的权利。对于历史学而言，自由从来不存在太多的问题，而只存在太少的问题。

看法显得谨慎,"研究历史的人也创造历史。"①而丘吉尔就说得非常干脆,"创造历史的最好方式就是写作历史。"不过我觉得他们两人肯定都会同意,历史学家应该是政治家的天然盟友,同时历史学家本身则具备有政治家的天生资质。这样一来,我们就彻底撕破了柏拉图在其《理想国》中所精心绘制的那幅"哲学王"肖像。因为柏拉图的整个设计理念是,通过安排哲学家来做统治者,而最终实现一种合理意义上的专制君主或独裁者的统治。② 与其不同,我所构想的历史学家与政治家的平等合作只能成为一种民主政治的理性实验。③

六

人们常常把人与历史的关系视为一种对话关系。这至少说明了人有一种试图理解历史的欲望和要求。但我所考虑的是,人与历史的对话究竟是在一种什么状态下进行的。事实上,人与历史的对话既非在想象中进行(比如文学作品),也非在回忆中进行(比如日常漫谈),甚至也非在文献中进行(比如历史研究),而是一种在现实中进行的思想活动。而这也就是我所说的"面对历史而思考"。这就是说,人与历史的对话既是现实性的,又是思想性的。所谓现实性的,是指对话有一种现实基础和现实根据;所谓思想性的,是指对话有一种思想内涵和思想要求。

---

① 参见马克瑞尔:《狄尔泰传》,第21页。

② 从这个角度看,我们对柏拉图为什么要将自己的"理想国"描绘成一种"无诗人之国",就会有一番全新的理解。因为,柏拉图的"理想国"是一个"专制国",而诗人只能在民主下生活。诗歌所蕴含的自由原则与"理想国"格格不入,故而柏拉图必然驱逐诗人而后快。(参见第二章注释)

③ 这并非意外的发现,而只能是不坏的尝试。在希腊城邦民主国家,人们构造出了具有"哲学素养"的理想独裁者;在中国古代皇权政体国家,人们则早已创造出了拥有"史官知识"的现实专制者。二者异趣而同归,分源而合流。可见史学家与政治家的自由合作只能在宪政民主国家成为可能。

这就意味着，人与历史的对话不是一种面对过去空虚的冥想行为，而是一种实实在在的有着具体内容的思想活动。正因如此，人与历史的对话既不轻松，也不随意，它受着某种严格的形式限制。因为人同历史的对话也就是人对现实的理解。所以，**历史的优先性和现实的本体性是同一种性质的客观事实**。既然如此，在我们同历史的对话关系中，我们并不像我们所想象的那样始终处于主动和优先的地位，而是处于一种我们尚未意识到和感觉到的被动的位置。并不是我们先向历史发问，而是历史先向我们发问，历史较之于我们更具有提问权和发问资格。历史的主动性在于：历史只有在我们首先回答了它向我们提出的问题之后，它才会回答我们向它提出的问题。我们的被动性在于：我们只有首先回答了历史向我们提出的问题之后，才有权利和资格向历史提出我们自己的问题。尽管如此，历史到底是否会回答我们向它提出的问题，则完全取决于历史自己的需要、兴趣和意愿。我们不能强迫历史。我们对历史没有丝毫的约束力。我们对历史构不成任何限制。因为我们只是历史的一部分。谁也无法强迫历史回答它根本不愿回答的问题。我们只能耐心地、谦虚地站在历史面前倾听着它的声音。因为历史较之于艺术更像是一位伟大的君主，更像是一位真正的伟人。历史是真正的英雄。历史是唯一的神明。我们必须尊重历史，必须以虔诚的心灵信仰历史，必须以真诚的姿态取信于历史。唯其如此，历史才会开口说话，历史才可能解答我们的疑问和困惑。我相信，"程门立雪"的精神依然是我们对待历史的唯一恰当方式。

因为，历史比任何伟大的事物都更具有伟大的品质。而我们则必须对之保持着由衷的敬畏。我们只有首先在听懂了历史提出来的问题，并认真地回答了历史的问题之后，才能得到历史对我们向它提问的许可。而我们也恰恰只有在听懂了历史提出来的问题之后，才可能真正学会和掌握提问题的方法和程序。所以，听懂并思索历史提出来的问题,乃是我们向历史提出问题的绝对前提和全部可能性。而正是这种可能性才内在地奠定了我们同历史之间进行对话和交谈以及相互应答的真正现实的平等基础。

同历史对话并不等于把历史拟人化。历史固然无言,但历史的无言乃是一种沉默的语言,即历史是以一种无言的方式在诉说。如果认真倾听,我们就会明白历史在说些什么。而且历史的话语并不仅仅通过历史学家之口而说出来,在一般人看来,似乎历史学家就是历史话语的代言人,似乎历史学家不是自己在说话,而是在代表历史来说话。这显然夸大了历史学家语言的分量。历史学家谁也不代表,他只代表他自己。历史学家谁也代表不了,他只能代表他自己。实际上,历史话语的表露有各种方式和途径。只要我们愿意倾听,谁都能听懂历史在说些什么。因为历史的话语并没有凝固在僵死的文献里面,而是流动在活生生的现实之中。每个人都直接面对着上帝,每个人也都直接面对着历史。同样,每个人都有自己的上帝,每个人也都有自己的历史。这既表明了历史的统一性,又表明了历史的独特性。所以,**历史话语从来就不是逻辑自足的封闭系统**。历史话语始终是一个无限的开放体系。它容纳各种含义进入,同时,又释放出更多的复杂含义。这就意味着,在认识论的层面上重新整合历史与现实是一件很麻烦的事情。尽管我们有一个本体论的基础,但这并不等于在事实层面上把历史与现实重新统一起来就可以轻而易举。显然,这项工作的困难性也正是它的挑战性所在。我想,这项工作的价值也许就在于,我们可以通过自己的尝试而使历史学具有一种非凡的思想深度和现实活力。

第二章 史学与新闻

事件是短促的时间,是个人接触的日常生活和经历的迷惘和醒悟,是报刊记者报道的新闻。

——布罗代尔

新闻界的格言是:"狗咬人不是新闻,人咬狗才是新闻。"但这二者都是历史。区别在于,狗咬人是日常历史,人咬狗是重大历史。或,狗咬人是古代史,人咬狗是当代史。

——雷戈

一

在历史—现实的本体架构中来思考历史与新闻、史学与新闻之多元互动关系,是新历史观和新史学观自身的必然逻辑。它本真地关涉历史观之功能、历史学之本质以及历史学家之角色等一系列基本问题的重新定位。时间和空间的关系在新的视野中成为分析和观察历史的有效工具。它把历史空白所具有的黑暗性和悲剧性展示为一种独特的新闻价值。历史研究所具有的发现功能和探索功能在历史新闻学的建构中得到完整体现。这是因为在思想自由和言论自由的维度上,历史意义的无限性有可能被全面揭示出来。历史文本的书写在此得以自由展开。不言而喻,一些极具个性的观念和话语肯定有赖于富于想象力的历史学家的创造和表述。史学语言的新颖与创造是史学进步的标志,同时它也把历史写作的开放性和批判性推向一个现实的操作平台。基于这一思路,历史新闻学所要做的事情是,通过努力而使历史过程和现实生活成为一个可以被统一把握的思想整体。史学与新闻的共同价值就在这里。

从习惯上看,历史与新闻是毫不沾边的两样东西。虽非水火不容,可也是泾渭分明。但实际上二者之间却存在有一种深刻的联系。当然,这种联系只能以一种全新的思想方式来把握。这种新的思想方式要求我们必须把历史看成是多层次的综合结构。它分为本体与事实两个层面。而我们这里所要论证的历史与新闻之关系就是事实层面上的历史,而非本体层面的历史。在本体层面,历史即是现实;在事实层面,历史与现实则处于分裂状态。我们的目的是立足于历史—现实的本体总过程而将处于分裂状态的历史与现实重新整合起来。这样我们就切入了新闻这一视角。我希望通过对历史与新闻之关系的考察,有助于消除历史与现实的分裂状态。

我们的一个基本观点是:在事实层面上,历史与新闻之间存在着相互转化的辩证关系。这就意味着,一种**新闻主义的历史观**的确是可能的。[①] 它所思考的是,新闻在塑造人们历史观的过程中究竟起到一种什么作用? 毫无疑问,如果对新闻善加利用,我们的历史观肯定会变得更加敏锐和深刻。在任何时候,我们都需要各种各样的历史观,可此时此刻,一种充满**新闻意识的历史观**难道不是一种更有价值的思想选择吗?

---

① 严格说来,新闻主义历史观只是一种"小型历史观",而不是现实主义历史观这种"大型历史观"。所以,新闻主义历史观也可以说是新闻主义史学观。二者相似而又有微妙之别。新闻主义历史观主要考虑理解历史的新闻眼光,新闻主义史学观主要考虑写作历史的新闻形式。

历史是过去的新闻,新闻是现在的历史。历史一旦被注入于新的意义,那么就又会成为现在的新闻。所以,新闻本质上是一种内涵无穷的意义性的东西,而不是一种含义单一的时间性的东西。新闻始终与意义相关。同时,意义使历史永远都是新的,永远都具有一种新的可能性和新的形式。既然新闻与历史二者都有赖于意义而得以可能,那么历史与新闻的内在统一性就在于意义性。意义把历史与新闻二者有机地联系起来。这样,历史与新闻二者就基于意义而同时产生了双向的对流,即,一方面,有价值、有意义的历史就是新闻;另一方面,有价值、有意义的新闻就是历史。从这个角度说,一件发生在昨天的事情倘若没有意义,那它就必定既不是新闻也不是历史。相反,一件发生在一千年前的事情倘若有意义,那它就必定既是历史又是新闻。

这就是说,历史与新闻的分野本来在于时间性。时间性使历史与新闻二者成为截然有别的异己之物。历史属过去,新闻属现在。一旦撤开时间性,历史与新闻之间就具有了可沟通的可能。历史与新闻的关系也就变得既单纯又透明,既含蓄又微妙。**历史的反面是新闻,新闻的正面是历史**。历史是新闻的沉淀,新闻是历史的爆发。每一件历史在当时都是新闻,每一件新闻在过后都是历史。从新闻角度去看历史,就会发现历史实为一个巨大的新闻宝库。从历史角度来看新闻,就会发现新闻实乃一种瞬间的历史焦点。可以说,历史所包含的新闻价值同新闻所蕴含的历史价值一样多。历史包含有多少新闻信息,新闻也就包含有多少历史内容。新的历史固然是一种新闻,但有时旧的历史也可以成为一种新闻。特别是这种旧的历史曾经不幸成为历史空白的话。所以,**历史的空白点往往也就是新闻的热点和焦点**。

新闻的时间性只是相对的,但它的历史性却是绝对的。所以,新闻本质上是一个历史概念,而不是一个时间概念。基于此,我在这里尝试性地提出一个新概念:"历史新闻。"这个概念指的是**历史意识与新闻价值的结构性融合**。在历史意识的笼罩下,新闻价值便被凸现出来。同时,新闻价值的凸现,又恰恰体现出历史思维的深度特征。比如,新闻对当前最新事态的追踪报道,就体现了历史思维的纵深向度的鲜明特征。又如,新闻对国际问题的深刻观察和宏观分析就具有历史观的性质和力度。与此同时,历史新闻学则努力为历史学家塑造一种关注现实、置身现场的新气质和新感觉。但这并不等于要求历史学家只能去追新潮、赶时髦、走偏锋、爆冷门,甚至挖空心思地把自己的历史研究同目前的时事政治牵强附会起来,而是要求历史学家必须善于从普通的新闻事件中发现重大的历史问题,必须有能力去洞察和捕捉新闻背后的新闻。这种洞察新闻内幕的能力本质上就是历史感。而**历史感本质上则是一种思想的绝对深度**。它要求历史学家必须善于把握一种"历史度"。它要求历史学家应不断向历史内部开掘,不断向历史逼近,直到跨过最后一道门坎,使历史成为新的形式,成为新闻。历史与新闻的结合,在决定性的程度上取决于历史学家究竟是把历史看作现在正在进行着的事情还是看成过去已经发生过的事情。这一点很重要,也很关键。它涉及有关历史本质的一系列复杂而又深奥的问题。

在日常情态中,人们往往习惯于把历史当作新闻来津津有味地道听途说。于是,话语的结构就改变了,话语的运思方式就改变了。历史话语变成了新闻话语。历史文本变成了新闻文本。不同的文本有不同的结构、功能和意义。历史文本所蕴含的生命意义在结构性转换中,已不知不觉地淡化成一种索然无味的日常化的新闻效应。新闻效应的最主要特点是时过景迁的时效性。所以它常常把历史弄成一种说完就完、说过就忘的小事一桩,好像在它这种新闻文本中从来就不曾有过任何值得去回味、思索的东西似的。显而易见,这种过于狭隘的新闻文本是根本不可能容纳下一种真正宏阔的历史文本的。历史话语的光线在新闻话语的时空中发生了可笑的弯曲和变形。**按照新闻话语的标准,历史话语就根本不可能说出任何值得惊奇的事情**。新闻话语虽然在说着一些人们从未听说过的新近发生的事情,但它却从来没有使人们产生过真正的由衷的惊奇感。激动与新闻无缘。震惊更是与新闻不沾边。新闻话语从来不会为任何事情而激动、而震惊。新闻话语的常态表现就是毫无新意地叙述新发生的事情,总是以陈旧的方式去表述某种新颖的东西,总是以陈腐的语言去传播某些新鲜的信息。所以,新闻话语本质上是自我分裂的二元体系。它看到的是新的,但写出来的却是旧的;它听到的是新的,但说出来的却是旧的;甚至,它说出来的是新的,但**所说**出来的却是旧的。所以,新闻话语作为悖论性的二元体系,总是在新与旧之间苦苦挣扎,难以自圆其说。

越是没有新闻,历史就越是显得重要。越是缺少新闻,历史就越是显得新奇。新闻使陈旧的历史变得更加陈旧,历史使最新的新闻变得更新。必须持之以恒地锲而不舍地深入到历史内部,这样,人们就会惊奇地发现历史本身竟然还包含着一种完全崭新的并且完全可以恰如其分地称之为新闻的东西。这种新闻是历史的一部分,是历史的一种表现,是历史的一种功能。正像太阳一样,历史每天都是新的。这不仅是由于我们每天都在创造着新的历史,而且也因为我们每天都在对历史进行着新的思考。就此而言,历史便总是与某种新的东西联系在一起。**没有历史,就没有新的可能。没有历史,就没有新事物的产生。**人们之所以习惯于把历史同旧的事物联系在一起,只是因为人们往往把历史创造出来的新东西当成另外一种与历史自身无关的东西。这样,历史就被人为地分裂成两种形态:这一边是历史在不断地创造着各种新事物,那一边则是历史又被归类于陈旧的事物行列。这对历史来说,显然有失公正。我们的目的是希望给历史一个完整的理解。即,历史的旧面孔应该为一种新形象所代替。探讨历史与新闻之间的关系的用意也就在这里。它可以使我们逐渐培养出这样一种良好习惯:用新闻的眼光去看历史,用历史的眼光去看新闻。或者说,**把**

历史放在最近处来谈,把新闻放在最远处去谈。这既不是思维的颠倒,也不是意识的错位,而是心灵的综合。

二

依照习俗看法,新闻关心的是现在发生了什么事情,史学关心的是过去发生过什么事情。新闻是弃同求异,史学是求同存异。[①] 新闻的本色是"新",史学的基调是"旧"。二者可谓是南辕北辙。但南辕北辙却未必不可以殊途同归。因为史学与新闻之间至少有三点相同之处:一是二者都首先指向着某种实际发生过和发生着的客观事实;二是二者都力图把所发生的事情真实地叙述出来,即,二者都追求一种自己认定的客观和公正;三是二者都力图从事实出发而赋予事件以某种意义,即,二者都明确包含有一种价值取向。[②]

就第一点而言,"历史"与"新闻"这两个词语均有二重性。[③]"历史"既指发生过的事件,又指对事件的记述和研究。"新闻"既指发生着的事情,又指对所发生的事情的报道和描述。就第二点而言,史学宣称自己坚持"客观"、"公正"的原则,新闻也标榜自己追求"客观"、"公正"的效果。就第三点而言,史学通过"秉笔直书"来昭示某种理想的道德价值或某种预设的历史目的、历史规律和历史必然性,新闻

---

① 新闻固然热衷于异常、反常、例外、冲突、灾难等等,但史学对此也同样关注。至少孔子作《春秋》就确立了"记异"、"记灾"、"常事不书"、"罕书"原则。(参见《公羊传》隐公三年、五年,桓公四年、六年)从这个角度看,后世指责《汉书·五行志》宣扬天人感应、谶纬神怪、阴阳灾异恐怕多少有些言过其实。因为,班固记述此类内容也许并不意味着他自己相信这些,而可能是他遵循了史学传统的教诲和规范。

② 如果需要补充一点,不妨说,"新闻学,像历史学一样,当然不是严格的科学。"(约翰·根室:《写内幕书的乐趣》新华出版社 1984 年版,第 5 页)这话当然很对。如果可能的话,二者成为"另类科学"也不错。

③ 据查,汉语"历史"一词最早出自《三国志·吴书·吴主传第二》的"注"。汉语"新闻"一词最早见于《史记·高祖功臣侯者年表》。

33

则通过"不偏不倚"来暗示某种普泛的理念立场以及某种含蓄的或明确的政治倾向。

所以,在某种意义上,史学与新闻之间的同要大于异。这就意味着,二者之间肯定可以实现某种结合和转化。再有,新闻被视为一种影响人们心理情绪的舆论工具,史学则被看成是一种培养人们道德观念的教育手段。在这点上,史学与新闻之间又存在着惊人的异曲同工之妙,而这正是史学与新闻二者实现对接和沟通的有利契机。这样,我们就可以尝试着提出两个功能性概念:"史学的新闻化"和"新闻的史学化"。所谓史学的新闻化,就是说历史学必须以最快捷的速度、最鲜明的形式、最新颖的内容、最尖锐的观点去影响社会,去干预生活,去批判政治,去伸张正义,去捍卫民主,去鞭笞邪恶,去谴责强权。所谓新闻的史学化,就是说新闻必须以最客观的态度、最公正的立场、最深刻的思想、最富有远见的判断力和洞察力去反映时代,去记录历史,去评判人物,去批判社会,去追求一种永恒而又崇高的人类理想。

现在有两种趋向值得注意:一是新闻越来越追求一种纵深感,它力求将新闻事件放到一个远距离的大背景下来透视;二是历史学越来越追求一种贴近感,它力求将历史事件放到一个近距离的空间来加以观察。在这里,史学给新闻提供了一种望远镜的作用,而新闻则给史学提供了一种显微镜的作用。这无疑表现了一种融合、对话和宽容。这就意味着,史学与新闻的结合已经成为一种可能与必然。我们把这种结合称之为"历史新闻学"的创造性建构。**史学是一种结构,新闻是一种功能。**历史新闻学就是将史学的结构与新闻的功能深刻地结合起来。在这种结合中,新闻不再是一种形式上的特征,而是一种内在的功能。

新闻的内涵不在于它何时发生,而在于它何时为人所知。一件事情即使发生在一千年前,但只要是现在才为人所知,那么它就仍是一个新闻。相反,一件事情哪怕刚刚发生在一秒钟之前,但只要它不为人所知,那么它就不是一个新闻。所以,新闻的时间性直接依赖于它在空间的**传播速度**。新闻的时间性不是孤立的、封闭的,而是与空间密不可分地联系在一起的,从而构成了一种历史性的总体结构和一种总体化的历史进程。所谓新闻,本质上就是信息流在历史化的时空结构中的传播速度和扩散状态。不为人知的事情不属于新闻。按照"历史"一词的通常含义,凡是发生在过去的事情,不管它是否为人们所知晓,都不是新闻;同样,凡是发生在现在的事情,不管它是否为人所知,也都不是历史。显然,这种**日常化的历史观**的基本特征在于,它有一个绝对的时间性规定,即它的时间性不是相对的而是绝对的。这种**绝对时间的历史观**与那种**相对时间的新闻观**之间无疑缺乏一种相互沟通和协调的内在可能性。所以,要想真正建立历史新闻学,就必须首先解决这个问题。其实,这个问题非常容易解决。因为我们所意向建构的历史新闻学其本体论根据并不是日常化的历史观而是新历史观。按照新历史观的规定,时间之于历史永远不具有任何优先性和超越性,时间非但不能主宰和支配历史,相反,时间还要受到历史的决定和把握。历史不是时间的一种形式,相反,时间却不折不扣地是历史的一种表现。所以,历史所具有的时间性只能是相对的,而不可能是绝对的。既然这样,那我们的问题就得以迎刃而解。其实,在新历史观的视野中,这个问题压根就不算是什么问题。这样一来,历史与新闻之间就获得了一种相互统一的真正基础。当然,这个真正基础只能是新历史观。新历史观以一种纯粹的方式为历史与新闻之间的有效统一提供了一个本体论框架。这样,历史新闻学就得以可能成立。因为,这种成立的最基本的前提是**历史与新闻二者都基于一种相对的时间性**。也就是说,历史所具有的相对时间性与新闻所具有的相对时间性便是二者得以统一的本质根据。

传统意义上的历史已经消失,同时,传统意义上的现实也不复存在。取而代之的则是一种新历史和新现实。所谓新历史不仅是包含现实在内的历史,而且首先是作为现实本身的历史。所谓新现实也不仅是包含历史在内的现实,而且首先是作为历史本身的现实。这样,历史与现实就成为合二为一的整体结构和总体活动。这就是历史新闻学的新历史观根据。历史新闻学不光注重对新事件、新史料的发现和整理,而且更重视对事件和史料的新认识和新解释。

历史新闻学得以成立的必要前提是:历史与现实的内在统一性已经完全取代了历史与现实的外在分裂性。于是,真正意义上的历史主体就出现了。它首先体现在历史学家对历史—现实的总体把握上。对于作为主体的历史学家来说,他所面对的客体并不是孤立的单独的历史,而是由历史和现实构成的统一体和总体过程。正是由于历史与现实的本体论统一,才使得我们能够在事实层面上将历史视为新闻。**新闻不仅能够改变现实,而且能够改变历史**。历史与新闻作为意义的两极,其统一的可能性就在于意义性。意义的本体构成了历史和新闻的统一体。

在历史面前,人显得过于聪明和睿智,但他并不知道,他的聪明和睿智却是历史传授给他的。也只有在他所面对的历史面前,他才可能变得如此明智。但这是否意味着历史就是一部愚蠢透顶的混乱体系呢?当然不是。绝对不是。人的聪明绝不是由于历史的愚蠢,并不是由于历史的过分愚蠢而显得人有些聪明。我们既不能说是历史的愚蠢产生了人的智慧,也不能说历史本来就不如人那样聪明。在这里,在历史与人之间,在聪明与愚蠢之间,丝毫不存在有任何人超出历史的因果性和决定性或某种人高于历史的相对性和比较性。因为,事情的真相是——而且只能是:历史比人更聪明,人的聪明只不过是从历史那里学得和分享了一点极为有限和可怜的聪明而已。人诚然是聪明的,但人的聪明与历史的睿智比较起来则不能不说是极为幼稚和可笑的。人的聪明仅仅是一种小聪明,历史的睿智则是一种真正的大智慧。历史里面有着人永远也说不完的新鲜话题,有着人永远也学不完的东西,有着人永远也理解不了的终极真理,有着人永远也汲取不尽的创造性活力。

历史的智慧并不表现在它是纯理性的或是绝对合乎逻辑的,而在于它常常恶作剧地突破理性的限制和逻辑的范式而独行其事,或疯狂,或暴怒,或冲动,或肆虐。总之,历史不受常规限制。历史总是突破常规范式而表现出新的可能。历史总是新的。历史总是追求新的。历史总是创造新的。创造新的生命样式,揭示新的存在意义,维护新的精神价值,发现新的人性,追求新的自由,捍卫新的真理,这就是历史。历史的所作所为无不证明它是与艺术背道而驰的。**历史总是通过旧的形式展示新的内涵**,艺术则相反,**艺术总是通过新的形式展示旧的内涵**。正是在这个意义上,人们才不无幽默地将艺术称之为是一种"形式"。是的,艺术是形式。离开形式就没有艺术。但问题在于,艺术总是以新的形式掩饰它旧的内涵。也只有在这个意义上,我们可以把历史看成是"无形式的"或"超形式的"。**因为历史不在乎任何形式**。历史只追求一种实实在在的内涵。内涵是历史的本质。而对历史来说,作为本质的内涵则永远都是新的。新的内涵使历史永远充满旺盛的生命活力和惊人的创造力。就其真正的内涵而言,人绝对不可能在历史里面找到一种纯粹旧的东西。

所谓旧的东西在历史过程中早已被扬弃为一种外在的经典的形式。这种形式可以是审美的,可以是语言的,可以是心理的,可以是理性的。但它们都从属于历史。这不仅因为它们根本就是历史的一部分,而且因为这种形式完全就是历史的产物,所谓历史的产物即是指历史由新的内涵外化为旧的形式。这种沉淀着无限丰富的历史内涵的历史形式便成为艺术、语言、思维的真正本源。艺术、语言、思维从这种历史形式中间发源出来,并常常遮蔽着作为它的终极本质的历史内涵。正因为如此,历史便常常变得毫无内涵可言,历史仿佛是一种可怕可畏可厌的虚空之物,历史就像是一团看不见摸不着的气体使人在一种云雾缭绕和扑朔迷离的状态中失去自我,历史成为人们任意虚构和杜撰的对象,历史成为人们众说纷纭、信口雌黄的场所。人们把自己主观意志和个人愿望强加于历史,并强行规定为历史的本质。这样,历史就变得没有本质了。因为历史的本质不再是新的,因为历史的本质不再是独创力的体现。历史的本质被抽空之后,历史的内涵就逐渐由生生不息的创新活动可怕地演化为凝固僵化的守旧形态。于是,历史便完成了从新的内涵到旧的形式的演变。这种演变使历史在直观上变得与艺术越来越远。全力以赴地追求新形式的艺术越来越不屑一顾于似乎永远保持着一副不修边幅的邋遢面孔的历史旧形式。因为在艺术看来,历史从来就没有任何内涵,历史所有的仅仅是一种形式。而且,历史所拥有的这种单一形式又是古板的、陈旧的、僵硬的。它缺乏活力、缺乏新颖性、缺乏耐人寻味的意义。所以,历史与艺术之间的距离越来越大,以至于二者常常成为风马牛不相及的东西。历史新闻学的目的之一就是致力于二者的重新整合和统一。这种整合和统一具有两方面的意义:一是为历史新内涵的发现注入经久不衰的充沛活力,一是为艺术寻找真理回归本源开辟一条有价值的道路。

三

作为"中国新闻史上第一个报刊政论家",[①]王韬同时也是中国近代史学史上将历史写作与新闻观察二者较好结合起来并取得突出成绩的始作俑者。王韬身为史家,又兼报人,他对报刊的时效作用与史料价值有着相当全面的认识和均衡的理解。据研究者评论,王韬的研究主要见强于两个方面,一是他对法国进行过实地考察和采访,二是大量采用西方近代新闻传播媒介比如报纸电讯所提供的材料入史。

---

　　① 王凤超:《中国的报刊》,人民出版社1988年版,第39页。

他的《普法战纪》所用材料"大半采自日报",其中主要是"随见随译"的英国邮传电报,里面有交战两国的官方和民间言论、外国舆论,有战争态势、战役经过,军队装备、伤亡情况的报道,还有围绕战争的各种社会新闻,这些材料许多出自一线的战地记者之手,内容丰富、具体,信息直接、迅速,为王韬的史著大增其色。将历史学与近代新闻学相结合,王韬的这番开拓在我国史学史上贡献很大。后来的梁启超又将新闻学与史学的结合进一步发扬,梁于第一次世界大战期间所撰历史名著《欧洲战役史论》,其研究和写作方式,与王韬的《普法战纪》可谓一脉相承。①

善作概括的梁氏甚至进一步对新闻纪事提炼出"五字说",即"博"、"速"、"确"、"直"、"正"。② 仔细分析,"博"、"确"、"直"、"正"本是传统史学固有之要求,唯有"速"才是现代新闻之规定。可见梁氏正是有意识地援史学而入新闻,从而使二者达致一种更好的中和。如果放宽视野,不难发现王韬和梁启超的做法实在是依托着一个声势浩大的社会政治背景。这一背景就是传统的官史与野史的二元对峙格局在晚清由于近代报刊的出现而被彻底打破。"处于同样的舆论空间,穷追不舍的新闻记者令成为热点的各类官私隐情无所遁逃,于是,日日面世的民营报纸便升格为补正史之阙、正官书之误的最佳底本。且因其非出一家,报道求实,不似笔记的易于挟恩怨,有讹传。"③不过王梁援报入史其局限性也较为明显。这就是,他们二人特别是本好宏观阐发和形上概括的梁启超也都尚未意识到需从理论上对这个问题引申发论和系统分析。

在中国现代史学史上,最早将史学与新闻二者之关系提到理论层

---

① 王也扬:《论王韬的史观与史学》,《史学理论研究》1993 年第 4 期。
② 参见丁晓原:《文化生态与报告文学》,上海三联书店 2001 年版,第 61 页。
③ 夏晓虹:《晚清的魅力》,百花文艺出版社 2001 年版,第 1—2 页。

面加以考察的恐怕是李大钊。他在 1923 年写过一篇文章,巧得很,题目就是《报与史》。李氏首先肯定"报与史有密切亲近的关系",并从"史"字之原义,推断出"报与史间有类似的性质",进而认为,"作史的要义,与作报的要义,亦当有合。"理由是,史有三义,"察其变"、"搜其实"、"会其通"。而此三义与报灼然相合。

　　报的性质,与纪录的历史,尤其接近,由或种意味言之,亦可以说,"报是现在的史,史是过去的报"。今日的报纸,于把每日发生的事件,报告出来以外,有时亦附载些文艺论坛,及别种有趣味的评论等,以娱读者。又,凡一个报,无论其为一党派或团体的机关,或为单纯营业的独立的组织,必各持有一定的主义与见解。社中的记者,既本此主义与见解以发挥其宣传的作用。而就报纸的普通,而且重要的主旨,乃在尽力把日日发生的事实,迅捷的而且精确的报告出来,俾读报纸的人们,得些娱乐、教益与知识。今日报纸的需要,几乎成了一种人生必需品的原故,就在他能把日日新发生的事件,用有系统、有趣味的笔法,描写出来,以传布于读者,使人事发展、社会进化的现象,一一呈露于读者的眼前。报纸上所记的事,虽然是片片段段,一鳞一爪的东西,而究其性质,实与纪录的历史原无二致。故新闻记者的职分,亦与历史研究者极相近似。今日新闻记者所整理所纪述的材料,即为他日历史研究者所当搜集的一种重要史料。①

　　此外,张荫麟在 1928 年第 62 期的《学衡》杂志上曾发表一篇文章《论历史学之过去与未来》,从史料的角度谈到报纸对历史研究的重要价值。对于这个问题,张氏分四个层次加以阐述:首先说明报纸作为历史记录之优点,其次说明报纸作为历史记录之缺点,进而提出建立

---

　　① 李大钊:《史学要论》,河北教育出版社 2000 年版,第 251—252 页。

"历史访员制"以利当代史料之保存,最后对"历史访员制"之规则作出说明。尤其是他对"历史访员制"的设计和构思颇具创意。① "欲求

---

① 作为参照,我们不妨将张氏"历史访员制"同一百年前章学诚设计的"州县志科"制度稍加比较。应该说,二者之间似有某些异曲同工之处。张氏构想"历史访员制"的目的主要就是考虑如何更完善地搜集和保存当代史料。它要求:(1)"历史访员须有精细之分工,各于其所负观察责任之部分,须有专门之训练。"(2)"于同一事象,须有多数(愈多愈善)之访员,各为独立之观察。"(3)"须有多数人作同一观点之观察,更须有多数人作不同观点之观察。"(4)"关于时间空间之测度,实物及自然环境之考验,须尽量利用科学原理及科学仪器。"(5)"静物之观测,宜有充分之长时间及充分之复勘。"(6)"观察所得,须于可能之最近时间内记录之。"(7)"观察者对于文字语言之应用,须有充分之能力。"(8)"历史人物之语言,须立存其真。"(9)"观察者当观察之前,于一己之心理方面及道德方面须有相当之省察。"(10)"观察者于其观察之记录,须以社会同负广播及保存之责任。"张氏所说这些均限于"历史访员"之个人学术训练和观察能力。他对技术性要求很强。

章氏《州县请立志科议》也是出于解决编写史书(地方志)过程中所遇到的材料来源之困难这一需要。"六部必合天下掌故而政存,史官必合天下纪载而籍备也。"方志乃一国之史,有一国之史而后有天下之史。"部府县志"作为"一国之史",既是民间私人家史之规范,又是朝廷国史之基础。"夫期会工程,赋税狱讼,六部不由州县,而直问于民间,庸有当欤?"他建议朝廷在各州县建立志科,专门掌管搜集乡邦文献,以供编纂地方志所需。但由于史料文献储备不易,"州县之志,不可取办于一时。平日当于诸典吏中,特立志科。金典吏之稍明于文法者,以充其选。而且立为成法,俾如法以纪载,略如案牍之有公式焉,则无妄作聪明之弊矣。积数十年之久,则访能文学而通史裁者,笔削以为成书,所谓待其人而后行也。如是又积而修之,于事不劳,而功效已为文史之儒所不能及。"至于资料搜集的范围、办法以及如何保管等等,章氏论说尤为详明,其谋虑之细密,筹划之全面,令人印象深刻。所收文献包括:(1)"六科案牍,约取大略",录其副本;(2)"官长师儒,去官之日,取其平日行事善恶有实据者,录其始末";(3)本地私人家谱之副本,经过"学校师儒,采取公论,核正而藏于志科";(4)本地士人"或有经史撰著,诗辞文笔,论定成编",其副本可"藏于志科,兼录部目";(5)"衙廨城池,学庙祠宇,堤堰桥梁,有所修建",须将其原委始末告知志科,记录在案;(6)"铭金刻石"须摹写拓本,藏于志科;(7)凡举行"宾兴乡饮,读法讲书",须将参与者官秩姓名及见闻经过记录存档。至于志科文献所在,有"水火不可得而侵"之"藏室",有"分科别类"之"锁楼"。其管理既有严格时间规定,"岁月有时";其使用亦需遵守固定手续,"封志以藏,无故不得而私启"。另外,文献搜集可"仿乡塾义学之意,四乡各设采访一人",由"绅士之公正符人望者为之",定时定期报呈志科备案。与此同时,遴选老成持重的"学校师儒"来对所存文献加以"持公核实"。经过这一系列程序和环节,乡邦文献的来源、核实、保存、检查、使用、整理等工作,便有了一个完整的计划和周密的制度。而且最关键的是这些并非纸上谈兵,而是具有非常实际的可操作性。比如"采访"极类似于周朝"采风"之制和汉朝之"风俗使"。即便如此,"采风"却是收集文献于朝廷,而"采访"则是编纂史书于地方。二者迥然不同。不过,尽管章氏把志科制度构想溯源到三代,但他

将来之历史成为科学,欲使将来之人类得理想的史学智识,则必须从现在起,产生真正之'现代史家'或'历史访员',各依科学方法观察记录现在人类活动之一部分。此等历史访员,更须组织学术团体,以相协助,并谋现代史料之保存。"同时他又强调,"历史访员制之实行,必有待社会之同情与赞助。关于此种制度在现代社会上所将遭遇之阻碍及破除此阻碍之方法,予尚无具体意见,抑且恐非待实验后不能确知。复次,此历史访员当与现在之新闻访员分立欤,抑当提高现在之新闻访员,使成为历史访员乎? 此又为一问题矣。"① 需要指出的是,张氏的想象力虽然令人赞叹,但其思想视域却过于狭隘。他所关心的主要是如何更为有效地保存、搜集和利用新闻史料。综合李张二人意见,其显著共同点在于,都是持一种史料主义眼光,把新闻视作史料。这就严重限制了他们对问题的探讨深度。② 平心而论,这是一种新闻

仍然着眼于目前。"圣学衰而横议乱其教,史官失而野史逞其私。……苟于论定成编之业,必呈副于志科,而学校师儒从公讨论,则地近而易于质实,时近而不能托于传闻,又不致有数者之患矣。此补于政理者,殆不可以胜计也。"(《文史通义校注》下册,中华书局,1985 年)

章氏设想的州县"志科"差不多就是国史馆的"地方版"。而且这个"地方版"还非常彻底。因为它几乎是一竿子插到底,从州县到乡里连贯统和,使之成为一个编写地方历史的常设机构和体制架构。所以,这也可以称之为国史馆的地方化。章氏一方面对地方志的编写与材料的搜集提出了制度化和规范化,也就是政府化的要求,另一方面对文献采访者的身份和素质也提出了相应的要求,即应为绅士,须公正,且"能文学而通史裁"。与其不同,张氏"历史访员制"毕竟是在现代社会背景下,所依据的只能是民间学术团体的自治权利和自主行为。而且,新闻报纸与乡邦文献之间终究还是有所不同。如何有效保存和利用二者之价值,也许只有等到我们在对"历史访员制"和"州县志科"制度这两种设计和思路作出一番更为全面和深入的考察和辨析之后,才可能有一个妥善考虑和成熟结论。至少张章二人已明确意识到**新史书之写作必须认真对待社会底层之文献**。

① 孙尚扬、郭兰芳编:《国故新知论——学衡派文化论著辑要》,中国广播电视出版社 1995 年版,第 477 页。

② 最蹊跷的是,致力于深"思"的海德格尔竟然也没有超出这种一般性视野。"按照历史学本身接近于新闻学的程度,这种史料批判的尺度也相应地变化。"而所谓"'史料批判'这个名称在这里标志着整个史料发掘、清理、证实、评价、保存和阐释等工作"。(《林中路》,上海译文出版社 1997 年版,第 79、78 页)

与史料层面上的视角，尚未达到新闻与史学之层面，更未达至新闻与历史之层面。

所以问题的实质在于，必须从本体论层面确立一个绝对命题：历史就是新闻。只要能揭示出新的意义，历史就是新的；只要能发现新的历史意义，历史就是新闻。这是因为新闻的本质并不在于时间上的近，而在于意义上的新。所以，新闻即是新历史、新意义。不管一个事件距离我们今天多远，倘若历史学家从中领悟出新的意义，那么这个事件就一定发生在我们眼前；一个历史人物不管生活得离我们有多远，倘若历史学家从他身上揭示出新的意义，那么这个历史人物就一定生活在我们身边。也就是说，新的意义有效地缩短了甚至弥补了时间上的距离和空间上的差距。这样，在历史新闻学的**意义之环**中，旧事件变成了新话题，老观点产生了新问题。意义所及，一切都是新的；只要赋予新的意义，一切历史都是新闻。

历史新闻学的宗旨就是力求把历史变成像新闻那样的东西。使人们能像关心新闻一样去关心历史，使人们能像关心现实一样去关心历史，使人们能像关心时事一样去关心过去。把历史事件变成新闻题材，把历史观念变成新闻意识，把与人类现状毫不相干的历史引入到人类的生活之中，使现在的人类能与过去的历史共存共在、直接对话，并在共同承受命运的过程中，产生彼此需要相依为命的强烈感觉。

历史新闻学的目的既是使一般人的历史观念发生彻底的变革，也是使历史学家的历史思维发生根本的改变。即，历史学家必须深刻地意识到历史的新闻性内涵和新闻价值之所在，历史学家必须竭尽全力地追踪历史在现实的延伸轨迹，必须密切注意历史与新闻的内在结合点。同时，历史新闻学的目的还在于使历史成为历史性的新闻和使新闻成为新闻性的历史。历史的新闻化和新闻的历史化，这是历史新闻学追求的同一个目标的两个方面或两种表现。

历史学与新闻学二者的联姻，使得历史与新闻之间产生了一个极其广阔的中间空白地带,而这个中间空白地带正是历史学与新闻学二者的结合部,同时,它也是历史学与新闻学二者的生长点。毫无疑问,介于历史学与新闻学二者之间的边际状态为历史学家和新闻记者大显身手提供了前所未有的广阔天地,它使历史学家和新闻记者都产生了一种令人耳目一新的近乎陌生化的大有用武之地之感。历史学家从新闻记者那里获得的启示是:历史学家必须学会敏感地发现和追踪历史中的新闻热点,并以一种深邃的目光将历史中最富有新闻价值的东西充分展示出来,使历史以一种新的形象、新的样式出现在人们面前,进入到人们的头脑里,直至最后真正影响和改变人们的思维方式和观念模式。同样,新闻记者从历史学家那里获得的契机是:新闻记者必须掌握一种真正的洞察力而能够以一种训练有素的眼光在大量杂乱的新闻表象中寻求和发现其内在的足以左右全局形势的历史本质和历史趋向,使新闻充满博大的历史感和精深的历史意识,这样,支离破碎的新闻就会呈现出辩证联系和相互统一的历史式立体景观,全方位的、多层次的新闻结构就建立在这种历史新闻学的历史景观的基础上。

一般而言,历史学家大都缺乏新闻记者身上那种特有的敏锐感,而新闻记者则往往缺乏历史学家身上那种特有的深邃感。二者的结合是一种值得考虑的问题。而且这种考虑必须具有一种真正的学理价值。这样,历史新闻学的视角就成为必然。

如果历史学家按照历史新闻学的要求而去努力追求和实现一种对历史的创造性发现和批判性思考,那么历史学必然会打破目前的沉闷停滞局面,使史学界的"万马齐喑"状态根本改观。其积极效果绝不可低估。首先,它不仅仅能增加历史著作的销售量,扩大历史作品的读者面,而且最关键的是,它能够使历史作品直接深入到人们的现实生活之中和心灵世界内部,成为人们日常生活中必不可少的重要组成部分。毋庸置疑,历史著作只有与人们的现实生活密切相关,才能真正起到影响、启蒙、改变人们精神与信仰的最终目的。总之，历史学的常新性必须通过历史新闻学的建构才能得到实质性的证明和结构性的显现。

四

历史仍是历史，新闻还是新闻。但**如果现实中没有真正的新闻，那我们也根本不可能在历史上求真**。① 这就是说，真实的新闻不但能帮助我们寻找历史的真相，而且可以帮助我们塑造真实的历史观念。如果我们想判断现在的历史观念是否健康，以及现在的历史研究是否正常，那么无须到史学界去找，只要看一看新闻就足够了。在这方面，新闻绝对是一个准确的参照。甚至它比历史著作本身都来得可靠。

对历史学家来说，缺乏新闻意识向来是一种常态。但从历史新闻学的角度看，这恰恰是不正常的。因为历史与新闻的内在统一性尚未被深刻意识到。一般来说，人们提到历史或新闻时，首先都会问：它说的是否"真"。反之，当人们提到科学时，首先都会问：它说的是否"对"；当人们提到哲学时，首先都会问：它说的是否"深"。这就意味着，人们对不同的事物会提出相当不同的基本要求。所以，我关心的是，如何建立一种有效机制，以便用来确保历史与新闻的真实。因为我相信，历史与新闻的内在统一性决定了历史与新闻**要么同样真实，要么同样不真实**。但在实际生活中，人们更关心新闻的真实与否，也

---

① 人们常对史学史上的某些现象作出这样的判断。因为政治高压，无法对现实问题发表意见，只好去研究历史，另寻寄托。这种皮毛之见似是而非。因为它把历史与现实的关系看得过于简单。事实上，如果在现实问题上不能说真话，那么对历史问题说真话的程度也非常有限。如果生活充满谎言，那么历史知识也不可能是真实的，更不可能成为真实的标志。这里的一个问题是，**现实谎言究竟在多大程度上支配着我们对历史的认识？并决定着我们的基本历史观念**？这就意味着，历史知识的真假以及历史观念的是非，其判断标准往往不在于历史实际本身，而在于现实存在。

更容易基于自己的经验和常识去对新闻的真实与否作出准确判断。这样,我们是否可以考虑,如何通过阐释新闻真实,来使人们对历史真实获得一种足够清晰的概念和准确的感觉。

这就是说,人们凭什么说某种历史是真的或不是真的,人们为什么说某个历史观点有意义或没有意义。也许人们在作出此类判断之前已经具备某些历史知识,或者人们运用了自己的理性能力。凡此这些诚然是有道理的。但我并不这样认为。我更倾向于认为,人们之所以能够对历史的真伪和历史理论的是非作出自己的独特判断,主要是因为人们基于自己的社会经验和生活常识而形成了自己的一套颇为感性的思考方式和认识标准。这套思考方式和认识标准既可以用来判断新闻是否真实,也可以用来判断历史的真实。但毋庸置疑的是,在思考方式和认识标准的形成过程中,新闻对人们产生了更为深刻的作用。也就是说,对绝大多数普通人而言,他们基本上是依据新闻来判断历史的。

这样一来,新闻之于历史就构成一种潜在的规定。有责任感的历史学家就必须深入思考新闻对他们历史观念和历史意识的塑造作用。在许多时候,虚妄的历史观念同虚假的新闻报道是直接联系在一起的。当历史学家对历史真相失去**学术判断力**时,那肯定是因为他们对新闻真实失去了**生活判断力**。相对于历史真相,新闻真实似乎要简单一些,对新闻真实的判断似乎也要更容易一些。但历史学家恰恰缺乏就是的思维简单性。他们完全无视近在眼前的生活真实,却总是异想天开地想弄清远在天边的历史真相。可问题是,如果由于某种原因,历史学家对生活真实根本就缺乏认识,那么他们又何以保证自己一定能够认识历史真相?

显然,这是不合逻辑的。如果按照这个思路下去,我们还会追问,为什么我们不能真实认识生活?一定是有某种东西或原因阻止我们这么做。一种基本的权利绝对是必须的。我们对关乎自己切身利益的种种政治事物和社会问题是否有足够的知情权？我们是否有真实的新闻自由？如果缺乏这些我们能否形成一种健康的理性思维？如果不能，那我们就必须承认，权力已剥夺了人性，政治正在扭曲理性。所以说到底，历史与新闻其实是一个问题。二者只能一起解决，绝不能分开解决。似乎历史真实与新闻真实不是一回事，似乎没有新闻真实也可以有历史真实。这种想法不是无知，就是愚蠢，再不就是虚伪。

也许，历史学家在历史面前还可以装聋作哑，但在新闻面前却很难再继续装疯卖傻。因为历史学家可以凭借职业特权垄断历史知识和篡改历史事实，但他却无力阻挡普通人对新闻真实的关心和追求。普通人只要了解新闻真实，他就有资格有能力判断历史真实，他就可以不必相信历史学家的胡言乱语。在普通人眼里，新闻真实比历史学家嘴里的知识体系和历史规律有价值得多。历史学家如果不尊重普通人对新闻真实的感觉，那他又怎么能让普通人相信历史真相是什么呢？可怪诞的是，历史学家一旦尊重普通人对新闻真实的感觉，那就连他自己也都不会再相信自己所说的一切。这真是一个有趣的悖论。而这个悖论也只能出现在历史学家身上。因为在历史学家身上，历史与新闻是分裂的，而不是统一的。

对于历史与新闻的分裂，职业史学视为理所当然。这样，它就无法理解新闻对历史的改造作用。**新闻改造历史**是一个革命性命题。事实上，有时一条普通新闻就可以彻底改变人们的整个历史观念。真实的新闻使人们观察到现实的黑暗，现实的黑暗则又使人们去思考历史的黑暗。真实是一道光，洞穿了从历史到现实的全部黑暗。但这个光源却来自于人们对生活的了解和对现实的观察。在这一过程中，新闻起到了极为重要的作用。这样，我们就可以懂得对于人们历史观念和历史意识的形成和塑造，确保新闻真实绝不是一件无足轻重无关宏旨的事情。正因如此，反抗专制，追求民主，便成为历史与新闻的共同内容。民主制度使历史学家和新闻记者结成天然的盟友。他们的共同敌人就是形形色色的专制制度和个人独裁。与此相对应,封锁新闻,伪造历史,便成为专制主义和独裁者对付历史学家和新闻记者的惯用伎俩。

在某种意义上,新闻真实对历史真相起到一种显示器的作用。有一分真实的新闻,就有一分真实的历史。有十分真实的新闻,就有十分真实的历史。二者是成正比的关系。反之,假新闻塑造着一种虚假现实观,虚假现实观支配着一种虚幻的历史观。如果你早晨起来打开报纸,或晚上打开电视,从头到尾无法从新闻中了解到生活中所发生的事情的真相,那么可以断定,你在历史上也不可能有更多的收获。二者具有相同的虚假性和欺骗性。因为二者大体上是按照同一种权力方式制造出来的。二者具有相同的权力欲望和政治野心。假新闻和伪历史向来是极权政治的两张王牌。这就意味着,一切历史问题都最终取决于我们能否真正思考现实和批判现实,并如何在现实的基础上重新发现历史、书写历史和创造历史。

五

在缺乏新闻的情况下,历史的真实只能是一种有限的片面的不完整的真实,但人们照样还是如饥似渴地相信它。因为它至少部分地满足了人们对真实的需要。这样,历史在人们心目中就自然而然地成为唯一的真实题材和客观内容。作为唯一的真实主题,历史就具有了不可替代的性质和意义,这种性质和意义便使得历史有可能经久不衰地在弯曲的社会时空中和扭曲的人类心灵中代代不绝地延续下来、保存下来。历史成为唯一真实的东西被人们供奉着、信仰着。但这毕竟是一种不正常的畸型的甚至变态的信仰。因为它完全是建立在一种片面真实的基础之上的。这使它的可信性大打折扣。由于缺少必要的新闻存在和新闻监督,历史便似乎成为最客观、最公正、最具有批判性和真理性的知识了。这显然是一种讽刺。因为,就其本质来说,历史永远也不可能成为最客观、最公正、最具有批判性和真理性的知识。但由于没有真正的新闻和新闻真实,历史便得以肆无忌惮地占据着人们的整个心灵和思想并侥幸地吸引了人们的全部注意力。

新闻的惊人匮乏,导致了历史的变相涨价。居高不下的历史价格完全是由于新闻的过度匮乏所造成的。于是发霉的新闻只能用历史来保鲜。但这并不正常。事实上,在一个真正开放的现代社会里,新闻真实应该成为历史真实的指示器和过滤器,新闻应该调节历史,真实的新闻应该成为衡量真实的历史的天平和尺度。历史不能没有新闻。新闻是历史的另一种形式。在封闭而又专制的社会里,只有不真实或不太真实的历史而没有真实的新闻;在开放而又民主的社会里,既有真实的新闻又有真实的历史。**在任何时代,真实是相互补充的,不真实也是相互补充的**。真实的新闻能够使真实的历史变得更加真实,真实的历史也能够使真实的新闻变得更加真实。**真实的新闻能够使人们对真实的历史有更加真实的理解,真实的历史也能够使人们对真实的新闻有更加真实的感觉**。反之,不真实的新闻也能够使不真实的历史变得更加不真实,不真实的历史也能够使不真实的新闻变得更加不真实。不真实的新闻只能减弱人们对不真实的历史的正常判断力,不真实的历史必然降低人们对不真实的新闻的一般感受力。恶性循环和良性循环二者就这样势不两立地并存着,并同时发挥着各自的社会功能。

就其本质而言,历史与新闻的对立,使得人与历史的对话在决定性的程度上成为一种缺乏理念依据的学术幻想。而在历史新闻学中,人与历史的对话则随时随地都可进行,而不受任何时间和空间的限制。这是因为在历史新闻学的视野中,时间是相对的。时间的相对性也就是信息的可传达性和事件的所知性。不管是发生在一千年前的事情,还是发生在一秒钟前的事情,只要它第一次为人所知,那么它就是新闻,就是历史。如果发生在一秒钟前的事情不为人所知,那它就仍不是新闻。同样,如果发生在一千年前的事情不为人所知,那它就仍不是历史。这样,历史新闻学就以空前绝对的方式强调和肯定了历史与新闻作为一种信息的所知性,尤其是历史与新闻这种信息在其传播过程中为人所接受和获悉的**第一次性**或**最初性**。其实,历史作为新闻,它的可知性并不单纯局限于事件,而且还应包括对事件的解释。故而,对事件的新解释同样构成一种新闻。因为,对事件的这种新解释不管怎么说毕竟是以第一次的初始方式传达给人们并为人们所知晓的。所以,历史事件本质上具有一种新闻性。

具体言之,所谓历史事件的新闻性包含有两种可能或两种情况:一是原先被人在**无意中所遗忘**的历史后来在某种新条件下又被回忆起来和发现出来,一是原先被人**有意地掩盖和篡改**过的历史后来在某种新条件下又得以被揭示出来和改正过来。但不管是二者之中的哪一种情况,在历史新闻学中都是确凿无疑的真正新闻。当然,不可排除的是这两种可能性都会同时存在和出现。不过,就其价值——也就是历史新闻学的价值而不是一般新闻学的价值——而言,后一种情况较之于前一种情况无疑具有更深刻的内涵和更丰富的意蕴。

从理论上讲,任何历史都有被无意地遗忘的角落和有意地掩盖起来的秘密。所以,一旦把历史上所有那些被遗忘的角落和被掩盖起来的秘密揭示和披露出来,那么毫无疑问,它将会成为一种令人深思的具有特殊形式和特殊意义的新闻。而这正是历史新闻学所追求的那种目标。历史新闻学就是去大胆地揭露、充分地曝光。因为任何一种历史都毋庸置疑地存在有不可避免的形形色色的阴暗面、消极面和丑恶面。历史新闻学有责任、有权利去对之加以揭露和展示。倘若这种对历史上的黑暗面的揭露和展示本身能够包含有一种历史新闻学所要求和规定的特定新闻价值的话,那么这种暴露就是有意义的、合理的。

历史新闻学并不单纯以暴露历史上存在着的阴暗面为目的,但由于历史上的阴暗面常常具有鲜为人知的新闻价值,故而也就理所当然地成为历史新闻学所极力捕捉和刻意寻求的主要目标。但这种行为本身丝毫也不影响和损害历史新闻学对历史本质所作的独特理解和新颖发现的真实价值。一般说来,历史新闻学的真实价值往往在于对历史意义的富有独创性的惊人发现,而这种独创性也就大体集中在历史新闻学特别擅长于对历史上那些阴暗面的全新审视和新奇解释。简言之,历史新闻学不光是要发现历史的阴暗面,而且更着重于从历史的阴暗面中间发现出一些不易为人所察觉的新意义和新价值。

不过令人深思的是,历史阴暗面虽然是历史上的普遍现象,但人们却常常对它视而不见。这样,历史阴暗面便往往构成历史上的空白和死角。就此而言,历史上的空白和死角无不具有一种悲剧性。也正因为它是悲剧,它才可能成为历史的空白和死角。这样,历史新闻学对历史上的空白和死角的揭示和展露,就势必成为对历史悲剧的重新思考。在本质上,这是悲剧意识的生成和悲剧理性的重构。**悲剧,既是历史的,又是现实的。历史新闻学既是对历史悲剧的追问,又是对现实悲剧的质疑,更是对历史—现实悲剧的抗议**。总之,它不满于历史与现实因对人性的扭曲和对命运的漠视而必然产生的大小悲剧。

悲剧一方面使人性和命运变得无意义,一方面又使历史与现实变得有意义。但透过历史与现实的有意义性,我们却看到了它本身所包含的无意义性;同样,透过人性与命运的无意义性,我们却看到了它本身内在的有意义性。但归根结底,二者都系结于悲剧。所以悲剧就成为历史新闻学的永恒主题。在这个意义上,不妨说,历史新闻学也就是历史悲剧学。

因为历史上的死角和空白无不都是悲剧,而这些构成悲剧的历史死角和历史空白又无不具有新闻性。同时,新闻的任务又是去千方百计地寻找死角和空白。这样,历史新闻学便由于对历史死角和空白的披露和揭示而使自身具有一种崇高的悲剧精神和悲剧感。而历史新闻学的这种悲剧意识又本真地来源于历史上各种空白和死角（即悲剧）得以存在的可能性和得以可能的必然性。

历史悲剧学的内涵是:历史是一个永恒的悲剧。历史悲剧学是对历史的悲剧性研究,是对历史悲剧的深刻思索。在历史悲剧学看来,悲剧在历史上常常成为一种神秘莫测的禁区和羞于启齿的隐私。这样,探索禁区和剖析隐私,就成为作为悲剧学的历史新闻学的主要目的。在这个意义上,历史新闻学便不能不包含有鲜明的悲剧性意向。

历史悲剧学研究的是悲剧在历史上的地位、性质、类型以及对历史所发生的复杂影响,同时它还研究悲剧的历史可能性,即历史究竟是如何使悲剧成为可能的。而这种可能性说到底,也就是一个人的命运问题。这就意味着历史悲剧学必须去关注每个人在历史上的特殊命运。不妨说,个人命运几乎就是全部历史中最基本的问题之一。

如果人类在历史上是多灾多难的话,那么个人在历史上就是永远不幸的。如果民族在历史上还能获得某些渺茫的希望的话,那么个人在历史上只能得到彻底的绝望。历史的不公正对一切事物都是这样,但对人类尤其明显,而对于个人则更是有过之而无不及。历史所给予个人的痛苦较之于所给予人类的痛苦更多、更甚、更深。人类痛苦好比是海洋,个人痛苦好比是海洋中的生物。鱼固然离不开水,但鱼又的确不同于水。一个人一个人的故事,一个人一个人的感受,永远不同于其他所有人。而这正是最令人感兴趣的敏感点和兴奋点。把更多的敏感点和兴奋点直观而又形象地呈现出来,是历史新闻学最具吸引力的地方。它表明了历史新闻学所关注的焦点只能是现实生活。而现实生活的坐标是由新闻学和历史学这两条轨迹共同确定下来的。**了解现实,离不开新闻学;理解现实,离不开历史学。**对于历史新闻学的建构来说,它首先需要新闻学的帮助。

追踪时代,切入现实,这正是新闻学所能给历史学提供的最有价值的敏锐感。一旦获得这种新闻学的特殊敏锐感,历史学就会如虎添翼,极大地拓展自己的视野和思维空间,而将人类的整个历史都纳入自己的广阔天地之中,仔细鉴别,精心选择,一切人为造成的历史禁区和历史秘密都将在历史新闻学的探索目光下逐渐敞开和显露。于是,被不公正、反理性地隐藏和掩盖了几十年、甚至上百年的历史悲剧便又会再次焕发出惊人的光彩和巨大的魅力。悲剧永远都是新的。**历史悲剧更是常新如初**。历史悲剧一旦被历史新闻学揭示出来,那深深地包含在历史悲剧之中的人类命运和个人命运便必然会以一种全新的方式和全新的内涵以及全新的意义而永无止境地绵绵不绝地重新返回到、进入到我们当代的现实生活里面,与现实生活潜移默化地融为一体,共同影响和支配着我们新的历史和新的命运。

六

由于没有正常的新闻,新闻就变成了内幕和小道消息以及秘密,乃至成为滑稽不堪的颇具讽刺意味的充满庸俗悖论性的公开的秘密,这一切便在一发而不可收拾的狼狈之中泛滥成灾。这是一种骇人听闻的谎言、欺骗、虚伪、愚弄、半真半假、似是而非、虚实难辨、黑白颠倒的大杂烩式的文化浩劫和思想灾难。它的目的在于彻底摧垮一个民族追求真理的信念和意志,在于永远毁灭一个民族追求自由的理想和希望。幽默的是,在这种浩劫般的大灾难中,唯一生存下来的竟然是历史。但经过这样一番灵与肉的生死轮回和人与兽的讨价还价,历史也变得厚颜无耻了。它毫无顾及地脱掉原有的一切装饰,而露出了赤裸裸的真实面目。它不再伪装,不再微笑,不再甜言蜜语,不再脉脉含情。冷酷、残忍、卑鄙、狡诈、寡情孤义、恬不知耻成为它的口头禅和座右铭。它推崇这些。它崇拜这些。这些不是万能的,但它却能给人们带来一种万能的效果,却能使它的崇拜者为了达到自己的目的而创造出万能的东西。在新闻的沙漠中,历史得以浑水摸鱼;在新闻的荒原中,历史得以坐享其成。虽非山中无老虎,但猴子早已自称大王。它惯于设下圈套制造假象混淆视听,然后又在没有一个证人的情况下一本正经煞有其事危言耸听地高谈阔论那些完全不着边际的所谓经验教训。在这种情况下,历史仿佛具有了一种过时的新闻功能和失效的新闻价值。在没有新闻的情况下,历史便乘虚而入、大肆行窃、沽名钓誉。真的变成了假的,假的变成了真的。真理变成了牛粪,牛粪变成了鲜花。铅块变成了黄金,黄金变成了废纸。没有人清楚这个神秘莫测的恐怖过程。没有人通晓这些惨绝人寰的苦难知识。它只是昭示出一个铁一般的事实,即,没有新闻,生活将是多么的可怕。最重要的是,这种可怕性并不仅仅在于它所产生的无穷无尽的毁灭性后果,而且在于它本身的**反文明性**。

新闻在闻所未闻的情况下变成了历史,历史又在史无前例的情况下变成了新闻。这显然是荒谬的。但荒谬早已不是新闻。甚至,它也不单纯是历史。它从过去一直绵延不绝地伸展到现在。消除这种荒谬性的办法之一就是对历史与新闻的关系加以重新考察,以便探讨是否有可能找到一条将历史学与新闻学结合起来的有效途径。这里面包含着一个根本性的规律,即,如果历史与新闻二者之间不存在有一种**互动的平衡**,那么人类的文明进程将不得不为此而付出不可估量的沉重代价。而且,这种代价是永远不可弥补的,它将不可挽回地改变世界历史的未来命运。为此,尝试从新闻角度理解历史就成为可能。

从表面上看,历史与任何新东西都不沾边,历史中从来没有任何新闻,但实质上,**历史本身就是最大的新闻**。从历史新闻学角度看,所谓新闻不仅仅在于它是一种刚刚发生的最新事件,而且更在于它包含有一种刚刚被发现的最新价值。毫无疑问,这是历史走进现实、走进人们思想,并进而与人的苦难灵魂相伴为伍的开始。**如果说基督分享人的苦难,那么历史则包容人的苦难**。其共同性在于,二者都与人的苦难同在。同时还不能忘记,正是历史新闻学把历史引进了人们的现实生活和日常体验之中,并使之成为人们那不幸命运中最具魅力的思想对象,而这本身也同时使得历史新闻学成为人们知识形态中最具深度的思想形式。

在某种意义上,历史新闻学把历史变成了人们那不幸生活中的最可信赖并最具有启示性的伟大《圣经》。历史就像"圣经"一样,应该成为人们灵魂中最好的慰藉和指南。如果历史是圣经,那么人们也无须去虔诚地崇拜它和盲目地迷信它,而只需要去默默地思索它和不断地理解它。坚持这样做的结果是,总有一天,历史会被你的真诚努力和献身精神所感动,而主动地向你敞开自己埋藏在心底的秘密。这就意味着,历史接纳了你。你凭借自己对历史所作的深刻理解而终于获得了历史对你的认可。这对双方都是有益的。在你与历史的持续对话中,你和历史二者都成为这场平等对话的最大收获者和受益者。

历史新闻学也可以叫做"新闻史学"。它具有充分的兼容性。比如,新闻史学与纪实文学便有某些相似之处。但说到底,新闻史学是史学,而纪实文学是文学。不过在某种程度上,新闻史学可以包容纪实文学。有时,纪实文学既可以转换成新闻史学;有时,新闻史学又可以转换成纪实文学。不过对于二者之间的这种互动转换,却不能理解成一种局部细节和外在形式上的变动,而必须理解成一种总体意向和内在结构上的转变。

在历史新闻学的视野中,纪实文学、报告文学同新闻的区别主要表现为:第一,前者是**历史新闻**,即历史上的新闻和历史性的新闻;而后者(特别是长篇通讯、大特写)则是**新闻历史**,即新闻性的历史和新闻化的历史。如《戊戌政变记》、《唐山煤矿葬送工人大惨剧》、《西行漫记》、《震撼世界的十天》等。第二,新闻历史的作者大都是记者,历史新闻的作者则大都是作家。这表明了历史新闻学中两类文本作者之角色的不同。第三,从时间上看,新闻历史大都是写于历史事件发生的当时当地和历史事变的进行当中;而历史新闻则大都写于历史事件发生和结束之后的或长或短的某一段时间之内。故而,第四,从形式上分析,历史新闻较之于新闻历史更多一些理性思辨色彩。与这个特点相对应的是:新闻历史较之于历史新闻包含有更多的过程细节和个性意味。①

总之,历史新闻学揭示了最远的东西与最近的东西在结构上是统一的,在本质上是一致的,在意义上是相同的。历史新闻学所追求的目标不是要获得一种华而不实的具有轰动效应的肤浅新闻效果,而是要发现一种迥然不同的具有震撼力的深刻历史价值。历史新闻学要求立足新形态,写出新历史。依照历史新闻学的眼光,历史中处处都充满着有待人们去重新发现的新东西。历史新闻学认为:**没有旧历史,只有未曾发现的历史**。历史上没有任何旧的东西。一切历史都是新的,一切历史都是刚刚发生并正在进行之中的新事件、新过程、新意义。历史新闻学要求人们必须时时刻刻以一种新的眼光去看待历史,看待现实。历史新闻学并不是要求人们把旧东西看成新事物,而是要求人们从旧事物中看出新意义。对于历史学家来说,把一切新的都看成是旧的并不难,难的是从旧的里面看出无限的新意。而这正是历史新闻学所要求的理想境界。

历史的可能性到底有多大,这始终是历史新闻学关注的一个主要问题。不间断地尝试着更加深入和全面地认识和了解历史本身所具有的新的可能性,这是历史新闻学追求的基本目标之一。所以,历史新闻学提出的一个基本问题是:如何从新闻角度来理解历史? 这一问题要求,在历史研究过程中,我们必须自始至终地具备并保持着一种

---

① 无论如何,我们不能因为无法采访当事人或事件细节的阙失而否认纪实文学或报告文学撰写历史的可能性和可行性。报告文学作为"新闻文学",文体的新闻性并不使其天然绝缘于历史题材。(参见丁晓原:《文化生态与报告文学》,第171—172页)

真正的新闻意识或新闻精神。这点非常重要。因为我们的目的在于对历史获得一种全新的理解和阐释,而不在于枯燥无味地去重复那些早已令人厌烦的陈词滥调。把历史呈现在我们面前,不是一个纯粹的技术问题,而是一个总体的理念创新。这就是说,新闻对史学的冲击和影响绝不仅仅是技术上的,而是观念上的;绝不单纯是局部细节上的,而且更是整体结构上的。历史新闻学要求历史研究必须有新意,必须追求一种创新性和新颖性。所谓新意,就是说,意义即是创新,意义在于创新,创新才有意义。历史研究如果不致力于一种创造性思考,如果不力求从一个全新的角度来揭示历史的本质和意义,那么这种历史研究就是毫无意义的,它的学术价值就要大打折扣。

从主观上讲,历史新闻学自然要追求一种强烈而又鲜明的新闻效果。从客观上看,历史新闻学的作品也确实具有一种不可多得的特殊的新闻效应。同时,具有新闻价值的历史著作往往就是更大的新闻,往往能够产生更大的新闻效应。另一方面,新闻可以为历史学提供最丰富、最生动、最鲜明、最真实、最具生命力和现实气息的语言。**新闻是历史学的语言宝库**。所以历史学必须善于向新闻学习。诚如陈寅恪所说,"史论之作者,或有意,或无意,其发为言论之时,即已印入作者及其时代之环境背景,实无异于今日新闻纸之社论时评。若善用之,皆有助于考史。"①其实,新闻与史学之关系绝不仅仅表现在史论与考史方面,这种关系只能称为报纸与史学之关系。而我所说的则是新闻与史学的关系,它要求在历史观念和历史知识的每一个层次,甚至连同历史研究的所有环节和内容都应该充分体现出新闻与史学的内在统一性。因为这是一种史学层面上的本体论结构。它意味着,除了历史事件的具体过程、结果必须绝对真实这一历史研究所提出的一

---

① 陈寅恪:《冯友兰中国哲学史上册审查报告》,《金明馆丛稿二编》,上海古籍出版社 1980 年版。

一般要求外,生动的人物描写、深刻的心理分析、有趣的细节记载、精彩的语言对话,这则是历史新闻学所特别予以强调的。眼界的开阔、内涵的丰富、思路的独特、意境的高远,这更是历史新闻学对历史著作所规定的基本尺度。即,历史研究必须充满新意,历史著作必须具有新知,历史认识必须包含新思。总之,能发前人之所未言,能启世人之所未思。推陈出新,以新为是。虽然有史以来,历史学一直都在追求对历史有一种新的认识,但**历史新闻学则把历史学所具有的这种求新意识提高到了一个前所未有的新的理论高度**,甚至试图把它作为历史新闻学的本质规定。柯林武德有一句话说得非常好,"供一个剪刀加浆糊的历史学家所使用的书目中所提到的书籍,其价值大体上与它们的古老性成正比;而供一个科学的历史学家所使用的书目中所提到的书籍,则其价值大体上与它们的新鲜性成正比。"①

这就意味着,历史学作为一门科学,其价值并不在于去恢复旧的,而在于去发现新的。而对所有新事物、新观念的敏感性、好奇性以及酷爱性正是历史新闻学的本质特征。所以,历史新闻学必须善于发现历史上的敏感点和敏感区。因为这些历史上的敏感点和敏感区往往都是一片片极其诱人和丰厚的未被开垦的历史处女地,同时它们也是些关卡重重戒备森严的历史禁区。这就要求历史学家必须具备有敏锐的眼光和不屈不挠的勇气,以便去发现和揭示这些铁幕之后的种种神秘和恐怖景观。

尽管一般来说,新闻所关注的"热点",往往是历史的"冷点",但在历史新闻学中,这二者差不多就是一回事。**历史的"冷点"也就是新闻的"热点"**。历史新闻学把二者当作一回事来处理,从而使历史进入新闻的视野,成为人们关注的现实问题。

另一方面,历史新闻学从边缘眼光出发,将边缘历史引入决定或制

---

① 柯林武德:《历史的观念》,中国社会科学出版社 1986 年版,第 316 页。

约历史发展方向和进程的中心区域,使历史活动的舞台变得更加宽阔深广,使历史进程呈现出多层多维的立体形态。况且,**历史的边缘性又常常能够诱发出人们对历史本质的多边性解释**。同时,这种多边性解释在历史中心地带又是常常不容易顺利展开的。毫无疑问,过于强调中心化的倾向将会严重限制人们的历史视野,使人们无法从某些过于狭窄的专题性区域内超脱出来,获得一种从历史边缘打量历史本真的新眼光。

七

记者出身的斯东在探究审判苏格拉底的真相和"内幕"时,劈头就提出一个问题,"一位记者要报道几乎是2400年以前进行的一场审判该怎么办呢?"①雅典的城邦政治和民主政体以及开放而平等的法庭陪审规则,使得当时的自由公民对个体行为、法律、罪行、道德、理性、客观性之间的复杂关系有着极为丰富和深刻的体验和感受。这种独特的政治体制和生活环境决定了那个时代人们写作史书并不依赖于高度垄断性的官方档案,而主要依靠对历史事件的现场观察以及对当事人的采访、取证、询问,这使得他们写出来的史书差不多就是一种公开的新闻报道。可以说,史学与新闻的最初结合几乎能够追溯到古希腊时代。② 而这是

---

① 斯东:《苏格拉底的审判》,三联书店1998年版,第3页。
② 古希腊诚然没有现代意义上的体制化的史学和产业化的新闻。但古希腊却有绝对经典的悲剧和喜剧。而悲剧与喜剧之关系就颇类似于史学与新闻之关系。悲剧的主题是命运,是战争,是不幸,是个体那无所不在的在场性,而这与史学关注的主题几乎完全一致。希罗多德和修昔底德历史著作中所弥漫着的那种深刻的悲剧精神使它们本身具有一种宏大的史诗性质。而喜剧风格与特征更接近于新闻。据学者评论,"剧场在雅典相当于现代自由的报业。喜剧诗人就是搜集流言蜚语、名人隐私和批评贪官污吏的'新闻记者'。"就此而言,希腊戏剧最有力地透显出它的本质正是言论自由。"可以毫不夸张地说,戏剧在公元前5世纪的雅典享受到了比历史上任何其他时期都要多的言论自由。"言论自由的四个关键词中就有两个"首先出现在悲剧诗人的作品里"。(参见斯东:《苏格拉底的审判》,第156、253—254页)这样,我们不难辨识出希腊戏剧所隐含的言论自由的原则恰恰昭示出史学与新闻二者之统一的内在基础。

由古希腊那种独具特色的城邦政治、民主政体以及法庭规则三者合力型构而成的社会伦理生活和公民政治实践所共同塑造和奠基。

西方史学史表明,史学与新闻的结合始终是一个传统,尽管并非主流。历史新闻学试图通过努力发掘这种若隐若现的传统,使之成为一种兼容理论性和可操作性的写史实践。这种写史实践希望把历史变成一种采访对象、一种提问对象、一种观察对象,而不仅仅是一种回忆对象、一种陈述对象、一种评论对象。这无疑将使历史变得更加可信和逼真,并具有更大的透明度。历史的清晰使历史更具深沉的美感。在某种意义上,历史新闻学把历史变成了一种**新闻主义的历史文本**。其目的不仅在于使沉寂的历史具有一种特殊的新闻效果,而且试图使读者产生一种身临其境的**目击感**。但新闻主义历史文本的目的绝不是要把历史弄成一种浅薄的花边新闻,而是要揭示出历史过程本身所蕴涵的那种具有特殊意味的新闻性。所以新闻之于史学,并不单纯是一种描述手段和修辞方式,而且同时也是一种组织结构和思想模式。

在历史新闻学中,历史学家得以能够以前所未有的广度和深度直接切入历史。在这种关系中,历史学家与历史不再是远离,而开始趋近;不再是对峙,而成为融合。这样,历史学家就兼有历史事实的报道者和历史意义的阐释者的双重身份。他必须小心翼翼地处理好这二者的关系,尽量使之平衡和协调,避免发生冲突和纠纷,否则的话,他写的历史就会变得失真而毫无任何价值。历史意义的阐释不是空洞无物的任意发挥,历史事实的报道也不是就事论事的机械记录。二者在一种和谐关系中保持着一种内在的张力。历史学家应该善于在这种张力结构中表现出自己的个性和风格。历史学家作为历史事件的采访者和历史人物的对话者,他可以最大程度地获得远远超出传统意义上的第一手史料之内涵的新材料和新证据。

这样,历史新闻学就在客观上构成了一种新的历史文本。在这种新历史文本中,历史学家的主体角色和个人身份也不再隐没不见,而是直接在场；不再是看不见的"小我"，而是看得见的"大我"。同时，看得见的"我"在新历史文本中已不再是旧历史文本中的吞吞吐吐半遮半掩的窃窃私语者，而成为直言不讳坦坦荡荡的大声疾呼者。在新历史文本中，那种"怯书今语，勇效昔言"①的学院风格和迂腐做法已被逐渐克服。新史学家们的语言、术语、概念等均更切近现实生活，或者干脆采用或移植现实社会中的语言，将其直接写入著作。著作从结构到形式都给人一种另类的新鲜感和亲切感。陌生化的文本原则在这里必须得到新的相反的应用与理解，即我们必须从另外一种颠倒的角度和立场来对待陌生化原则。历史新闻学的目的不是力图将历史摆弄得与现实生活更陌生、更隔阂、更疏远、更冷漠，而是力求将历史操作得与现实生活更熟悉、更接近、更贴切、更亲密。在历史新闻学的功能操作下，历史便在文本的写作程序上被处理成与现实本质毫无二致的复合总体。历史新闻学所创造出来的文本无论在思想结构上还是在语言形式上都使人深切感到它完全是一种纯粹现实的必然产物。历史新闻学所建构起来的新文本所具有的现实性之鲜明与强烈足以使人确切无疑地感觉到历史与现实二者究竟在多大程度上是一致的或接近一致的。历史新闻学的方法主要是一种功能方法而不是一种结构方法。新文本的写作程序在功能上往往能收到一种出其不意和出奇制胜的非喜剧效果。通过似曾相识的事件使人耳目一新。通过虚实莫辨的细节使人若有所思。

采访历史，就是去捕捉、发现、感受、体验那种弥漫在、充溢于整个空间、自然界和宇宙深处的历史意义和生命韵味。这也是历史新闻学所能提供给人们的诸多妙处之一。不妨说，历史新闻学最擅长制造这种令人难忘记忆犹新的真实效果。这种真实效果绝不是虚拟的。因为它最大限度地发源于历史过程的最内部。通过历史新闻学的有力

---

① 刘知几：《史通通释》卷六，"言语"，上海古籍出版社1978年版。

综合，历史学家同新闻记者的合作得以可能。虽然一般说来，"用长远观点来看的历史学家，与曾有切身经验的实地记者之间显然有很大距离。"①但这并不绝对，更非不可改变。因为历史与新闻的建构性融合将使得历史学家与新闻记者之间趋于"零距离"。新闻记者不再是一个单纯的观察者和报道者，历史学家也不再是一个纯粹的记录者和回忆者，二者都负有一种评论者和解释者的职责，更重要的是，这种评论和解释还包含有一种共同的东西，这就是新闻意识和历史意识。它要求历史学家必须具有一种新闻意识，新闻记者必须具有一种历史意识。新闻记者在采访新闻时，历史意识往往以一种潜意识的方式在发挥着作用，而他也只能在一定的历史框架内来观察、理解、评价自己的采访对象和内容。因而，新闻记者的新闻观往往是他自己的历史观的一种现实表现和直接作用。

搞新闻的人都知道这句话：狗咬人不是新闻，人咬狗才是新闻。现在，这句话又进一步演绎为：人咬狗也不再是新闻，只有人与狗性交，并付钱给狗才是新闻。但在搞历史的人看来，无论是狗咬人还是人咬狗，抑或还是人狗做爱，统统都是历史。这就体现出历史意识的妙用。因为历史意识不光要求人们必须把不同或相关的事物联系起来考虑，而且要求人们必须在现实的基础上充分揭示出这种联系的空间纵深性和时间绵延性。这也就体现出历史意识和新闻意识在时间度上的差别。一方面，历史和新闻都非常重视时间，不论发生什么事件，首先都要弄清它究竟是在什么时间发生的；另一方面，时间的变化却使历史和新闻的各自价值处于此起彼伏的消长状态，即，时间的消逝既使历史增值，又使新闻贬值。在这点上，历史与新闻可以说是处于截然对立的状态。正因如此，新闻的时间基本上是一种短时段的时间，甚至是一种瞬间时间或零度时间，而历史的时间则是一种包含有

---

　　　① 董鼎山：《自己的视角》，学林出版社1997年版，第266页。

各种长短时段不等的综合时间,它趋向于无限。新闻处理时间是把时间压缩得越短越好,最好是零度状态。反过来说,新闻处理时间的手法实际上也是把零度时间尽可能地展开、扩张、拉长,使一分钟、一秒钟内发生的事情能够尽可能地占据整个时间段;同时,使一个名不见经传的不起眼的小地方发生的事占满整个空间。这也可以说是新闻所特有的"以小见大"、"以近知远"的原则。用古语说就是"以锥指地"、"以管窥天"。

　　与此相反,历史学则不是这样。在历史学中,仿佛每一分钟都有它自己的价值,仿佛每一秒钟都有它自己的含义。历史学既不随便浪费每一分钟,也不随意延长每一分钟。历史学既能把某一时刻充分展开,又能把几十年上百年压缩起来。历史学在长时段中表现的是一种历史过程的凝重厚实,在短时段中表现的是一种历史事态的惊心动魄。

　　史学与新闻的结合使得各自的时间结构发生了变化。历史学中的时间更具瞬间的动态感,新闻中的时间更具纵深的凝重感。这样一来,由于时间结构的变化,传统上所认定的那种历史学家与新闻记者之间的分工差别就显得无足轻重了。比如,习惯上认为:历史学家说明已经发生的事情,新闻记者说明正在发生的事情。但已经发生的历史与正在发生的历史这二者之间的明确界限却是谁(无论是历史学家还是新闻记者)也说不清楚的。所以,不如更干脆地说,在已经发生的历史与正在发生的历史这二者之间似乎就从来不存在有任何真正的界限。

　　由于史学和新闻所共同具有的敏锐时间意识,历史学家同新闻记者之间似乎就天然存在有一种亲和关系。一位英国历史学家对自己的著作就充满一种新闻记者的期待,"我希望这本书或许能作为许多令人兴奋的发现的一种'情况报道'。"[1]一位美国记者则雄心勃勃地表示,"我试图在历史和新闻之间架起一座桥梁。"具体做法是:"把每

---

[1]　巴兹尔·戴维逊:《古老非洲的再发现》"序言",三联书店1973年版。

本书的每章都写成'消息',或者说,都有新闻价值。要写的事件可能是在多年前发生的,但我总是设法使这些事件同今天挂上钩。"①《纽约时报》前记者盖塔利斯说得更是斩钉截铁,"我所写的新闻已经不再是新闻,而是当代历史。"②俄国一位攻读新闻专业的大学生宣称:"我想撰写当代的历史,永远处在我们的生活事件的中心。"他还表示,"我最喜爱的书是黑格尔的《历史哲学》。"③就连一位声望卓著的德国政治家也不讳言,"我所以攻读历史也是为了当记者。"④

在某种意义上,历史学家和新闻记者的关系就颇类似于孪生兄弟的关系。未来的历史学家应该是巧妙地集历史学家的深刻与新闻记者的锐利于一身的人物。而未来的新闻记者也同样必须兼具历史学家的强大思维能力。将来的发展趋势很可能会形成历史学家和新闻记者合二为一的格局,二者在目前的局限分工将被未来高度综合的内在联系所代替。"历史学家"和"新闻记者"只不过是对同一种人的两种不同的称呼而已。西方社会已经出现了这种趋势。这种趋势有望改变传统职业分工所造成的性别偏好。比如女史家少而女记者多的职业偏颇将会更趋平衡和合理。

八

新闻关心冲突,而战争既是冲突的最高形式,又是历史的普遍本质。故而,战争便成为新闻与史学关心的共同话题。这说明:(1)最早的史书必然写的是战争史;(2)最好的史书必然关涉战争史;(3)历史学家关注战争有其必然理由;(4)以战争史为主体的"暴力史观"有其

---

① 约翰·根室:《写内幕书的乐趣》第4、31页。
② http://angelhow.bokee.com/.
③ 《莫斯科大学的新"神童"》,《参考消息》1987年7月26日。
④ 奥里亚娜·法拉奇:《风云人物采访记》,新华出版社1983年版,第104页。

必然依据。概言之,史学的"战争情结"与新闻的"战争情怀"对于人类了解战争、认识战争缺一不可。现在西方出版的有关一战史、二战史的著作或作品许多都是出自于记者之手。① 至于有关二战后的诸多战争,如朝鲜战争、越南战争、海湾战争、南斯拉夫内战、科索沃战争等,其一流著作更是大都出自于那些活跃在战争第一线的新闻记者之手。不难预见,二十一世纪刚刚发生的阿富汗战争和美伊战争肯定会使历史学家和新闻记者的合作达到一个新的水准。他们将共同致力于对历史真实的自由探索和追求。克朗凯特坚持认为,"一定要给予记者接触战场和士兵的机会,以便能不偏不倚地记录日后可以公开的历史。"②因揭露水门事件而多次遭到恐吓的《华盛顿邮报》记者卡尔·伯恩斯坦则明确指出:"战地记者应该继续留在战争前沿,因为独立、完整、无畏的新闻是真正的民主中最崇高的价值之一。尤其是在阿富汗战争中,五角大楼堵住了媒体的嘴,时不时地禁止媒体披露在阿富汗发生的事情,这迫使记者不得不去探求更深层的真相。"③

当然,这并不意味着记者就对自己写作历史的能力和效果缺乏必要反省。比如,李普曼就认为,新闻与真相虽有部分重叠,但二者并非一回事。所以须被严格区分。"每一份报纸在它抵达读者手中之时,都是一系列选择的结果……这里没有什么标准,只有习惯。"新闻所谓的"真相"只是新闻记者的"真相"。当今社会日趋复杂的事态结构,

---

① 其中不乏才能卓绝的女记者。据报道,美国最近出版的《女新闻工作者》,选编了100年来女记者们最优秀的作品。"书中最亮丽的瑰宝要数玛莎·盖尔霍恩对1945年刚刚被解放的德国达豪集中营的描述。""在世人对惨无人道的大屠杀还不十分了解的时候,盖尔霍恩就亲眼目睹了这一切。在一篇题为《战争的面孔》的报道中,她这样描述达豪集中营:'我们看到的已经很多;我们看到了太多的战争和太多的暴力死亡;我们看到了像肉铺一样血腥肮脏的医院;我们看到无数尸首,像包裹一样躺在马路上。但这些都远不如这里触目惊心。这些被饿死的、被折磨死的、赤裸裸的无名尸首最能体现战争的邪恶。'"(《参考消息》2006年2月1日)

② 《记者生涯——目击世界60年》,江苏人民出版社1998年版,第304页。

③ 转引胡思远:《媒体战:阿富汗的另一个战场》,《世界知识》2002年第1期。

使得新闻无法提供"民主理论所要求的足够的知识"。所以,媒体"能够记录驾驭社会的力量的观点是错误的"。① 伍德沃德更明确地说,"没有一位记者或历史学家的记述能够做到百分之百的地步。记忆,观点,与自身利益都渗进一些成分。"②

与历史学家的自我反思比较起来,记者的反省或许并不显得过分深刻和新颖。但至少表明一点,在追求历史真相的过程中,无论记者还是史家都处于相同的起跑线上,面临着相同的困境和问题,虽然视角、意图、手段、方式多少有些不同,但二者都已意识到了写作历史绝对是对人性的一种挑战,同时也是一种非常富于冒险的事业。不过在常人眼里,记者职业可能更具危险性。也许正是出于这个原因,有时人们又喜欢把新闻记者同情报人员相提并论。"在某种意义上,新闻记者必须具备绝不逊于职业情报人员的素质和捕捉能力。而在职业敏感上,两者是一致的。"③

其实,就其可类比的程度而言,历史学家与政治家之间更有其妙不可言的共同性。如果以为政治家是创造历史、历史学家是撰写历史的话,那就可谓是只知其一不知其二了。因为丘吉尔的身体力行和现身说法早已把这个问题解决了。《英语民族国家史略》和《第二次世界大战回忆录》两部皇皇巨著足以证明,政治家与历史学家完全有可能成为站在同一条起跑线上奔向共同未来的最佳合作者。尽管二者的跑道不同,尽管二者到达终点的时间不同,但双方的竞技状态和心理活动则是完全相同的。最重要的是,双方在进入角色前和进入角色后的整个过程中的基本条件和素质也都是大同小异、相差无几的。政

---

① 参见张巨岩:《权力的声音——美国的媒体和战争》,三联书店2004年版,第131页。
② 转引董鼎山:《自己的视角》,第133页。
③ 张卫明:《统帅部:中国最大军事演习秘录》,北岳文艺出版社1993年版,第212页。

治家置身于历史事件的漩涡之中当然要审时度势、洞察未来,同样,历史学家在场于历史发展进程之中也需要洞察秋毫、预知变化。柯林武德基于他的"思想史"式的史学观向人们表明,历史学家与政治家之间究竟有着怎样一种深奥的关系。

> 面前呈现着有关尤里乌斯·恺撒所采取的某些行动的叙述的政治史家和战争史家,乃是在试图理解这些行动,那就是说,在试图发现在恺撒的心中是什么思想决定了他要做出这些行动。这就蕴涵着他要为自己想象恺撒所处的局势,要为自己思想恺撒是怎样思想那种局势和对付它的可能办法的。思想史,并且因此一切历史,都是在历史学家自己的心灵中重演过去的思想。①

当历史学家在自己思想中重演政治家决策和行动时的思想时,历史学家恐怕不仅是在"复活"政治家,而且还是在"延续"政治家。即便起政治家于地下,他可能也会说历史学家是最能理解他的人。如果依据施莱尔马赫的解释学理论,我们或许还应该说,历史学家甚至比政治家更能理解他自己。② 这种理解必然会产生一种力量。这种力量使历史变得充满想象而不可预测。在这一过程中,政治家与历史学

----

① 《历史的观念》第244页。

② 据研究,阐释者比作者更能理解他自己这种观念更早出现于费希特《论学者的使命》。另外,"这一观念也曾出现于赫尔德的一封关于神学研究的书信中,时间与《纯粹理性批判》同年,这可以表明这一观念有着更为广泛的来源。"值得注意的是,施莱尔马赫"把比作者更好地理解他自己的能力归于创作的无意识本质"。(参见马克瑞尔:《狄尔泰传》,第244页注释、248页)但在我看来,这种能力还可以有更宽泛的理解。比如,它很可能就与近代以来的乐观主义的"进步史观"和"理性史观"之间有着密切关联。因为按照进步主义和理性主义的历史观,后来居上的必然趋势使得后人足以比前人更为聪明和智慧,所以后人能够理解前人。又如,它还可能与人们对人性的一般认知能力的看法和信念有关。因为人们常常相信,人与人之间总是可以相互理解和沟通的。不过仔细追究起来,这里面可能还有些问题。因为后人能够理解前人以及人们的相互理解并不足以证明后人就比前人自己更能理解他们以及他人就比自己更能理解自己。显然,能够理解与更能理解并非一个问题。其中之差异也并非程度,而是性质。至少在思想史角度看,这种"作者中心"向"解释者中心"之转变,恐怕仍有待于深究和辨析。

家往往会达成最大限度的共识。质言之,政治家是创造历史的历史学家,历史学家是撰写历史的政治家。无论如何,二者的共同本质在于都有一种对历史本质的深刻理解和独特把握。

从历史新闻学的角度看,历史学家、政治家、新闻记者三者之间的亲和性远大于三者之间的排斥性。不管历史学的内容扩大到何种地步,但历史学家首先关心的还是政治事件。这恐怕是没有什么疑问的。同样,不管新闻的对象多么千姿百态,但新闻记者最最关心的还是政治人物,这恐怕也是没有什么异议的。可以说,与生俱来的"政治情结"乃是历史学家与新闻记者之间的共同纽带。习惯上说,过去的政治是历史,现在的政治是新闻。但历史新闻学认为,过去的政治和现在的政治都是历史,也都是新闻。历史学家的书可以具有新闻价值,新闻记者的书也可以具有历史价值。二者相得益彰,共同推动着对历史本身和政治本质的深入理解和全面把握。

正因为如此,在我们这个时代,新闻记者写作历史早已不是什么新鲜事。但新闻记者所写的历史又有其鲜明的独特性,这就是直言不讳的**假设性**乃至**预言性**。而这点则往往是一般历史著作所千方百计地予以掩饰和回避的。① 习惯上,假设和评判多为庸常史家所不取,

① 不过事情近年来也在发生某些变化。比如,一种基于假设而产生的反向预言式思维正在慢慢渗透于历史学研究的诸多方面。这种反向预言式思维也被称作"反事实思考"。"假如英国没有出现查理一世与议会的冲突,将会怎样?假如美国没有爆发独立战争,将会怎样?假如爱尔兰从未被分离出去,将会怎样?假如英国未曾参加第一次世界大战,将会怎样?假如希特勒入侵英国,将会怎样?假如他打败苏联,将会怎样?假如苏联人赢得冷战,将会怎样?假如肯尼迪还活着,将会怎样?假如没有戈尔巴乔夫,将会怎样?"(尼尔·弗格森:《未曾发生的历史》"序言",江苏人民出版社2001年版)当然,问题的另一面是,"如果推测过于深入黑暗地带,无可避免地会和真实的历史"相抵触。比如,"在关于铁路的那个反事实条件陈述中,问题是世界上确实发明了铁路。为了想象一个在1890年没有铁路的美国,你必须想象一个在1825年由于某些原因而未能发明铁路的英国。然后你又要想象一个导致1825年不能发明火车的1760年的世界。然后想象一个能导致这样的一个1760年的世界的世界,如此这般的不断往后推,一直溯回到盘古初开。一个在1890年美国没有铁路的世界,海水可能会沸腾滚热或者是猪会长出翅膀,存在着异于现时的运输问题。"(麦克洛斯基等:《社会科学的措辞》,三联书店2000年版,第150页)

至于预言历史就更是学院史学之大忌。① 这方面新闻记者却常常不乏奇思妙语和惊人之笔,其洞察力往往令人叹服。比如,根室在 1936 年出版的《欧洲内幕》中就明确预言,希特勒"必将发动战争",而"苏俄是即将发生的事情的关键"。② 当然,对于一般记者来说,"撰写某个时代的简史"确乎是"一件非常冒险的事情"。原因在于,"一方面,记者通常没有什么秘密可以披露,因为,他们曾有的独家新闻很久以前就见了报。另一方面,记者的职业习惯是关注今天发生的以及明天可能发生的事情,他们很少有历史的眼光。"但对那些出色的记者来说,这似乎不是问题。比如,约瑟夫·哈希在他的《在历史的转折点:一位记者的故事》一书中,对二十世纪翻天覆地的世界风云作了精彩描述,清晰地呈现出两次世界大战中崩溃的世界秩序。"哈希似乎更愿意把第一、第二次世界大战称为'第一、第二次德国战争'。他认为,如果希特勒不进攻苏联和轰炸英国、日本人不袭击珍珠港的话,今天的欧洲大陆可能处在德国的控制之下,而英国则主宰着国际事务。在此前提下,今天的美国可能仍是一个二流的地区强国。"③

至于由历史学家和新闻记者合作完成历史著作,也不乏其人。比如,"由迈克尔·贝施洛斯和斯特罗布·塔尔博特合著的《最高级别内

① 由于政治制度和学术体制使然,在西方史学界这个缺陷明显不那么突出。比如,哈佛大学历史学教授尼尔·弗格森最近在《也许第三次世界大战正在孕育而世界一无所知》一文中指出:"我们正在经历一些将引发下一场世界大战的事情吗?不难设想一位未来的历史学家会是这样叙述中东发生的最新事件的:'新世纪伊始,海湾地区的不稳定局势有增无减。在 2006 年初,这场冲突的各种助燃因素已经到位,这场冲突的规模大于 1991 年或 2003 年的战争规模。'"(《参考消息》2006 年 2 月 1 日)当然,无论作者还是读者,都没有把这些说法当作历史或历史研究。问题是,不同的政治制度和学术体制可以使人对相同的历史和现实有着完全不同的观察和感受。而这些完全不同的观察和感受对于历史一现实又有着完全不同的作用和效果。应该承认,这些作用和效果有的好,有的不好。即便撇开这些不谈,能够在过去一现在一未来的三维界面上来更具想象力地思考历史,无论如何也是一件好事。

② 约翰·根室:《写内幕书的乐趣》,第 25 页。

③ 《一生慧眼独具,老来更着妙笔》,《参考消息》1993 年 11 月 17 日。

幕》一书,以前所未见的详尽内容,大量的私人谈话和秘密备忘录,叙述了布什和戈尔巴乔夫在 3 年时间里进行的,以冷战结束为高潮的谈判过程。迄今为止,尤其是在这些事件结束刚刚一年之后,尚无人对外交政策的最高决策者作如此全面和令人信服的描述。"据评论家认为,虽然和其他具有新闻价值的历史作品一样,《最高级别内幕》是根据未透露姓名的消息来源写成的,"但是从事外交史研究的贝施洛斯和本刊前专栏作家、将负责协调克林顿对俄罗斯及前苏联其他共和国外交政策的塔尔博特,似乎避免了此类作品的通病——过分依赖某一个消息来源。"①

新闻记者天然属于现实中人,但如何在现实事态中发现具有重大新闻价值的历史,如何直接参与并推动现实历史的改变,这对于新闻记者的素质和才能以及眼光无疑是一个极具挑战性的考验。尤其现在更是如此。美国《外交》季刊一篇题为《冷战后的新闻界》的文章中明确指出:

> 新的历史实际上是新发现的古老历史。新闻工作者们正在参加学习塞尔维亚人、克罗地亚人、波斯尼亚人、北奥塞梯人、亚美尼亚人和阿塞拜疆人的充满血腥的历史背景的速成班。今天是受害者的克罗地亚人,昨天曾是法西斯压迫者;今天的残酷的、横冲直撞的塞尔维亚人把自己视为对 1389 年开始的一场穆斯林入侵报仇的复仇者。……现在新闻界怎样去把国家利益同遥远地区的或多或少鲜为人知的内战、印度的教族冲突、巴西的贪污腐败、扎伊尔的艾滋病或全世界范围内人口过剩问题联系在一起? 这需要使出报道、撰写和论证的全部技能,还要加上新闻行业的一些"诀窍"。②

---

① 《历史的见证》,《参考消息》1993 年 2 月 25 日。
② 《冷战后的新闻界应该做什么》,《参考消息》1993 年 8 月 23 日。

伴随着社会发展和历史进步,史学同新闻之间的进一步合作已是大势所趋。在某种意义上,甚至可以说,离开了新闻的帮助,历史学对时代的认识和了解就很可能会停留在一种非常低级和原始的水平上。所以,历史学对现实社会的认识在很大程度上取决于史学与新闻之间结合的密切程度。不夸张地说,现代人时时刻刻都处于新闻的重重包围之中。现代人差不多就是依赖于新闻来进行日常思考的。所以一旦没有新闻,或没有多元渠道的真正意义上的新闻,那么现代人的一般思考就大成问题了,甚至完全成为不可能。正是在这个意义上,新闻的存在才使得历史研究不得不发生某些形态上的重大变化。因为一想到现在世界上每天都要发生无数大小事件时,就不由得使人恐惧和绝望,写作历史确实是越来越不可能了。

当现代人被铺天盖地的新闻笼罩起来的时候,现实生活便呈现出一幅光怪陆离、变化莫测的图景。这时,历史学就起到一种定向仪和指示针的作用。如果把现实生活比作危机四伏险象环生的大海,我们人类就像是漂泊在海面上的一只孤独无助的帆船。新闻如同不时掀起汹涌波涛的狂风,而史学则浑如一块巨大沉稳的压舱石,尽力使左摇右晃的小船在风浪中保持着岌岌可危的脆弱平衡。所以,史学与新闻的联系既密切,又深刻。

第三章　自由:史学与新闻的共同基础

为了你,民主,我的爱,我唱这些歌,

为了你,为了你,颤抖地,我唱这些歌。

——惠特曼

自由的新闻界是民主社会的中枢系统。如果没有它,我们所理解的真正民主就无法生存。当无辜的个人被卷入有害宣传的急流中时,新闻界有时也会表现得不负责任,不守秩序,傲慢甚至残酷。但一个自由的、不受恐吓和约束的新闻界是民主社会中探测民主自身的越轨行为以及暴政手段的预警系统。暴政手段的早期信号之一不可避免地将表现为踏在新闻自由门槛上的沉重脚步。

——克朗凯特

一

在自由问题上,史学同新闻一样有着完全相同的强烈要求。新闻所要求的自由是一种言论自由,史学所要求的自由是一种思想自由。毫无疑问,思想自由和言论自由都是人们需要的。更重要的是,思想自由和言论自由二者是相互依存的关系。没有思想自由,言论自由就没有力量,就是空虚和肤浅的;反之,没有言论自由,思想自由就没有价值,就是虚假和脆弱的。思想自由可以使言论自由具有一种无坚不摧的力度,言论自由可以使思想自由具有一种无所不及的气势。依赖于思想自由,史学得以存在;同样,依赖于言论自由,新闻得以存在。没有自由,什么都无从谈起。**没有自由,史学和新闻将一起丧失**。所以,自由对于史学和新闻具有同等程度的重要性。

史学和新闻是一个自由的民族的两笔财富,是一个理智健全的心灵的两种知识,是一个民主社会进步的两大精神支柱,是人类的两只眼睛,是文明的两种形式,是生命的天空和大地。现代人类不能没有史学,正像现代人类不能没有思想一样。现代社会不能没有新闻,正像现代社会不能没有民主一样。史学以思想的形式锲而不舍地探索着人类的自由,新闻以舆论的形式无私无畏地捍卫着人类的自由。正因如此,"历史家的职业几乎同新闻记者一样的危险。"[1]在克罗齐看来,"在所有的自由中,首先给我求知与言论的自由"这句出自《出版自由情愿书》中的话,"应以金字镌刻在国内的每座图书馆内和每个教室里。因为,如果历史学家要履行那个重行塑造并解释过去的职责的话,他是需要阳光和空气的。"[2]

如果说自由是历史学家的阳光,那么自由就是新闻记者的空气。所以,自由之于史学和新闻始终是高于一切甚至高于生命的东西。尽管史学和新闻对自由有着共同的渴望和需求,但在自由敏感度上,新闻似乎还要比史学更为强烈一些。孔斯坦在《旧金山史》中干脆就说,"有了报纸,就有所发现;失去报纸,便只有奴隶。"显然,**新闻自由就是自由的最好定义**。因为新闻自由最能有效地唤醒和启发人的自由意识。诚然,新闻自由并不是自由的全部,也不是自由本身,但新闻自由

---

[1] 古奇:《十九世纪历史学与历史学家》上册,第90页。

[2] 古奇:《十九世纪历史学与历史学家》上册,第58页。

无疑是自由最内在和最直接的东西。没有新闻自由,报纸无异于废纸。

杰弗逊在《书信:论出版自由》中明确表示,"如果让我决定我们应该有一个没有报纸的政府还是没有政府的报纸,我会毫不迟疑地选择后者。"①因为思想家们相信,"新闻就像空气"②是人们正常生活中须臾不离的东西。就此而言,新闻比真理更重要。"只有舆论,而并非真理,才能自由地穿越国界。"③因为它给人们提供了运用理性自由抉择的可能。这就意味着,自由存在有一个底线。而这一底线则恰是本质。新闻自由的本质就是什么都不向人民隐瞒,思想自由的本质就是什么都允许人民思考。美国记者赫斯说:"隐瞒消息就是嘲弄上帝。"④爱尔维修则说:"限制新闻就是凌辱民族。"⑤我们还可以说,封锁历史就是愚弄人民。历史学家和新闻记者的共同职责就是打破封锁,公开真相。施密特把优秀的新闻记者和政治专栏作家形象地比作是"优质地震仪"⑥的确是很有道理的。同样,优秀的历史学家也应该具备这个素质。因为在现代社会,历史学家和新闻记者有一个共同的责任,那就是致力于对民主制度的建立和完善。新闻的基础是民主;新闻的政治基础是民主制度;新闻的自由空间取决于政治的民主空间。一个国家的民主程度越高,新闻在这个国家所发挥的作用就越大。那些长时期内曾被一种不公正的专制权力压制和掩盖起来的历

---

① 杰弗逊:《书信:论出版自由》。转引乔治·塞尔兹编:《影响人类历史的名人思想大观》,上海人民出版社1991年版,第155页。

② 皮特:"致格林韦尔爵士的信。"转引乔治·塞尔兹编:《影响人类历史的名人思想大观》,上海人民出版社1991年版,第253页。

③ 转引乔治·塞尔兹编:《影响人类历史的名人思想大观》,上海人民出版社1991年版,第264页。

④ 转引乔治·塞尔兹编:《影响人类历史的名人思想大观》,上海人民出版社1991年版,第136页。

⑤ 转引乔治·塞尔兹编:《影响人类历史的名人思想大观》,上海人民出版社1991年版,第131页。

⑥ 《伟人与大国》,同济大学出版社1989年版,第159页。

史真相一旦通过某种新闻媒介得以披露出来的时候,新闻的性质和特征就已经不知不觉地发生了深刻的变化。因为这时,新闻已经同历史密不可分地结合为一体,并成为展示历史真相的最佳途径和方式。可以说,历史的新闻性和新闻的历史性已成为现代社会的一个突出景观。

二

史学与新闻的结合,意味着公开性已达到了一个新的高度,同时也意味着对公开性提出了一种新的要求。如果公开性仅仅局限于过去而不同时扩大到现在,那是根本不够的,它顶多只能被称为有限的公开性,如果说得彻底一点,那它实际上就是一种虚伪的公开性。因为就其本质而言,公开过去的历史真相同公开现在的历史真相同样重要,历史的公开性同现实的公开性同等重要,甚至后者更为重要。现实的公开性就其直接方式来看,它首先表现为新闻的公开性和透明度。因为,在一般情况下,新闻的公开化和透明化程度往往是衡量和鉴别政治民主化程度的基本标志。故而,民主社会的新闻不仅充当着捍卫民主原则和揭露现实黑暗的社会主体角色,而且还扮演着批判专制制度和反思历史苦难的时代精神角色。在这个意义上,新闻就与史学生死攸关地紧密联系在一起,成为"一荣俱荣、一损俱损"的一体关系。

所谓"读报如读史",并不是说,把报纸当成历史的史料来读,而是当作一种有关历史的直接文本来阅读。① 西方当代一位报纸收藏家就如此说,"一份报纸就是一部写成的历史。"②英国的马丁·沃克也

---

① 我把它称之为历史的"现场性阅读"或"在场性阅读"。
② 《报纸收藏家布洛姆梅尔特》,《参考消息》1994 年 1 月 19 日。

说,"一家报纸的历史是出版这家报纸的国家的历史","一家报纸就是一个国家的文化的一部日记。"①托克维尔则说得更为绝对:"美国的唯一历史文献是报纸。如果报纸短了一期,时间的锁链就会断裂,现在和过去就接连不上了。我毫不怀疑,50 年后再收集有关今天美国社会详情的确凿文件,将比寻找法国中世纪行政管理的文件还要困难。"②

从客观意义上说,**一个社会的统治力量就是这个社会的存在本质**。对一个社会的统治力量的分析有助于对这个社会的存在本质的认识。美国报业大王斯克普斯说:"在美国,报纸统治国家,它统治这个国家的政治、宗教和社会活动。"所以,从历史新闻学的眼光看,美国这个国家的社会本质就表现得比较充分、直接、具体,基于此,对美国的整个社会的历史发展过程的本质认识也就具有了更大的可能性,因为美国民族的历史精神在很大程度上恰恰是借助于全社会每一个成员的严肃思考和公开讨论而得以真正形成和确立下来的。

托克维尔基于他对美国社会的细致观察,对政治制度与新闻的关系作了深刻分析。他的结论是,"报刊的种数在民主国家是与行政集权的程度成反比的,即行政越集权报刊越少,越不集权报刊越多。"③这是因为就其本质而言,新闻是民主的产物。民主创造新闻,新闻推动民主。新闻的广泛性同自由的普遍性成正比。美国之所以能够每天出版无数种报刊,"是因为美国人既享有广泛的全国性自由,又享有各式各样的地方性自由。"④他甚至把报刊的作用提升到维护文明的高度。⑤

当托克维尔谈到民主政治与历史学的关系时,特别对贵族和民主

---

① 转引方延明:《新闻文化的学科观——兼谈新闻文化的定义、框架结构及特征》,《南京大学学报》1994 年第 4 期。

② 《论美国的民主》上卷,商务印书馆 1988 年版,第 236 页。

③ 《论美国的民主》下卷,第 642 页。

④ 《论美国的民主》下卷,第 643 页。

⑤ 参见《论美国的民主》下卷,第 641 页。

两种时代的历史写作作了比较。贵族时代历史学家的特点是，"能以卓越的见识找出一些最小的原因，但往往忽略一些比较重大的原因。"所以他们只能看到历史舞台上"表演的主要演员"。① 反之，民主时代历史学家"不太重视演员，而特别重视演出，所以他们容易在各场演出之间建立有系统的联系和秩序"。② 概言之，"在民主时代，用一般原因可以说明的事实多于贵族时代，而个别影响造成的事实则少于贵族时代。"③此外，托克维尔还注意到一个关键性细节。贵族时代的历史著作大多给人一种自负的感觉。阅读古代史书时，"总觉得那时候的人只要将自己治理好，就能成为自己命运的主人和管理好同胞。"而民主时代的历史学家就低调多了。因为他们对人性的脆弱和理性的局限都有了更为深刻和痛苦的认知。所以阅读现代人的历史著作时，"则会觉得人无论是对自己，还是对周围的人，都无能为力。"④

也许托克维尔说的并不完全正确。但我们应该相信一点，这就是，无论是史学还是新闻，政治的影响都是决定性的，它远远要大于任何其他因素，诸如经济、道德、宗教、文化、地理环境等等。而政治影响的核心仅仅在于如何对待自由的问题上。即史学和新闻在一种具体的政治制度中究竟有无真实的自由。没有言论自由，真理就不能自由地战胜谬误；没有出版自由，也就是没有真理揭穿谎言的自由。

三

根据历史新闻学的逻辑：没有新闻，就没有历史；没有历史，自然更没有新闻史。当缺乏言论自由时，新闻就被强奸；当缺乏学术

---

① 《论美国的民主》下卷，第 609 页。
② 《论美国的民主》下卷，第 611 页。
③ 《论美国的民主》下卷，第 610 页。
④ 《论美国的民主》下卷，第 612 页。

自由时,新闻史就被再次强奸。所以专制状态下的新闻史实际上是一种第二次被强奸的尴尬产物。因为没有自由,**不光是不能正常获悉现实真相,而且还必须有意识地扭曲历史真相**。如此,专制国家只有史书而没有史学,如同极权国家只有传闻而没有新闻一样。在这个意义上,不妨说,新闻仿佛就是民主国家的专利。"当一个国家,据其政府的新闻政策,从来没有事故、没有火灾、没有犯罪、没有疾病、也没有政府丑闻发生的时候,私下里口头传递的谣言就充作每日新闻了。"①新闻匮乏的结果是,新闻变成历史。这样,被无限期往后推延的新闻便成为故纸堆里的史料,只得让历史学家费尽九牛二虎之力地去排比、编纂、考证。但历史学家的工作并不是把历史重新变成新闻,而仍旧是变成一种更陈旧更乏味更无聊的神话和故事。就这样经过颠来倒去的无数次折腾之后,新闻就失去了现实价值,历史则失去了真实意义。新闻不再是现实的和有价值的,历史不再是真实的和有意义的。于是,新闻变成了轶闻逸事,历史变成了神话传说。几千年来,我们始终津津乐道于对古老的轶闻逸事的不负责任和信口开河的品头论足,而从不有意识地去追求对现实新闻的全面了解和客观评价。这样,千秋功罪任人评说的神圣责任就义不容辞地奇迹般地完全落到了历史学家一人的肩上。由于这个缘故,历史学家也仿佛变得神圣起来。他有了太多的话题可以去说去讲,他有了太多的故事可以去发挥和演义。对于历史学家来说,新闻早就成了一笔庞大得无法继承的遗产和一种模糊得无法辨识的语言,新闻就像属于他人或存放于他人之手的财富使历史学家无法有效地迅速地加以利用,新闻就像一台停转多年锈迹斑斑的机器使历史学家无法开动,新闻就像一辆年久失修毛病百出的火车使历史学家无法驾驶,新闻就像一张过期失效废止不用的钞票使历史学家无法使用。

---

① 克朗凯特:《记者生涯——目击世界60年》,第155页。

新闻是影响现实事物乃至改变现实进程的重要力量。民主化程度越高、政治生活透明度越大的社会,新闻的作用就越显著,新闻的价值就越突出。专制国家没有真正意义上的公开新闻,而只有真实意义上的私下传闻和掩人耳目的宫廷秘闻。一旦新闻失去对现实事物的干预和影响,专制制度就可以肆无忌惮地为所欲为。这样,新闻就需要历史感的注入,以便能够具备有一种开阔深远的视野和目光去对现实事物进行一番历史的探源和把握。所以,历史感和历史意识便成为新闻登高望远的台阶和支点。对历史学来说,新闻意识能帮助它把问题看得更细更真。对于新闻来说,历史感能帮助它把问题看得更深更远。

一旦新闻融入了历史感和历史意识,那么整个历史都会向新闻敞开、成为新闻的对象和题材。同时,一旦新闻凭借历史感而得以把握了整个历史,那么现实生活就会受到新闻的有力影响,新闻就会基于自身的历史意识而对现实事物施加更大的压力。在这种不可低估的日益强烈的压力下,我们会很容易感觉到历史与现实之间的某种传统距离正在逐渐缩小、弥合、接近,这预示着历史与现实的整合在事实层面上已进入一种不可逆转地形成、展开和建构状态。总之,新闻将一如既往地按照民主的原则去发挥自身对现实事物的监督和批评职能,并力求在更大范围内和更大程度上去促进民主政治的真正实现。新闻的这种努力一方面借助于历史感的注入和历史意识的社会化,另一方面则意味它将站在一个更高的世界历史的起点上去统观现实事物的全部发展进程。**新闻走进历史之日,也就是历史走进现实之时**。历史的新闻化也就是历史的现实化。同时,新闻的历史化也就是新闻的现实化。**新闻的历史性追求也就是新闻的现实性价值。**

四

历史研究的前提是思想自由,历史研究的根据是现实批判。这里的逻辑是：没有思想自由，历史研究就不能进行现实批判。也就是说，没有思想自由，就没有真正的历史研究。相反，冒牌的历史研究却可以大行其道。

思想自由是历史学梦寐以求的东西，但它绝不应该永远是一个梦想。那就不正常了。基于思想自由的崇高理想，历史学家不仅应该有下地狱的准备，而且还应该有**住在地狱**的准备，即生活在地狱。史学史表明，历史学的命运始终与政治命运联系在一起。在某种意义上，可以说，史学是兴也政治，亡也政治。就此而言，历史学确实是没有自己独立的历史。**历史学的历史首先必须到它与政治之间的互动关系中去寻找**。迄今为止，对历史学造成最大危害的根源往往在于政治，而不在于其他，更不在于史学自身。所以，历史学所具有的政治性往往成了历史学本性中最内在的一部分。对于这一点，无论是政治家还是历史学家都有着非常清醒的认识。葛兰西郑重其事地说："当过去本身被利用来发现错误和缺点（某些政党或派别的）时，对于过去的解释就不是'历史'，而是乞灵于过去的现代政治。这就是为什么甚至在书里常常重复一些'假使'也不惹人厌烦的道理。"[1]此言确实有理。但我却更愿意从相反的意义上来理解它。这就是说，当过去本身被利用来**掩饰**甚至**否认**错误和缺点（政党的、国家的、民族的、文化的）时，对于过去的解释就不是什么"历史"，而是乞灵于过去的现代政治。

至于历史学家的相关论述同样不容忽视。德罗伊曾说，"历史研究是政治进步与文化修养的基础。政治家就是实践中的历史家。"[2]在现代，作为一个学派，对这一点尤为强调的是前联邦德国的"新社会批判史"学派。

他们明确宣布历史的"政治性"是不可避免的，应该反对

---

① 《狱中札记》，人民出版社 1983 年版，第 370 页。
② 古奇：《十九世纪历史学与历史学家》上册，第 265 页。

的是历史的"政治化"。韦勒尔和科卡都认为,社会史概念中也包含着历史文化的"社会"意义,也就是说史学"能够在建立自由民主的社会体制中完成重要的和不可取代的任务",而"一些自由民主原则成为史学职能的组成部分,因此有理由授予它以这一特殊意义上的有限的政治'委任状'"。在他们看来,史学的理论需要与它面向现实和"理性的"政治实践的要求之间存在着密切的联系。①

其实,史学与政治的关系相当复杂。它至少可以从两个方面四个角度来加以分析。首先,从政治方面来看,它对史学一般是既利用又防范。所谓利用不外乎是指让史学来为自己的现存政治甚至现行政策服务。所谓防范自然也就是防止史学揭自己的老底,泄露自己的隐私,从而直接威胁到自己的现行统治。所以,对于史学的存在,政治的态度向来是既矛盾又暧昧。政治知道自己不能把史学彻底取消,但又不甘心完全放任史学,所以就总是不断地寻找各种机会、制造各种理由、发明各种方式来控制史学。不过,具体分析起来,专制政治和民主政治对史学的控制方式仍有很大区别。一般而言,专制政治凭借其无法无天的专横权力,其对史学的控制往往取决于自己一己之私的专制利益,而根本不考虑史学自身的权益。由于专制者权力不受限制,故而专制者的利益无处不在。人们很可能在一个表面似乎无关的地方触犯专制者的利益。这就意味着,专制政治使得历史研究随时随地都有可能因犯忌而受到打击。相形之下,民主政治由于受到法律的严格制约,其对史学的控制则不得不需要考虑到史学自身的权益,而不可能单单出自于政治利益的驱动。即便它有些自己的特殊需要,它也必须有所顾忌,而不能为所欲为。投鼠忌器是也。这样一来,在不同的政治制度中,史学所处的境遇就大不相同。

---

① 陆象淦:《现代历史科学》,重庆出版社 1991 年版,第 274 页。

其次,从史学方面看,它对政治的作用与影响并不完全取决于它自身的力量和价值,而主要取决于它所面对的政治实体究竟是民主政体还是专制政体。相比较而言,由于民主政治尊重史学的独立地位,故而,史学就能够对民主政治施加更大的影响。由于专制政治取消史学的独立地位,故而,史学就很难对专制政治施加什么大的影响。尽管如此,史学本身也不是毫无作为的。事实上,史学是一种非常中性的东西。所谓中性,并不是中立和客观的意思。而是说,史学既可以为民主政治服务,也可以为专制政治服务。所以,史学既可以在民主政治中存在,也可以在专制政治下生存。尽管后者不如前者活得那么自在,但史学作为一种能动的精神力量却还是可以以另外一种方式来争取使自己活得更快活一些。所以,史学在专制政治的淫威下,常常会心甘而不情愿地半推半就地向专制政治投怀送抱,进而则是尽其所能地投其所好,最后则是死心塌地地甘为鹰犬并像狗一样地摇尾乞怜,于是,史学就在丧失本性的状态下一步步地异化成为专制政治中最为阴暗和邪恶的一部分。

普希金曾为此写下了愤怒的诗句:

> 他著的《史》书,优雅、质朴,
>
> 不偏不倚地向我们表述
>
> 专制的必要,
>
> 鞭子的好处。①

这时,历史学家就成了专制政治豢养起来的辩护士、卫道士、政治顾问、权术教练、高级幕僚、无耻政客、下流奴才。这样一来,史学的存在就不是有助于历史进步,而是有碍于历史发展;就不是有利于探索真理,而是有害于发现真理。与之相反,则是史学的另外一种选择。当然,毋庸置疑,这种选择本身也只能在民主政治中实现。这就是,史学

---

　　　① 《普希金抒情诗选》上册,"讥卡拉姆津",人民文学出版社1989年版。

以独立的姿态去评判历史、观察社会、分析现实、批评政治,史学通过自己的独立思考和自由研究,提出种种针对性的建议、设想、策略、方案、预测,从而对现实政治的发展起到特殊的推动作用。这样一来,民主政治就会因史学的有力批判而变得越来越民主,越来越合乎人道;而专制政治则会因史学的无耻辩护而变得越来越专制,越来越野蛮。这可以说是史学所具有的两种不同作用。所以,从本性上,史学应该成为自由者的火炬,但在大多数情况下,史学却往往成了专制者的花瓶;史学本来应该是自由的利剑,但实际上却成了专制的盾牌。

由此看来,在政治的强力控制下,史学往往会变成另外一种形态,而这种形态并不符合史学的本性。所以,如何摆脱政治的强力控制,是史学摆正自己与政治之间关系的首要前提。

历史就像一个巨大的雷场。历史学家必须首先探明各个地雷的准确位置,然后再想办法把它起出来。所以,历史学家始终处于一种危机四伏险象环生的特殊境遇。历史学家不是在轻松惬意地研究死亡,而是在高度紧张地同死亡作战。这就意味着,历史学家同死亡打交道的方式本身就暗示着他随时都有可能成为死亡的一部分。而这种危险又主要来源于专制政治的黑暗性和阴谋性。专制政治一方面把历史真相封锁起来,一方面又指定一批官方史家在那里混淆视听。这样,本来简单的历史真相就被迫趋于两种可能:要么变成若隐若现虚实难辨的千古疑案,要么干脆变成虚无缥缈毫发不见的历史空白。所以,历史研究所面临的政治局势之恶劣绝对超出常人想象。

萨德说:"无论怎样震惊人类,哲学的责任在于说出一切。"我觉得这个责任同样属于史学。不论怎样不合时宜,历史学的责任在于说明真相。其实,可怕的历史真相本身并不可怕。在大多数情况下,真正可怕的倒是那些并不十分可怕的历史真相被伪造成一种美好或优雅的假相。于是,人性就自然处于一种高度压抑的状态。**因为说谎就是对人性的压抑,而强迫说谎则是对人性的绝对压抑。**几千年来,历史对人性的压抑已到了一种无以复加的地步。历史研究就是尝试着通过一种现实批判的思想方式把这种被禁锢的能量释放出来，把被压抑的人性唤醒过来。

五

我喜欢把史学自由与新闻自由比作供政治自由这列火车正常行驶的两条铁轨。如果任何一条铁轨出了毛病，都会立刻造成火车翻车或出轨。如果缺少任何一条铁轨，火车都不能正常行驶，甚至不能安全停稳。因为它根本就站不住。所以，历史新闻学特别强调史学与新闻之间的内在关联和共同基础。对于政治自由这座辉煌的城堡来说，史学自由与新闻自由应该成为守护它的两扇坚固的大门。所以，真正的史学与真实的新闻应该为任何一个自由公民所关心。按照历史新闻学的设想，真正的史学与真实的新闻应该是统一的，更进一步说，应该是一体的东西。新闻所揭示出来的事实真相应该成为史学所发现的历史真理的最直接的一部分。**新闻真实就是历史真实。这是同一种真实。**如果一种新闻真实不同时也是历史真实，那么它必然既非新闻又非真实。同样，一种历史真实如果不同时也是新闻真实，那么它必然既非历史又非真实。所以，历史真实与新闻真实之间的关系具有高度的一致性。而这种一致性则根源于一种本体论的绝对根据。这种本体论的绝对根据就是现实主义历史观。

依据"历史即现实"的新历史观，历史新闻学认为，历史与新闻的任何区分都是人为的，也都是有待修正的。所以，历史与新闻应该在一种新的基础上统一起来。这就要求我们既不要苛求史学，也不要苛求新闻。我们应该富有想象力地创造一切尽可能的条件去积极促成史学与新闻的对话与合作。事实上，二者之间的密切程度早已超出了人们的最为大胆和超前的想象。史学与新闻仿佛人类的两只眼睛，二者看到的是完全相同的东西。不仅如此，历史学家和新闻记者还在做着相同的事情。在专制政治下，他们都为极权效劳；在民主政治下，他们又都为自由献身。

六

在任何时代，谎言的泛滥一定都与史学和新闻的失职有着密切关系。所以，史学与新闻的基本职责就是与形形色色的谎言作斗争。在这方面，我们必须给予历史学家和新闻记者以充分的信任。因为，**在涉及我们生存之本质的自由和真理的问题上，没有什么东西能比史学和新闻更重要了，也没有什么东西能比史学和新闻做得更好了**。马克思提醒人们注意："一个新闻记者在**极其忠实地**报道他所听到的人民呼声时，根本就不必随时准备详尽无余地叙述事情的一切细节和论证全部原因与根源。""只要报刊有机地运动着，**全部事实**就会**完整地**被揭示出来。"①黑格尔从另一个角度作出提示："公共舆论中有一切种类的错误和真理，找出其中的真理乃是伟大人物的事。谁道出了他那个时代的意志，把它告诉他那个时代并使之实现，他就是那个时代的伟大人物。他所做的是时代的内心东西和本质，他使时代现实化。谁在这里和那里听到了公共舆论而不懂得去藐视它，这种人决做不出伟大的事业来。"②

我相信二人说的肯定都有道理。但我更看重马克思的判断。因为新闻的合理局限并不足以真正遮蔽新闻的真实价值。更重要的是，新闻自由可以在最短的时间内用最快捷的方式使人们了解到距离他生活最近或最远处所发生的事情的真相，而不至于长时间地受到谎言

① 《马克思恩格斯全集》第一卷，第211页。黑体字原有。

② 《法哲学原理》，第334页。

的蒙蔽和欺骗。一般来说,人们受到谎言的蒙蔽和欺骗的时间越久,也就越容易相信它。因为先入为主的心理习惯和积非成是的思维定式使得我们长时间以来把接受的谎言看成是事实,看成是结论,看成是知识,甚至看成是真理。正因为如此,**新闻的传播同知识的传播有着同等重要的意义**。特别是对于人们的政治意识的形成和政治理解力的提高来说,新闻的传播同知识的普及起着同等重要的作用。"就政治洞察力而言,知识的广泛传播已经把人类提高到一种比任何时候都更平等的水平上:现在,任何人都不可能比他周围的人高明百倍,以致他可以肆意从事那种为了他们的利益而欺骗他们的危险行径。"①

新闻让人看清现实,史学让人看透现实。看清现实是说,在人的话语和思维中,现实始终在场;看透现实是说,在场的现实始终呈现出一种复杂的动态本质。理解了现实,也就理解了历史。史学的目的是让人们了解历史真相,新闻的目的是让人们了解现实真相。**了解现实需要新闻,理解现实需要史学**。难道这二者之间有什么实质性的区别吗?真相是什么?真相不是兴趣,不是好奇,不是无谓,而是勇气,是权利,是责任,是对勇气的承诺,是对权利的确认,是对责任的担当。

看一看德国。二战以后,多数德国人抗议说他们不知道在令人发指的纳粹集中营里都发生了什么事。他们许多人可能确实不知道。

但声称自己不知道并不能使纳粹时期的那一代德国人免为希特勒的暴行承担责任。为什么?因为他们漠不关心地允许了希特勒在黑暗中做他的肮脏事。当他停办了他们的报刊,把持不同政见的作者和编辑送去流放(或更糟)并压制言论自由时,德国人几乎没有表示异议(多数情况下甚至鼓掌赞同)。当德国人接受了这种做法,当他们由于疏忽而

---

① 边沁:《政府片论》,商务印书馆 1995 年版,第 150 页。

一致认为他们是如何信任他们的政府和领袖,以至于相信政府和领袖背着他们并以他们的名义所做的一切事情的时候,那么对于他们的政府以后以他们的名义所做的一切事情他们都是负有责任的。①

历史真相是民族命运,现实真相是政治必然。说到底,二者均关乎自由的实现问题。有时我常想,在古代,国家与国家之间,民族与民族之间,落后与先进往往是相对的。所谓相对的,就是说落后与先进都具有某种偶然性,故而是易变的,落后的在将来也有可能变成先进的,反之,先进的在将来也有可能变成落后的。而在现代,国家与国家之间,民族与民族之间,落后与先进的关系则往往是绝对的。所谓绝对的,就是说不论先进还是落后都具有必然性,故而是不易改变的。即先进的很可能会永远先进下去,而落后的也很可能会永远落后下去。这就自然产生一个问题。这究竟是为什么呢? 我觉得,一个很重要的因素就是在古代,自由并没有得到人们普遍的公认,故而不具有推动历史前进的实质性力量。而在现代,情况则大为不同。自由已经成为人们的共同理想和普遍需要,②故而成为一种创造历史的内在动力。可以说,抹去自由的存在,一部世界史就会变得平庸无奇,甚至不值一提。这就意味着,**一种有价值的历史观必须高度重视自由问题。**毫无疑问,在新历史观中,自由问题始终是一个影响全局的核心因素。③ 奠基于新历史观而得以可能的历史新闻学更是全力凸显自由的神圣价值。

从历史新闻学的角度看,许多一流记者对自由的理解较之于大多数职业史家表现得更为深刻和坚定,也更有远见和忧患意识。同时,

---

①　克朗凯特:《记者生涯——目击世界 60 年》,第 301—302 页。

②　尽管真正的自由还很少,而形形色色的伪自由还在大行其道。但谁也不敢明目张胆地打着"反自由"的旗号独行其是了。

③　在现实主义历史观中,自由主义构成必不可少的价值论向度。

令人惊叹的是,他们的反思和批判能力之强不但使自由理念深入人心,而且还在不断对自由理念注入新的活力,使自由理念表现出越来越强大的历史推动作用。在这一过程中,自由理念也绝非一成不变,相反,在日益广阔的历史活动中,一方面,自由的内涵越来越复杂多变;另一方面,自由的形式也越来越丰富多样。**自由似乎越来越不确定了**,但同时,**自由也越来越贴近人性了**。而这恰恰是一种最为本真的真理状态。自由呈现为人性,人性呈现为真理。自由是属人的,真理也是属人的。同样,人需要自由,也需要真理。① 在最直接的意义上,人的这种基本需要正是通过新闻而获得一般满足。**新闻自由既日复一日地见证着自由的现实存在,又年复一年地改变着自由的内在形态**。

---

① 人性、自由、真理作为历史学的三个维度和复合本质,对历史学具有总体规定性。具体分析和论证参见雷戈:《理想的史学》,《陕西青年管理干部学院学报》1999 年第 1 期。

第四章　书写历史的另一种文本

历史是不是五光十色？好，它也是五光十色！假如你以各种制服为例，军用的以及百姓的，以及一切种姓一切时代的——仅仅这一项就值点什么了，假如你再加上一切便装，你就永永远远也整理不出一个头绪，没有一个历史学家有资格匹配这项工作。历史是不是单调？好，它可能也很单调：它一直打来打去，昨天打，今天打，起初打，最后还是打——如果你承认，这几乎也是单调的。总之一句话，你可以用任何字眼来形容这个世界的历史——一切能够进入你的乱七八糟的想象之中的东西都可应用，唯独不能用"理性"来形容它。这一个字刺在你的喉咙里吐不出来。

——陀思妥耶夫斯基

我发现写历史越来越困难。

——房龙

一

当把新闻镜头对准历史时，会产生怎样一种效果？人们又会产生怎样一种感觉？或许，探讨这一切不会是毫无意义的。倘若我们的探讨达到了预期的目的,那么我想它也不会是毫无趣味的。

发现新的历史,对历史有新的发现,在任何时候都是需要的。但对这种需要做一番理性的思考,以获得一种自觉的意识和全新的解释,则是我们试图建构历史新闻学的主要目的。也不妨说,历史新闻学就是从全新的视角,用全新的方式,以全新的眼光,对历史学的本质进行全新的思考。这就意味着,历史新闻学必然是对历史学的原有形态的积极超越,即我们必须努力尝试这样一种可能,**如何超越历史学而去理解历史**?毫无疑问,历史新闻学就是为此而作出的努力。

我们有许多途径去认识历史,但认识历史的新途径还没有被发现,至少还有待于去发现。历史新闻学正是致力于这方面的探讨,并尝试着去建立一种新的历史形态和建构一种新的历史文本。但客观上,它只不过是对已有的现实存在的一种较高程度的理性概括而已。

任何历史都存在有无数的空白、盲点、死角,问题是,我们究竟怎样去发现它。因为,这种发现不言而喻地带有双重性,即历史性与新闻性。而历史性与新闻性的结合,则正是历史新闻学追求的境界。它的具体文本形式就是第三种历史。所谓第三历史有这样两个前提性限定:历史本身和历史实际①均是第一种历史,传统的学院式和教科书式的历史研究模式和历史论著均为第二种历史。这样一来,凡是在现有的历史研究模式和历史著作之外出现的并具有某种独创性和新颖性的历史写作实践和**写史理念**便均可称之为第三种历史。显然,第三种历史是一个极为宽泛和富于弹性的意向性概念。它立足于对某种潜在的尚未成熟和正式形成的写史模式和写史理念的开掘和尝试。它的特征是基于对现有写史模式的总体否定而独创性地提出一整套富于想象力的全新的写史模式和写史理念。为此,它非常关注那些在

---

① 这里需作说明的是:历史本身即现实,历史实际则为过去发生过的所有历史事实和过去存在过的全部历史活动。历史本身诚然是更为内在的本体性存在。但从形态学的眼光看,历史本身与历史实际都可算是第一种历史。

现实生活中最新出现和发展起来的具有明显或隐含的参照价值和借鉴手段的各种文本形式。比如纪实文学、专题新闻、电视纪录片、政论片等。总之,从文字到图像,从静态的视觉作品到动态的视觉艺术,无不在其关注和思考的对象之列。具体言之,所谓第三种历史是指那些具有纪实性结构和新闻性特征的历史作品,它有别于作为现实的历史本身和一般意义上的历史著作。

现在,我们首先从纪实文学切入来展开分析。

纪实文学一般都有一个大体上默认和遵守的历史界限,即纪实文学的最远边界大都不超出近现代史范围。在这个界限内,纪实文学既可以描写今年的事件和人物,也可以描述去年的事件和人物,还可以描写距离现在十年、二十年、或者三十年、五十年、甚至一百年所发生过的历史事件和所存在过的历史人物。① 一旦这些早已过去的历史事件和历史人物现在又以某种近似新闻的形式而出现时,它实际上就变成了一种纪实文学。②

新闻与文学之间的界限原本清晰,但也并非一成不变。其复杂多变的演化中出现的诸多歧义、模糊和暧昧,既势在必然,也实属情理。其间的高低扬抑既可使人贬新闻而褒文学,又可使人尊新闻而卑文学。至少近代新闻报业为报告文学这种新型文学样式的产生提供了

---

① 比如《昨天——中英鸦片战争纪实》、《海葬》、《温故戊戌年》等。

② 也有人把这些以反思历史为宗旨,以披露历史事件的新闻价值为要务的作品称之为"历史报告文学"或"史志性报告文学"。并认为不是所有"历史题材的纪实性作品都可纳入报告文学的系列。历史报告文学其题材是历史的,但又具有新闻性。有些历史材料,由于当时诸种条件的限制,成为'冷冻新闻'而鲜为人知。……原本尘封的沉入历史瀚海的人物事件对于接受者依然具有新闻的价值。同时,新的历史条件为作家对历史作出新的阐释提供了一种可能性。而这种新阐释将历史与现实勾连了起来,使历史材料具有了某种现代意蕴。历史报告文学正是历史与现实的一种对话形式。"(丁晓原:《文化生态与报告文学》,第133页)显然,这种说法的刻意性区分仍然拘泥于习俗或庸常历史观之眼光。基于新历史观,真正的报告文学几乎都可算是"历史报告文学"。所以,从报告文学中专门划出一类所谓的"历史报告文学"或"史志性报告文学",并无多大意义。理论上的褊狭与实践上的偏颇是其双重阙失。

一个母体基础,并有力影响着时尚文风和文学观念。尽管所谓"新闻业之文艺"即"从新闻中分化而出"的报告文学,已逐渐成为一种"具有新质的文学型态",①但美国女作家琴纳·马尔可姆在《新闻记者与杀人凶手》一文中仍坚持说:"一个小说家是自己住屋的主人,可以为所欲为。一个记者等于是房客,必须尊重租约的规定。"②不过,中国一些作家似乎并不这么看。他们更热衷于在这片宽阔的模糊地带自由穿越。③ 他们这种文本实验固然有其体制性支持,④但更多地源自于个体性选择。他们用小说的手法来写报告文学,甚至认为报告文学与小说写作没有什么区别,并相信"小说的一切技法在报告文学中都可以采用"。⑤ 而这种文体实验已引起了文学评论家的广泛关注和认

---

① 参见丁晓原:《文化生态与报告文学》,第 41、59、137 页。

② 转引董鼎山:《自己的视角》,第 193 页。

③ 二十世纪八九十年代,一些有影响的作品如冯骥才《一百个人的十年》、张正隆《雪白血红》、邓贤《大国之魂》和《中国知青梦》、叶雨蒙《黑雪》系列(这套作品的最后一部《苦夏》出版于 2003 年)、大鹰《志愿军战俘纪事》及《续集》、李辉《文坛悲歌》、温书林《南京大屠杀》、董汉河《西路军女战士蒙难记》、胡平等《历史沉思录——井冈山红卫兵大串连二十周年祭》、师东兵《西苑风月》等。这些作品差不多含括了国共内战至文革这段时期内所发生的那些最具冲突性、戏剧性和悲剧性的重大历史事件。特别值得注意的是,中国工人出版社出版了一套《中国知青民间备忘文本》。编者宣称,"《中国知青民间备忘文本》尤重长篇纪实文学、长篇非虚构文本及长篇纪实小说,提倡记忆的自尊、自主、自立、自强和记忆的精神品性、灵性、个性及血性。《中国知青民间备忘文本》拒绝表述记忆的僵化、矫饰、轻浅和圆通。《中国知青民间备忘文本》鼓励将记忆靠近良知的自我解剖与灵魂酷审。《中国知青民间备忘文本》有心从虚饰中突围,深刻楔入人类精神的真实处境,从而获得一种广阔而深远的历史感与人类感。"这套文本第一批出了六本:野莲《落荒》、杨志军《无人部落》、吴传之《泣红传》、逍遥《洋油灯》、刘汉太《狼性高原》、成坚《审问灵魂》。接着在 2002 年第二批又出了五本:曾焰《闯荡金三角》、杨键《中国知青文学史》、杨志军《大祈祷》、王子冀和庞沄《守望记忆》、王泽恂《逃亡》。另外,中国工人出版社在同一年还出版了一套《中国民间文本》,编者宣称致力于"民间观察"、"民间境界"、"民间记忆"、"民间阅读"。这套文本有五本:杨志军《亡命行迹》、李晓伟《流放大西北》、李静《中国问题》、张远山《通天塔》、杨传珍《神骸》。

④ 比如,二十世纪八十年代有《报告文学》、《报告文学选刊》两家杂志,九十年代有新版《报告文学》刊物。

⑤ 理由:《话说"非小说"——关于报告文学的通讯》,《鸭绿江》1981 年第 7 期。

真探讨。比如有评论家从纯文学角度对新闻性的纪实文学作了一番分析,其目的在于考察新闻文字对文学作品所造成的强大冲击。

在直接接触现实方面,没有谁能比记者更具得天独厚的条件,他们能随时随地地出现在最敏感和最具轰动效应的大小社会事件中,写出"接近到皮肤"的写实文字。作为现实的目击者,今天的新闻记者还有意无意地冲破了传统报道的界限,不仅敢于对事件进行深度披露,而且还敢像小说家那样进行主观投入,反而要打破"零度感觉"。任何"纯客观"都不会为自己说话。于是,新闻中的价值判断在无形中形成了,具有了小说一样的可思考性。新闻性叙述文字的第三点优势,是热门材料的直接使用。对于有名有姓的人和有时有地的特殊事件,小说是不能够直接涉足的,但新闻却有豁免权,并因此而不断地引起读者的关注。而对名人和热门话题的需求,又恰恰是当今公众阅读的最大期望之一,经验性的飘浮的新闻显然比虚构性的沉淀的小说更合胃口。特别是当这些新闻性文字融进了小说式的叙述方法之后,那些戏剧性的场景的设制、精致的细节描写、成段成段的对话记录、叙事视角的变换等等,足以使新闻具有小说一般的阅读趣味。还有一点最使小说家们眼红,那就是新闻性叙述文字有着相对自由驰骋的阔大阵地,可以不停顿地追求到新奇的东西,从深圳股票到海参崴自由市场,从卖淫到吸毒。①

但从历史新闻学的角度看,我们更感兴趣的是新闻性的纪实文学对历史研究所造成的挑战。我不认为这是一种威胁,而相信这是一种启示。历史学家对此应该有起码的敏感和警觉。否则的话,历史学家真不配生活在这个时代。这个时代是需要创造历史的时代,也是需要

---

① 刘建:《当代小说的挑战者》,《当代作家评论》,1993 年第 3 期。

书写历史的时代。书写历史的方式有成千上万种,但我们至今仅仅掌握了其中的一二种。所以,我们必须富于想象力地勇敢探索。我们把探索的方向确定在史学、新闻与文学三者的结合上。① 同时我们不应忽视中国史官文化传统对中国近代报告文学品格和中国现代新闻观念的强力塑造。② 所以,我们必须密切关注一切与此有关的话题、材料、信息、构想和方案。我们的目标是通过对历史新闻学的理念建构而打造出一种具有思想实验品格的丰厚鲜活的新历史文本。它是形态学意义上的第三种历史。

如果把纪实文学、报告文学、报道文学肤浅地理解为像古代的诗歌文学那样仅仅具有可资史家考据和引证的史料价值的话,那就大错特错了。因为纪实文学、报告文学、报道文学压根就是第三种历史。它们"首要的社会功能与新闻一样,是'记录历史',选择历史和社会矛盾最激烈、分量最重大、影响最深远的现象、事件或人物来记录历史"。③ 所以从总体形态上看,纪实文学、报告文学、新闻特写的真正价值不在于文学,而在于历史。这是其一。其二,纪实文学、报告文学、新闻特写所具有的历史价值是形态性的、结构性的,而非细节性的、史料性的。④

---

① 这方面的范本可以美国女专栏作家、记者阿普尔鲍姆的《古拉格:一个历史》(*Gulag:A History*)为代表。(参见曹长青:《谁真正了解"古拉格"》,http://www.rfa.org/mandarin/pinglun/2005/06/10/ccq/)

② 我觉得报告文学之"文学"更近于先秦"文学"之义,即"文章"是也。所谓"报告文学"即"报告文章"。刘白羽把报告文学追溯到《左传》、《国语》、《战国策》、《史记》,将漫长积淀性的史传文学直接等同于迅捷传播性的报告文学。台湾报人则径直认定司马迁是"中国第一个报道文学家"。此类说法虽显夸张,但并不过分。至少报告文学的"实录"性质渊源于史书撰写的"直书"品质,当无异议。(参见丁晓原:《文化生态与报告文学》,第52—55页)

③ 卢跃刚:《大国寡民》,中国电影出版社1998年版,第513页。

④ 当然这并不意味着我们不能从文献角度对纪实文学提出批评。只是这种批评不能使用双重标准。不能一方面说别人史实不确,一方面又说虽然史实准确但观点错误。

二

在某种意义上,电视的出现几乎可以同印刷术对人类生活的影响相提并论。它不但改变了人类的生活形态,而且潜移默化地推动了人类历史的实际进程。西方记者不无理由地乐观预言,"西方的电视信号一旦冲破铁幕并向幕后禁锢着的人们展现出自由社会的好处,反对集权社会现状的公众起义就可能难以阻挡了。"①其实无论是民主国家还是极权国家,电视对政治事务和社会生活的积极影响都是决定性的。比如,"对越南战场的每日报道使美国公众相信这场屠杀并不合算。以埃和平是安瓦尔·萨达特和梅纳坎姆·贝京会晤的结果,而这场会晤有一部分是由于'晚间新闻'对两位的单独采访所促成的。"②相形之下,历史学家的分析更为纵深和谨慎,但也更具说服力。

电视开辟了另一个世界。它不只是增加了新闻和娱乐的来源,它事实上还扩大了经验。在电视机旁,看电视的人可以完全直接地看到和听到正在发生的事情。同时性是最重要的事。……这种新的远距离经验改变了美国的生活,其剧烈程度超过了除汽车以外的任何其他现代发明。……正如五百年前的印刷机开始使知识民主化一样,现在的电视机也将使经验民主化,并附带改变了所分享的东西的性质。……在关于电视的种种奇迹中,再没有什么比电视出现的速度更值得注意的了。电视在不到一代人的时间内征服了美国,使全国处于迷惘的状态之中而不敢承认。印刷机使知识民主化花了五百年时间。当人民能够和他们的"长官"

①　克朗凯特:《记者生涯——目击世界60年》,第426页。
②　克朗凯特:《记者生涯——目击世界60年》,第426页。

知道得一样多的时候,他们就要求得到自治的权力。……现在,电视以令人头晕目眩的速度把经验民主化了。①

尽管人们还在无休止地抱怨和指责电视的肤浅和庸俗,但谁也躲避不了电视的信息辐射。电视仍然是人们了解世界最新变化的最主要渠道。当变化成为一种现实压力和历史方向时,打开电视就变成人们的最好释放方式。于是,历史连同现实一起呈现在人们面前。电视对人们历史视野的扩大甚至具有这样一种革命性功能,即它为人们创造了一种亲临历史事件现场的直观体验,使人们更关心自己的历史即现代史和当代史,同时,这也就迫使历史学必须更好更迅速地把过去的历史转化成现在的新闻。这种新的社会需要和时代压力为历史新闻学的诞生提供了坚实的契机,同时,它也有力地刺激和启示历史新闻学必须在更大的背景下和更高的层次上去以新的眼光解说历史,使历史焕发出更加丰富和深刻的新的意义,使历史的意义能更真实地以新的方式直接进入到人们的现实生活和人们的心灵世界内部。

气氛的渲染,环境的烘托,是电视文本最拿手和擅长的手法,实际上,它也是第三种历史的整体形态中所经常使用的技巧。其目的,都是力图在现代条件下尽可能立足于现代意识而充分利用和发挥科学技术的最新成果对人们的历史认识所展示出来的新模式的功能和价值。

总体来说,第三种历史较之于第二种历史更重视文本的形式变换和话语的多层含义,尤其强调语言的冲击力和穿透力。其中,电视文本在这方面运用得最为得心应手。音响效果,色彩感觉,话语穿插,镜头切入,十八般兵器应有尽有,构成了一幅立体化的全方位辐射域。它的目的就是要紧紧抓住观众的视线,不让观众在此期间有任何其他

---

① 丹尼尔·J.布尔斯廷:《美国人——民主的历程》,上海译文出版社 1997 年版,第 572—579 页。

想法。它力图支配和控制观众的感觉和情绪,让观众跟着感觉走,让观众的感觉跟着它走。表面上,观念的确是在感觉着,并支配着自己的感觉,但事实上,观众早已没有自己的感觉,所谓自己的感觉其实都不是真正属于自己的感觉,因为电视文本已经不知不觉地潜入观众的深层意识之中,用自己的感觉取代了观众的感觉,也就是按照自己的需要和标准给观众制造了一种感觉,并通过光怪陆离的视觉力量强迫观众在无意识状态中排斥自己的原有感觉而接受了电视文本所极力追求的那种特定感觉。我们应该承认电视文本的这种魅力。因为这种魅力具有空前的大众性、社会性、通俗性、流行性,更易于使人们理解和接受,更便于在喜闻乐见的日常生活之中让人们认可和赞同它所阐发和宣扬的价值观念。电视文本已经毋庸置疑地在第三种历史中占据了不容忽视的地位。而且,这种地位还在日益显著地上升。因为电视文本具有作品文本(当然更不用说第二种历史了)所无法具备的先天优势,这就是电视文本的鲜明动态性和深刻直观性,它把观众直接拉到历史事变现场去观察、去思考、去争论、去怒吼、去咆哮,它把与历史命运息息相关的可能性敞开给了人们,使人们由与历史无关的观众变成了目睹历史的证人,它使人们有一种改变命运的欲望,它使人们有一种价值提升的感觉,它使人们有一种把握自己的意识。

电视文本所具有的**历史形态效应**,使人们感觉到,打开电视就如同打开了历史,就如同掀开了尘封历史的卷宗,就如同打开了禁锢历史的大门,就如同打开了眺望历史的窗口,就如同打开了通向历史的道路,就如同打开了历史的画卷。手指轻轻一按,一种全新的感觉就出现了。历史意识在这种氛围中,就随着电视文本的解说词和画面而被屏幕上的 X 光射线深深地射进了思维深处。电视文本的空前开放性使它的信息量能够在一瞬之间为所有人所获悉所消化。电视文本作为现代科学技术的产物,标明了科学技术在第三种历史中所占据的分量将越来越大。同时,这也表明了第三种历史在现代条件下对科学技术所持有的必然的开放性立场和乐观态度。这是一种自信的标志。它标志着第三种历史有能力去吸收、借鉴、容纳科学技术对它所造成的冲击、挑战、提示和刺激，它标志着第三种历史本身作为现代的直接产物同样能够在现代科学技术的强大攻势面前稳扎稳打地开拓更加广阔和辉煌的未来世界。因为就其本质来说，科学技术与第三种历史并非是格格不入、水火不容的异质之物，相反，二者具有同构性。由于二者都是现代的产物，都面临着在现代条件下如何生存和发展的基本问题，都有一种刻骨铭心的危机感和使命感。所以，科学技术与第三种历史只能是对应的、互补的，而绝不可能是对立的、互斥的。而电视文本就是作为二者的互补形式而获得了日新月异的发展。

三

在历史新闻学中，根本不需要一种由新闻向历史的转换和翻译的过程。一切都是自然而然、顺理成章的。与其说新闻是明天的历史，不如说历史是今天的新闻。所以，对于历史新闻学来说，历史永远都是新的；历史不是早已过时的旧玩意，而是从未过时的新事物；历史绝对不是一种人云亦云、以讹传讹、陈陈相袭的传统偏见，而是一种标新立异、以新为真、以新为本的现代视野。这样一来，历史新闻学就成为历史走向现实的必由之路。因为，恢复历史与现实的总体联系，是历史新闻学的主要目的。

历史新闻学不仅要发现历史事件之间的各种联系，而且更要重建历史与现实之间的总体联系。历史与现实之间的总体联系在第二种历史统治时期，曾遭到了彻底的毁灭性的破坏。所以，第三种历史的任务就是要把这种总体联系在新的基础上重新建立起来。因为，它是新时代精神得以诞生的前提和基础，同时也是我们把握整个世界和人类命运的唯一根据。毫无疑问，我们对世界历史和人类命运究竟思考到何种程度,完全取决于我们在何种程度上重建起了历史与现实之间的总体联系。

历史新闻学应当竭尽全力地在现实中寻求那种与历史相衔接的东西。寻求现实与历史的衔接性,并把这种永恒的衔接性完整地揭示出来,把它的每一个具体环节详实无误地描述出来,以便使每一个人都能从中获得有益的启示,从而使自己投入到创造性地设计和建构这种历史与现实之间的衔接性的伟大工程之中。

历史新闻学的真正价值并不在于从历史中寻找某些符合现实需要的经验教训,而在于从现实中间发现那些属于历史本质的生命意义。所以,作为历史新闻学之文本形式的第三种历史较之于第二种历史就具有显而易见的危险性。所谓危险性,是因为它对现实的威胁最大。正因为历史新闻学直接威胁到了现实存在的既得利益,故而它也就最经常地受到现实权力的迫害、恐吓和打击,这样,现实权力的迫害、恐吓和打击便彻底破坏了历史新闻学的本质规定。因为,历史新闻学的本质规定就是不受任何限制和干扰地对现实生活进行充分自由地思想探索。毫无疑问,历史新闻学在现实权力结构中必须拥有一种更真实、更具体、更直接、更广泛的自由。因为,一方面,历史新闻学较之于历史学更接近令人畏惧得惟恐逃之不及的现实;同时,另一方面,历史新闻学较之于新闻学又包含有更强烈的历史洞察力和历史深刻性。所以,历史新闻学对自由有着更高的敏感性。历史新闻学迫切需要有更大的自由。原因不是别的,仅仅是为了历史新闻学自身生存的缘故。

研究历史就是研究历史和现实的关系。这种关系同时具有确定与不确定的双重特性。对它的把握首先取决于历史形态的眼光,即我们究竟是在第二种历史的框架中来看待历史与现实的对立性关系,还是在第三种历史的框架中来看待历史与现实的统一性关系。统一性关系是一种确定性关系,对立性关系是一种不确定性关系。

所谓不确定关系就必然意味着难以把握的不确定因素。而历史与现实关系中的这种不确定因素必定既使我们无法基于现实的立场去完整地把握历史,同时又使我们无法基于历史的立场来深刻地理解现实。这样,历史与现实均成为我们无法理解的东西。无限地存在于历史与现实关系之中的不确定性因素使得我们对历史的本真理解只能化为一种远不可及的渺茫希望和一个一碰即破的脆弱泡影。

在历史新闻学的视野中,写史模式和历史文本呈现出前所未有的多样化状态。我甚至有一种预感,在不久的将来,有可能以电视为媒体的动态的新史学文本将取代以书籍为载体的静态的旧史学文本。有人曾对新纪录片的尝试和出现作过如下的判断和评价。"回到现场、当下、手边! 这是一个由行动和操作而不是由意识形态承担责任的时代。"新纪录片的制作人和导演们:

> 在一片深深的犹豫中,他们将目光投向自己的身边、自己的周围,发现丝毫不经加工的真实正在"近距离"之中,他们正在"现场",他们自己便是历史的一部分,由此他们选择了一个自己洞察历史、社会的角度。这是文学和第五代导演所没有做过的。……新纪录片运动的镜头平静地投向日常。①

第三种历史的作者时刻伴随着历史的进程,就像新闻记者始终追逐着事件的发展一样。第三种历史的作者并不否认和掩饰自己和历史的特殊关系以及这种关系无论是对于自己还是对于历史所具有的某种本质性。由于这种关系的本质性,便使得第三种历史的作者对历史不能不采取一种颇为谨慎和严肃的态度来小心行事。因为这涉及

---

① 杭间:《在历史急流的"现场"——关于中国新纪录片》,《东方》1993 年创刊号。

两方面的可能:历史的误解和自己的失败。在这里,成见是不可避免的,问题是如何把成见减少到最低限度,抑或把成见转化成较为合理的形式。总之,处于这种地位的历史学家势必要把历史与自己放在同一个层次上作总体的思考,因为这种思考使他得以对历史有一种切身体会,他深切地感受到自己与历史之间确实存在有一种难以割舍的"血缘性"或"缘分"。这种"缘分"使他能够对历史别具慧眼,洞悉机微,发前人所未发,见他人所未见。

正因如此,第三种历史在某种意义上可以视之为刚刚发现的新大陆。每一个历史发现都是一种新闻,每一次历史新发现都具有新闻价值。第三种历史提倡以审美的、文学的、艺术的和新闻的眼光去看待历史。但这绝不意味着第三种历史对哲学或政治(这本是第二种历史的常见主题)有任何排斥和禁忌。毫无疑问,第三种历史同样既可以是哲学的,又可以是政治的。同时谁也无法否认,无论是哲学还是政治,在第三种历史中都得到了最为本质和圆满的表现,以至于人们不能不承认,第三种历史完全是一种伟大的综合。第三种历史以前所未有的气魄将哲学、政治、社会、心理、艺术、道德美妙地综合为一种伟大的体系和形式。

不言而喻,这种伟大的体系和形式对近乎无限的历史空白将是一种近乎全面的填补。在第三种历史看来,历史上的空白区就是历史学家的新闻域,历史上的空白点就是历史学家的新闻点。正因如此,几乎可以或多或少地说,第三种历史就是对"第三种空白"的填补。因为,"第三种空白"里面无疑隐藏着重大的足以令世人震惊的甚至有可能明显改变现实生活发展方向和进程的历史新闻。尽管对"第三种空白"的完全填补是几乎不可能的。但只要第三种历史是可能的,那么,对历史上的这"第三种空白"的填补就仍是有希望的。这是我们存在的信念,也是我们追求的意义。

四

文学家早已指出:"我们无可指责地进入一个充满内幕,但没有新闻的时代。我们成为一代更愿意接受现成结果,而很少去探求结果形成过程的思想与思维同步超前老化的三代一体的公民。"①这话说得真是一点都不错。第二种历史成为制造内幕甚至是铁幕的急先锋和主力军,它善于掩盖历史真相、制造历史谜团,然后将之放在漫长的岁月中,任其风吹日晒风化成残缺不全面目全非的历史材料。与之相反,历史新闻学则是要把由第二种历史一手制造的历史内幕变成现实新闻。历史新闻学所具有的新闻意识和新闻眼光将使第三种历史成为最具爆炸性和轰动性的特殊新闻。这种爆炸性和轰动性在某种意义上颇类似于储藏在山洞和地窖里的陈年老酒,年代越久,味道越醇;时间越长,就越值钱。又有一喻,它仿佛于对文物的考古发掘或对古董的精心收藏,某件文物或古董的年代越古老,就越有价值。还有一喻,它就像是沉默已久的活火山,尽管长时间处于平静状态,但一旦时机成熟,它就会以前所未有的力度爆发出来,从而给这个腐朽的世界以毁灭性的打击。同样,某种历史真相被掩盖得时间越长,一旦公布于众,它对人们思想和观念所产生的冲击力和震撼力也就越大。因为它是在颠覆着一种来自于历史深处的根深蒂固的历史传统。

历史的进程经常以其意外转变使我们吃惊,就连最有洞察力的人也不例外。我们未能预见到这一切将会怎样发生。并没有觉察到什么迫不得已的理由。可是,竟然一切都突然颤动起来,开始有所进展了。于是,刹那间,通向这个社会的深渊的门扉仿佛微微开了一道小缝儿,而且有两三只真理的

---

　　　① 江浩:《血祭·黑河》,内蒙古文化出版社1992年版。

小鸟居然趁着那门扉还没有重新关闭之前得以飞了出来。

我有多少前辈未能写到底,写出的东西未能保存下来啊!他们未能坚持到最后,未能攀登到上面来!而这种幸福却落到了我的头上:我得以在铁门扉重新关闭之前,从它的缝隙里把极少的一点真相第一次传递到外面去。

立刻,这点真相,好似由反物质所包围的物质一样,爆炸了![①]

如果说第二种历史把历史变成内幕的话,那么第三种历史则把历史变成新闻。因为第三种历史从头到脚通体全身都是新的。它是由新的思维和观念整合起来的新形态、新话语、新风格。之所以如此,这在很大程度上取决于历史新闻学所使用的主要史料是报纸而不是文献。按照这个标准,马克思写的许多论著差不多都可以看成是第三种历史的杰出范例。在这点上,政论——尤其是那些时代感特别强同时又极富洞察力和批判性的政论——似乎也可以当之无愧地进入第三种历史之列。其实,在第三种历史中,报纸所起到的作用并不单纯是一种史料,更重要的是它所提供出来的话语形式。也就是说,报纸与第三种历史的关系较之于史料与第二种历史的关系更为丰富和深刻。因为在正常情况下,历史学家在研读和使用史料时,一般并不会使用或模仿史料中的语言。而历史学家在写作第三种历史时则常常这么做。他不但使用报纸的内容,而且使用报纸的语言。尤其令人感兴趣的是,他不但习惯于使用报纸的语言,而且喜欢使用报纸的语言。此无它故,仅仅是因为报纸能够为历史学提供最富有生命力和时代感的新鲜语言。历史学家的基本素质之一就是应该毫不隐讳和胆怯地学会善于从新闻和报纸中吸取和借鉴充满新意和个性的语言来丰富和

---

① 亚历山大·索尔仁尼琴:《古拉格群岛》下册,群众出版社1996年版,第555—556页。

充实自己的历史作品。

另外,从"阅读视角的转换"这一角度看,现代人更喜欢以新闻的眼光和视角去阅读、接受、审视历史。① 在这个意义上,**现代人就是新闻人**。所以历史必须转换成一种新闻,才能为人们所接受、阅读和认可。但不能把这种现象狭隘地理解为是阅读兴趣和接受心理的转移和变化,而必须更广泛地理解为是历史文本的结构性转换。本质上,**历史文本的这种结构性转换是一种新闻化的过程**。介于这种转换之间或置于这种过程之中,人们(不论是史家还是读者都是如此)都热切而清醒地意识到必须使历史具有一种深刻的新颖性。事实上,这正是一种对历史意义的永恒呼唤。它刻不容缓地要求历史必须具有一种意义,而且必须是一种前所未有的新的意义。在某种意义上,对这种新意义的揭示不可能仅由历史学家一方来承担,它需要全体读者即社会公众来予以充分的合作。所以,历史文本的新意义必须以一种为社会公众所熟悉和关心的新闻形式完整地表现出来。唯其如此,历史的对话和意义的沟通才是可能的。历史文本才不再是历史文献的简单复制和机械翻印,而成为一种足以能够引起社会公众心灵反响和思想回应的新颖结构。它为社会公众对它的普遍接受和认同提供了一个富有意义性的总体框架和价值基础。所以,社会公众愿意阅读它、思索它、判断它。在这里,不论是肯定还是否定,都无关紧要,关键是,社会公众已经拥有了它,它已经毋庸置疑地进入了社会公众的现实生活,并成为社会公众的具体而又丰富的个人经验中最富启发性的一部分。对每一个人的生命来说,这种经验不但是有价值的,而且是本质性的。生命的无限可能性就根植于此。他需要不时地回忆它、品味

---

① 这绝不等于对历史内幕的猎奇。其实,即便是猎奇也实属正常。因为对历史内幕的猎奇和好奇永远是人类探究历史真相和历史秘密的强大动力。从历史新闻学角度看,这与新闻媒体的本性完全一致。因为寻求冲突、热衷灾难、关注隐秘,是所有新闻存在的驱动力。(参见张巨岩:《权力的声音——美国的媒体和战争》,第384页)

它、反思它。作为一种价值之源,这种新闻化的历史文本所能给社会公众提供的绝不仅仅是一种无关痛痒的肤浅而又通俗的历史知识,而首先是一种能够震撼人心的深刻而又崇高的历史思想。

有时,这种历史思想过于微妙和复杂,以至于社会公众对它产生了不计其数的非议和责难。但这也恰恰正是它的非凡魅力之所在。在广泛而热烈的争论中,新历史文本的独创性和思想内涵才会被一层层地揭示出来,为社会公众所接受和认可。所以,不是单纯的读者,而是整个社会公众都已进入第三种历史的视野,成为这种历史文本的有机组成环节和这种历史意识的必要内容。因为第二种历史作为独立于社会公众的抽象文本,一般并不考虑社会公众的现实需要和日常存在,它们习惯于复制史料和翻印历史文献,而不善于(或美其名曰"不屑于")贡献批判性的思想意义。所以,社会公众正式进入历史文本,构成历史文本的一般性外部视野,是从第三种历史开始的。这种历史性的对话关系和意义性的交流机制之形成与建立,是在第三种历史的新闻化文本中得以可能的。它意味着,第三种历史仿佛执行了一种对第二种历史加以解构的使命。因为,第二种历史作为一种文本,似乎难以容纳更丰富的现实内容和更广泛的价值主体。

我们所说的价值主体绝不是单一的,而是多元的。历史文本作为一种具有广阔历史背景的意义结构,不能只容纳一种只对历史加以陈述、编纂和评价的职业历史学家式的价值主体,它还必须容纳一种开放性的能够对历史作出独创性解释、批判和思考的即真正的历史学家这类价值主体以及能够对历史学家的这种历史理解和历史思想作出敏锐反应和深邃判断的社会公众这些价值主体。显然,这种价值主体就是复合性的价值主体。它标志着第三种历史的成熟。

第二种历史

第五章 两种历史文本的
界限与张力（上）

　　作为学术看的历史的本质在于：把关于人类的理解提高
到理想个性：在这"理想个性"的外部命运中显示出必然的、
合理的、永恒的事物跟偶然的、任意的、暂时的事物之间的斗
争，在这"理想个性"的前进运动中显示出必然的、合理的、永
恒的事物对偶然的、任意的、暂时的事物所取得的胜利。是
的，历史的任务，是把人类表现为个人，个性，并且成为这"理
想个性"的传记。

——别林斯基

　　历史的头等任务是深入探究从事活动的历史人物的心
灵深处。

——盖伊

一

　　第一种历史指的是历史本身，这没有什么可说的。第二种历史指
的是历史学，这也没有什么可说的。第三种历史指的是被历史遗忘的
和被历史学误解的另一片广大领域，这才是我们准备要说的话题。事

106

实上,它也正是我们在本书中所要说的唯一可说的话题。在我们的理解中,第三种历史也就是被历史遗忘的历史和被历史学误解的历史。

第三种历史的产生是基于这样一个前提:即由于第二种历史对第一种历史的封锁与垄断,从而埋没了人,埋没了人性,埋没了具体的人的独特个性。这样,第三种历史就要大力发掘这些被第二种历史所埋没起来的第一种历史。在这个意义上,第三种历史便成为对第一种历史的必然复归和正当返回。人、人性、人的个性,这些原本属于第一种历史的最高本质却在第二种历史的种种过滤和筛选下消失了、不见了、不复存在了。就此而言,第二种历史对人类历史是有罪的。而第三种历史便成为对第二种历史的道义指控。不妨说,第三种历史就是对第二种历史提出的起诉书。通过这种"起诉",第三种历史将把第二种历史对人的非法"拘禁"彻底转换为对人的合理"释放"。

质言之,复活人性而不是宰制人性是第三种历史的价值理念。第三种历史的目的就是努力全面、真实、完整地发掘、揭示和恢复历史上一切属于人的东西,并尽可能地使第一种历史的绝对本质和纯粹精神在第三种历史中真正复活和重现。在这个角度上说,第三种历史更类似于考古学的工作。它追求一种更高程度的甚至是最大难度的历史复原。① 被第二种历史割裂和撕断的历史脉胳和线索将在第三种历史中得以接通和梳理。

第三种历史表明了历史学是怎样百般艰难而又顽强挣扎着去寻找自己在现实生活中的存在价值的。因为这种存在价值在大多数情

———————————

① 在绝对意义上,历史不能复原。第三种历史也不能违背这个原则。所以,第三种历史无意于坚持复原历史这种陈旧的史学观念。在这里,第三种历史所要恢复的并非历史原貌,而是历史本质。因为原貌是"具体",而本质是"抽象"。只是这种"抽象"在第三种历史中已经重新获得了确认、保存、扩展和丰富,故而成为一种真正的历史具体。因为第三种历史试图恢复的是一种人的东西,是一种人在历史中的本原存在,是一种历史中的复杂人性。恢复历史的人性,使史学成为新人学,这就是第三种历史复原历史的真实含义。

况下尚处于一种模棱两可的悬搁状态。所以,它绝对有必要通过一种重新发现的方式去对之加以总体性的实际上也是本体论的确认。第三种历史从不把历史当成与现实不同的东西,相反,它认为历史与现实之间没有任何不同之处。历史不是现实的原型,现实也不是历史的翻版。历史与现实二者在一种超语言的本体论基础上统一起来,抑或不如说,历史与现实在一种**本体总过程**中从来就没有真正分开过。可是,这个"本体总过程"本身又是发生于何处呢?又是何以可能的呢?又是如何构成的呢?

　　无论如何,第三种历史表明了这样一种可能:对历史进行重新解释是完全可能的,而且这种可能性已注入了越来越多的现实内涵,即正在不断地现实化。这种日益加大的现实分量使得它所作的历史解释已经成为现代生活中最具生命力和洞察力的时代精神。

　　当历史向人们走来时,人们的反应无不都是迟钝和麻木的。只有当历史完全融入现实,人们才会在犹豫不决、惊惧不定中被迫无奈地接纳历史。但这时,历史已经刻不容缓地支配了一切。人们已经没有任何重新选择的余地。人们只能臣服于历史的威严,向历史致敬,并虚心地向历史求教。因为历史已经成为生活的主角,而人们则降为自卑的配角。除了向历史学习之外,人们不可能找到另外一条更可靠的认识自己的途径。人类时刻都在期待着认识自己。历史向人类展示了这种可能。只有奠基于这种可能,真理才会产生。第三种历史追求的就是这种使人(能够)认识自己的历史。

　　历史是丰富多彩的,认识历史的方式也应该是多种多样的。只有一种历史认识方式不仅满足不了历史的需要,也满足不了人性的需要。所以,尽可能多的历史认知方式在单一化的第二种历史的封闭结构之外应运而生,并迅速联合成为一个广阔的有机整体。这标志着第三种历史的正式诞生。第三种历史的产生为人们理解历史提供了诱人的前景。现实生活和时代精神在此找到了一个相互切入的机会。

因为，人们在第三种历史中感觉到的并不仅仅是垂死腐朽的历史事件，而且还有方兴未艾的现实生活以及剧烈震荡和众声喧哗的时代精神。

不管是旧题材还是新题材，第三种历史都力求深入到历史内部去作精细的观察，这种做法最积极的效果就是使历史学家整个身心产生一种持续不断的紧张反应。历史学家感到历史就像是自己血管中流淌的鲜血一样，永不凝固地沸腾着，它延续着自己的生命，使自己的躯体充满不可思议的惊人的活力，而且，这种活力常常把历史学家的生命引导向更加崇高的理念境界，使历史学家对历史本质获得一种全新的体验和领悟，由此而有机地塑造和整合成一种伟大的经验结构。这种经验结构使历史学家变得更深沉、更具洞察力、更有正义感，对真理和人性更加充满信心和热情，更有勇气和意志面对自己的现实生存状态。一句话，它使历史学家变得更加成熟和诚实。伟大的历史学家的人格魅力由此而来。因为任何一个真正富有天才的历史学家无不都给人一种深思熟虑和可以依赖的感觉。

不言而喻，第三种历史需要一种新历史学家，同时，第三种历史还**必将创造出一种新历史学家**。所谓新历史学家，即是说，他必须满足第三种历史提出的新要求和新任务，他必须具备新的眼光和能力。他必须在场，而不是旁观。他必须参与，而不是观看。他必须现身于历史之中，而不是超脱于历史之外。一句话，第三种历史要求历史学家必须与历史同在，要求历史学家必须始终保持与历史的血肉联系，要求历史学家必须与历史同呼吸、共命运。总之，历史学家对历史必须有一种感性、生命的要求，必须有一种投入感，必须有一种激情。第三种历史要求历史学家必须尽可能地**超越史学而回归历史**，与此相反，第二种历史则要求历史学家尽可能地独立于历史并超越历史。二者由此构成强烈的反差。显然，前者是可能的，后者是不可能的。

二

黑格尔在批判古代罗马法律时曾说,"罗马法就不可能对人下定义,因为奴隶并不包括在人之内,奴隶等级的存在实已破坏了人的概念。"①同样,我们也有理由说,第二种历史无法对历史下定义,**因为现实并不包括在历史之内**,现实的存在本身就已破坏了"历史"这一概念(的有效性和合法性)。在现实存在面前,"历史"始终显得暧昧而可疑。

由于第二种历史,我们正在失去历史,我们正在丧失与历史的所有可能的现实联系。如果说第二种历史使我们失去自己历史的话,那么第三种历史则使我们重新获得自己的历史。不妨说,历史与现实的脱节正是第二种历史留下的沉重遗产。第三种历史的目的则是重建历史与现实的本源关系,真正恢复历史与现实的本体同一性。

自传和传记均属于第二种历史。同样,历史哲学也基本上属于第二种历史。"历史规律"、"历史动力"、"历史目的"等这些均属于第二种历史范畴的基本概念在第三种历史中已不占有丝毫的位置,即使没有被完全摒弃也没有多少人会对它所宣称的那一套抱以盲目轻信的态度了,甚至不会有几个人还对它感兴趣。

我想,我们不应该忘记萧伯纳的那句善意的忠告,"我们从历史中得知我们在历史中什么也没学到。"如果这句话还有些道理,那恐怕是与我们对待历史的学习方式有关。即,由于我们长期以来仅仅习惯于并满足于按照第二种历史的方式去向历史学习,所以,我们从中什么也不可能真正学到。因为,这种以历史为对象的学习方式本身就事先注定了我们从历史中的学习结果绝不可能令人满意和欣慰。

---

　　① 黑格尔:《法哲学原理》,第2页。黑体字原有。

历史不仅是教科书,而且更是启示录。如果说第二种历史是教科书的话,那么第三种历史就是启示录。在这里,"教科书"一词当然是广义的,它既可以是学院性的,也可以是政治性的。有的书写的是历史,但并没有冠之以"历史"之名;有的书虽名之为"历史",但写的却不是历史。前者是第三种历史,后者为第二种历史。但无论如何,我们也不能把这种差异仅仅理解为一种无关宏旨的细节性的形式之别。

帕斯卡尔说得好,"比利牛斯山这一边的真理在山那一边可能是异端。"同样,在第二种历史中是真实和有用的东西,在第三种历史中则完全可能是不真实的和没有价值的。我们无须怀疑这一点。因为,第三种历史和第二种历史遵循的不是同一个价值标准和逻辑秩序。不言而喻,当两种价值标准和逻辑秩序同时存在时,对历史的解释和评价就会判然有别,构成两种不同的历史形态和历史体系。一般而言,第二种历史仅仅是一种由事实(史料)和结论(评价)组合成的知识系统和观念体系,它不包含有一种**明确的**理想性和人文性。第三种历史则不忌讳这些。它推崇自由理想和人文精神在历史形态中的巨大作用和普遍价值。

如果说第二种历史是一种"科学",那么第三种历史就是一种"文学"。追求一种文学风格和文学品位,试图成为一件艺术作品、一幅人物画、一幅风俗画。这显示出第三种历史有一种与第二种历史迥然不同的旨趣。在形式上,第三种历史是远离现代科学的,但其内在精神却同现代科学一脉相承、殊途同归。所以,第三种历史对科学的某些不恭之词仍包含有一种坚实的科学基础和无畏的理性信仰。第二种历史作为前科学的东西,尽管在现代迫于各种压力它不得不尽力模仿科学、利用科学,但仅仅收到了一些微乎其微的形式上的效果,就其内在实质来看,第二种历史仍旧停留在现代门槛之外。所以就其本质而言,第二种历史对现代科学精神既谈不上真正理解,也不能说是绝对无知,它仅仅是在一种对科学一知半解的状态中对真理和自由敷衍了事而已。

如果人们并不认为我的这个说法过于刻薄和偏激的话，那我倒是很乐意用下面这种方式来区分第二种历史和第三种历史的各自特点：第二种历史仅仅教会了人们去如何更好地记住历史，第三种历史却教会了人们去如何更好地思索历史。所以，第二种历史的着眼点基本上还停留在一种较为低级的本能阶段，而第三种历史的立足点则已上升到一种高级的精神阶段。因为，第二种历史关心的是如何让人们记住更多的历史事实，而第三种历史关心的是如何使人们理解更多的历史意义。

三

如果把历史比作一个博物馆，①那么第二种历史则仅仅供极少数人定时参观、并为少数人提供有偿服务，而第三种历史则向所有人全天候开放、并为所有人提供无偿服务与咨询。由此可见，第三种历史和第二种历史二者对人的理解和态度是完全不同的，人在这两种不同的历史形态中所占的位置也是高低悬殊的。大体说来，第二种历史给人特别是个人——具体的普通的个人——保留的空间太过于狭小，使普通人在上下数千年纵横几万里的广袤历史世界中竟然没有立锥之地，具体的丰富的真实的人性很难在其中得到完整揭示和真实呈现。人性被这种历史不适当地过度地加以浓缩、过滤、净化、抹杀了，以至于人性竟然不可思议地变得极端抽象起来，成为一种似有非有的不可捉摸的空虚之物。总之，人和人性遭到惊人的不公正对待。人在历史上没有发言权。更准确地说，人被偏狭而又野蛮地剥夺了对历史所天

———————————

① 尽管我非常不愿意使用这样一个貌似神异的拙劣比喻，但出于权宜之计也只得如此了。

然拥有的发言权。实事求是地说,人对历史的发言权乃是人本身固有的不可剥夺的生存权力,因为历史毕竟是人自己的事情。

　　所谓现代人的生存危机,本质上就是人自身的历史发言权的丧失,即人已经无法对历史拥有任何解释、评价、思考的权利。于是,人开始受到历史的彻底异化。历史仅仅是由无数物件堆架起来的空间性场所,比如,尔虞我诈的官场、血肉横飞的战场、阴森恐怖的监狱、道貌岸然的教堂以及什么杀人的祭坛、争吵的议会、血腥的王位、密谋的暗室、淫乱的床榻等等,再不就是马达轰鸣的工厂车间、麦浪翻飞的田间阡陌、波涛汹涌的江河海洋还有那一望无际的沙漠和宽阔无垠的草原。这些场所都曾有过人类的存在和活动,这些场所也都一度成为历史的壮丽舞台。在这些外观有别但结构相同即具有“家族相似性”的舞台上人类曾经演出了无数幕惊天动地的伟大悲剧。在相当长久的历史形态中,它成为历史的主角和母体。第二种历史以此为题材曾撰述过不少精彩的篇章。它所占据的显赫位置和产生的耀眼光环曾经使人们对它敬而远之、侧目而视,难以有逼真和正确的观察,更难以有全面的认识。到了后来,以至于实验室、图书馆、办公室、写字间、公证处、拍卖厅、交易所、编辑部、火车站、飞机场、公路、铁路、航线、军火仓库、百货商店、生产流水线、超级商场、五星级大酒店、导弹发射井、体育馆、咖啡馆、游泳池、厨房、厕所、客厅、阴沟、下水道等等数不胜数的场所都已争先恐后地纷纷涌入历史研究的视野之中。历史究竟是什么? 这个问题在此被再一次提了出来。它面对着的是整个历史和现实以及人生。就第二种历史的发展演变来看,它对各种空间场所的描述和搜集已经相当完备。但其致命缺陷是这些场所中间都缺少一个“人”,即在场的人。这个在场的人其实就是整个人类,就是人本身的全部丰富性,就是人性的真正永恒性。由于缺乏人的存在,这些富丽堂皇的场所便变得空空荡荡,给人一种失落感、虚无感乃至荒谬感。一时,充满人文情调和文明风格的建筑和设施竟然成为一片荒凉而又野蛮的不毛之地。即，**由于缺乏人的在场，这些场所便都变成了无人的空场**。这样，它就为第三种历史的出现提供了必然的史学史契机。这个契机无疑是个罕见的机遇。它并不是随时随地都能够俯手拾得的。它真可以称得上是千载难逢。第三种历史借此机会脱颖而出，一鸣惊人，表现出极大的人性魅力。究其实质，第三种历史所获得的这种机遇和价值，都是人提供的。人是第三种历史的支柱。

四

也许，就其对日常生活精细描述的方式和程度来说，社会史（我指的是那种对社会生活发掘和观察达到了一种非常罕见的程度的社会史）在某种意义上也可以看成是第三种历史。信仰、心态、服饰、建筑、消费、性爱、婚姻等均是社会史中最具魅力的内容。这便决定了社会史具有第三种历史的某些基本特性。不过需要指出的是，第三种历史并不是把研究方向从重大事件完全转移到日常生活中来。它与第二种历史不同的是，第二种历史仅仅研究那些所谓的重大事件，而第三种历史则除此之外还非常注意研究普通人的日常生活。同时，与社会史不同的是，社会史在另一个极端表现了出了它的偏颇，即社会史光注意研究普通人的日常生活，而忽视了对重大事件的适当关注，第三种历史则充分兼顾了重大事件与日常生活这两方面的内容。所以，如果认为第三种历史仅仅善于表现重大事件是错误的，同样，如果认为第三种历史仅仅关心日常生活也是不正确的。第三种历史的本质在于它的综合性。基于此，我们便有理由相信，第三种历史既不会重复第二种历史的老路，也不会重蹈社会史的覆辙。人们曾不满地指责社会史虽然精确地研究了拿破仑时期的面包价格但却不知道滑铁卢大战。对于这种令人遗憾的学术误区，我想第三种历史是永远不会步入其中的。

第三种历史表现了这样一种勇气、责任感以及洞察力和判断力，即：它是对刚刚发生的历史事变所作出的当下反应和迅速判断。它从不担心自己对历史事变的判断会由于操之过急而变得草率和冒失，它从不害怕自己对历史事件的评价会由于反应的灵敏性而变得迅速过时。它认为历史的本质就是现实。唯有从当下的瞬刻之间去捕捉和把握历史的脉搏，才能对历史有一种纯粹本质的洞察和理解。当下的反应是快速和敏捷的，但它却并不因此而必然变得实用和投机。

第三种历史是从现实本身直接产生出来的历史思考，所以，它紧紧贴近于现实生活，更具现实性，更有现代感，更容易为人所接受和认可，更容易与人们的心灵沟通，更容易形成思想焦点，更容易成为新闻和舆论，更容易造成社会轰动效应并对人们的现实生活产生直接影响。由于第三种历史的建构，历史学与社会的关系将发生一个结构性的变化。历史学将密切关注现实社会所发生的一切，历史学将认真关注现代化的完整进程。因为第三种历史的建构背景是现代。所以，从一开始，第三种历史就包含有一种深刻的现代意识。而且，这种现代意识又有其浓厚的历史基础。故而，在第三种历史中，现代意识与历史意识往往浑然一体，难以区分。而第二种历史则对现代意识完全采取一种无视乃至拒斥的态度。基于这个原因，我们有理由相信，第三种历史绝对比第二种历史更能适应现代的生存环境。

基于现代的生存环境，第三种历史对人的感情、尊严、价值、命运有一种全新的把握和理解。甚至，第三种历史对人的性格和道德与历史之间的复杂联系也有了更进一步的深刻认识。因为第三种历史努力使自己成为一种新人学。所谓新人学，就在于它试图把人放在历史中来加以全面理解，即它所说的人是一种**在历史中充分理解了的人**。人创造历史，人创造人本身，**人在历史中创造人本身**。这些都是第三种历史中的永恒命题。要想真正理解它，就必须让人（特别是让普通人）开口说话。如果能给普通人以机会和条件，使他们从容不迫、畅所欲言地讲出他们对历史的看法特别是对他们自己的历史的真实想法,这实在是一件极有价值也极有趣味的工作。它正是第三种历史孜孜以求的目标。即使它不能完全实现这个目标,也必将促使普通人去直接**书写**乃至于彻底**改写**自己的历史。在这里,无论是书写还是改写都是在双重意义上而言的,即,它既是话语,又是实践。

在对人的思考中,第三种历史有其特殊的优势。即它往往凭借其文本的灵活性和话语的敏感性去征服人心,从而获得意料不到的非凡成功。一方面,它侧重于去发掘和揭示那些由于这样或那样的原因(或者是技术原因或者是政治原因)而被摒弃于第二种历史之外的历史内幕或历史秘闻。这些历史内幕或历史秘闻虽然称不上是历史主流或历史主干,但它具有的边缘性却并不仅仅意味着它是历史上无足轻重的细微末节。事实上,这种边缘性历史往往更能反映出历史的真正本质。另一方面,所谓边缘性历史的意思并不是说它从来不是历史的中心或主体,而是说历史学家对它的思考往往具有一种边缘性或边际性特征。

五

第三种历史具有空前的**文本开放性**。无论是克罗齐的"一切真历史都是当代史",还是柯林武德的"一切历史都是思想史",在第三种历史中都有其正当性和合理性。并且,在某种意义上,所谓"当代史"和"思想史"也只有在第三种历史中才有可能存在。因为,第三种历史永远都是"当代的"和"思想的"。"当代史"和"思想史"作为第三种历史的基本形式只能成为第三种历史。

第三种历史的目的有二:一是改变人们对历史的思维定式,二是改变人们对历史学的思维定式。前者属于历史观范畴,后者属于史学观范畴。在某种相对的意义上,历史观可以视为一种"内容",史学观可以看成一种"形式"。当"形式"决定"内容"时,"形式"也就直接确立了自身。所以,在第三种历史的视野中,历史观与史学观二者往往在很大程度上实现了前所未有的融合。这种融合意味着第三种历史通过对历史学提出一种新要求,使得史学对历史必须有一种新的理解。即,**第三种历史通过首先赋予历史学以一种新观念,使得历史学能够对历史产生一种新思维**。这就要求历史学必须时时刻刻以一种发现者的眼光去看待历史。

如果不以发现的眼光去看待历史的话,历史就将永远是一堆陈腐不堪的破烂古董。这种断烂朝报式的历史将毫无任何新奇感、庄严感、神圣感可言,它只能是一种令人感到厌倦的、甚至使人昏昏欲睡的、充满平庸和无聊气息的陈词滥调。所以,恢复历史本身所具有的那种与现实生活息息相关的新奇性、生命性、神圣性,使历史时时刻刻给人一种永不磨灭的特殊感觉和普遍意识,使历史不再为现实所漠视,使历史不再为生活所疏远,使历史不再为生命所摒弃,使历史不再为价值所拒斥,使历史在一种敏锐的感觉和深刻的意识中为人类世界所接受和认可。这便成为第三种历史的义不容辞的责任和使命。当然,对于第三种历史来说,这也是它本身当仁不让的权利和义务。

第三种历史大体包括两大类内容:纪实文学、报告文学和新闻。①如果再细致一点区分,不妨把报告文学视为纪实文学与新闻之间的一种过渡。因为,一方面,报告文学在时间上更接近于新闻;同时,另一方面,报告文学在价值取向上更接近于纪实文学,即追求一种理性价值,并尽可能地向历史靠拢,以历史为指归,从而在一种力求全面、客

---

① 二十世纪后半期西方新出现了一种"融新闻、文学、戏剧、音乐、音响效果于一体的纪实文体",被称作"广播特写"。(参见马克·哈利莱、克劳斯·灵德曼等《国外新形式纪实文学作品选》"序",中国国际广播出版社 1991 年版)

观的基础上充分地展示出理性的独特风采。在这方面,文学评论家的意见更值得重视。

> 都说真实是报告文学的生命,我说作者的真实才是报告文学的生命。……因为如果作者出现了虚假,真的生活也会成为假的骗局。假若作者能够做到真实,那么假的骗局,也可变为真的揭露。

> 生活中常能见到这样一类报告文学,作品中所写的事本身绝对是真实的,但你一看便感到虚假。……让你感到作者像是在代表某个组织说话,像是按照某种意图、某种意志、某种思想、某种观念在说话。而作者自己,充其量是个传声筒。①

> 严格地说,社会对报告文学的审美期待,恰恰不是"文学",而是"报告",期待着对某个重大事件内幕的揭示,对某种重大的社会现象的综合归纳,对某类人生存状态的关注,等等,文学仅仅是这许多功能中的一种,而且其审美要求,在历史面前,在社会进步面前极有限度。相对于"真实"来说,任何惊天动地的臆造都没有意义;相对历史来说,作家的某种主观作用是微不足道的。这是后期"记者型"报告文学的典型特征。必须客观,必须真实,甚至情节和细节的真实,在这一点上,留给作家的余地是很小的。②

在文学评论家的语境里,报告文学同纪实文学基本上是被当成一种东西。其着眼点也主要是纪实文学同文学的关系。而我们的着眼点则是纪实文学同史学的关系。因为前二者的关系不言而喻,而后二者的关系则不甚清楚,有待阐明。在历史新闻学的视野中,我们必须

---

① 李鸣生:《报告文学:性感的文学》,《纪实文学七人谈》,《江南》1993 年第 2 期。

② 卢跃刚:《报告文学面临新的问题》,《纪实文学七人谈》。

对纪实文学提出一些新的要求。所以,对于纪实文学来说,在某种意义上,它应该有意识地控制自身的文学性倾向而自觉地加大其思想力度。事实上,在许多时候,纪实文学的成功往往是以文学价值的丧失为其代价的。这就意味着,纪实文学本质上不再属于文学,而属于史学,即第三种历史。不言而喻,对纪实文学的性质定位不可避免地要向史学提出这样一个根本性问题:**如何立足史学而去更自由地发挥其想象力**? 事实上,这个问题由一系列问题构成。换言之,这个问题可以展开为一系列问题。即,历史学有无必要具备想象力? 历史学的想象力究竟有什么用? 历史学的想象力究竟有多大? 如何才能最大限度地发挥历史学的想象力?

正是这一系列问题使得第三种历史必须超越传统史学的现有规范,而创建出一种全新的史学模式和史学形态。正因如此,第三种历史便介于历史研究和文学创作之间,而成为**一种特殊方式的写作**。在我看来,用"写作"这个概念来描述第三种历史的构成特征是极为恰当和准确的。我们可以从两个方面来说明第三种历史所独具的这种"**写作性**"。

第一,第三种历史以最大的极限尽其可能地展示和发挥了历史学的想象性和文学性。历史学究竟是科学还是艺术,在这里是不言而喻的,也是不成其为问题的。因为,这个问题仅仅属于第二种历史的思维范畴,它仅仅存在于第二种历史的传统框架内部。在第三种历史中,历史学不再煞费苦心地试图使自己成为艺术,但它此时此刻却已经成为真正的艺术;历史学不再妄费心机地试图固守自己的传统体系,但与此同时它却成为实实在在的历史。史学与艺术之间形成了一种全新的关系。这种新关系不是思辨性的和纯粹思辨的结果,而是现实性和真正现实性的产物。于是,我们便可以理解:不但历史学成为一种充满创造性想象的艺术,而且艺术也成为具有批判性探索的第三种历史。

第二,第三种历史极大地突出了历史感和历史意识的功能和价值,而自觉地克服和超越了历史观和历史理论的局限和束缚。在第三种历史中,历史观和历史理论下降到次要的第二性的地位上,而历史感和历史意识却上升为首要的和第一性的地位。然而,我们却没有任何理由去以此怀疑和否定历史感和历史意识的深刻性和严肃性,也就是说,我们绝对不能因此而将第三种历史中所包含的历史感和历史意识理所当然地视为一种粗俗的感觉和浅薄的意识,在本质上,它是最为深刻的和纯正的东西。因为,它蕴含着丰富的思想和独特的理解。它所达到的历史哲学高度也绝非第二种历史所能望其项背,它所表现出来的理性批判力量也绝非第二种历史所能比拟,它所具有的精神反思能力也绝非第二种历史所能相提并论。就其总体结构而言,第三种历史完全是理性的、分析的;同时,它又是激情的、想象的。的确,不论怎么判断,第三种历史始终在全力展示着潜藏于历史之中的情感价值和心灵深度。

六

第三种历史要求用一种新的眼光去看待历史学在现代的存在方式,要求用一种新的尺度去衡量历史学在现代社会的真实价值,要求对历史学的本质作出一种新的解释和规定。所以,在某种意义上,不妨将第三种历史视为**关于历史学的哲学**。显然,关于历史学的哲学并不等于一般所说的"历史哲学"。因为历史哲学是关于历史的哲学。所以关于历史学的哲学只能是"史学哲学"。从历史新闻学的角度看,**历史学的发展也许更多的需要一种内在的史学哲学,而不是那种外在的历史哲学**。所以,历史哲学的衰微实在是势在必然。正因如此,雷蒙·阿隆的说法便明显有些言过其实。他认为,"历史哲学的衰微,就某一意义来说,是进步的相反面,也是历史科学、细致而耐心地探讨历史真实、消除传奇式或纲要式的历史写作的相反面。"①我觉得,雷蒙·阿隆的说法有两个缺陷:第一,他不适当地夸大了历史哲学的价值;第二,他过于简化了历史哲学与历史写作之间的复杂关系。

其实,就历史学的发展而言,对于历史学自身的深入细致的哲学分析倒是更为重要的。因为历史学确实面临着诸多问题,而这些诸多问题又都直接涉及一些更为内在和基本性的观念。对这些观念的反思与重构,其性质与深度甚至已超出了习惯意义上的"历史理论"或"史学理论"范畴,而具有了某种真正的哲学性。基于此,我们似可断言,历史新闻学对历史学本身的思考将达到一种新的高度,换言之,历史新闻学将对历史学的基本观念赋予一种更加新颖和深刻的内涵。我们将通过历史新闻学的积极探索而为历史学的变革寻找和制定一个新的方向。

历史新闻学写出来的历史既不是历史实际和历史本身,也不同于第二种历史,而是第三种历史。需要指出的是,应该从一种"文本"或"文体"的意义上去理解第三种历史,而不应该从一种"体裁"或"体例"的意义上去理解第三种历史。所以,第三种历史只能是一种新的历史"文本"或新的历史"文体",而绝不是一种新的历史"体裁"或新的历史"体例"。

新文本的结构特征在于它以一种不可掩饰的赤裸裸的直接方式突出了"我"的主体性角色的价值和意识,从而形成一种无以复加的否定性力量和思辨性内涵。思想的深度与力度在这种新文本的形式中被空前地肯定下来。这是新文本取代旧文本或改造旧文本的一个有力标志。

当我们把第三种历史视为一个新的历史文本时,千万不能把历史

---

① 雷蒙·阿隆:《历史哲学》,《现代西方史学流派文选》,上海人民出版社 1982年版。

实际文本化或把历史本身文本化。"历史本身在任何意义上不是一个
文本,也不是主导文本或主导叙事,但我们只能了解以文本形式或叙
事模式体现出来的历史,换句话说,我们只能通过预先的文本或叙事
建构才能接触历史。"①这里我想说的是,我非常同意这句话的前半
句,但对后半句则需要作出进一步的更具体的规定和说明。所谓后半
句所说的"我们只能通过预先的文本或叙事建构才能接触历史"的
"历史",只能具体地理解为"历史实际",而不能泛泛理解为"历史本
身"。因为历史本身不同于历史实际。历史本身是一现实范畴,而历
史实际是一过去概念;历史本身是一本体建构,而历史实际是一时间
程序;历史本身是一生成过程,历史实际是一既定状态,二者完全不
同。正因如此,通过种种新旧历史文本所接触到的"历史"只能是历史
实际,而绝不可能是历史本身。因为历史本身就是现实,它根本不需
要把任何一种历史文本来作为自己具有可知性和可接触性的中介,我
们完全能够不凭借任何历史文本就去直接认识历史本身和接触历史
本身。**没有任何东西比历史本身更贴近我们的现实存在。**

在历史本身、历史实际、历史文本之间作出如此详尽之规定,是为了
有助于更准确地揭示第三种历史这种新文本的基本特性。第三种历史
或历史新闻学作为一种新历史文本,它对任何一种试图超越和突破第二
种历史的努力和探索都抱以极大的热情和尊重。它密切关注这些。科
卡是前联邦德国"新社会批判史"学派的一位代表性史家。他认为:

> 有两种不同的叙述。通常所说的叙述首先是以可描述
> 的和可直接理解的事件和行动的编年排列为中心的"一种陈
> 述形式"。这种叙述不是对结构和过程的分析,即使结构和
> 过程可以用叙述的形式来说明。相反,它作为一种可以直接

----

① 　弗雷德里克·詹姆森:《马克思主义与历史主义》,《新历史主义与文学批评》,
北京大学出版社 1993 年版。

接受的陈述形式，今天受到希望"多点故事""少点理论"的广大公众和出版界的欢迎。这样就人为地产生了叙述与理论之间的紧张关系，甚至对立。与此不同的另一种叙述，则是文学和历史哲学领域中提出的更为广泛和复杂的概念。这样的叙述是理论和推理论证所要求的一种能够揭示人类现实的深刻的时间变化的叙事形式。"叙述变成了历史同现实关系的本质"，是"史学的构成原则本身，没有丝毫反理论的或敌视结构史的成分"。从这样的认识出发，科卡认为新社会史应反对第一种叙述形式，而建立"史学的论证"。所谓"史学的论证"，既不是叙述，也不是枯燥乏味的一连串分类图表和公式，而是"历史对象的结构化"，即"结构和过程'进入'行动和事件，并在它们中间显现，即使不是完整的和并非没有裂痕的"。这就要求"陈述变得更有思考性。它虽然损害了叙事的娓娓动人，却增加了——至少人们希望这样——陈述的明晰度，因而也就增强了它的理性……由此产生了一种用问答、论断、质疑和证明以及辩驳和类比手段进行工作的特殊类型的论证"。总之，科卡要求避免结构史与事件史、分析史与叙事史之间的"截然对立"，并认为这是能够做到的，因为社会史的概念是"如此宽广，用不着排斥同事件史、人物和活动史有关的方法，可以把优秀的传记或被看作是叙事史的著作纳入其范围之内"。①

总之，历史文本的范围虽然要比历史实际或历史本身小得多，但它却拥有同历史实际和历史本身一样多的可能性。所以，每当我们尝试一种新的历史写作方式，我们对历史的意义就会有一层更深的理解和把握。**历史写作是对历史深度的无限钻探过程**。这一过程永远不

---

① 陆象淦：《现代历史科学》，第268—269页。

会终结。所以,本质上,历史写作希望所有人都能积极参与这件事情。正像历史活动包含有每一个人的劳作和辛酸一样,历史写作也是属于每一个人的工作。吉本曾正确地说:"历史是最普通的一种写作,因为它既可适应最高的接受能力,也可适应最低的。"①这就是说,历史研究的弹性非常之大。它既能容纳横空出世桀骜不驯的天才,又能适应抱残守缺鼠目寸光的庸人。它既能使天才创造出不朽的史著,又能使庸人制造出速朽的史书。

通观史学史,这种速朽史书的典型范本就是官僚体的历史文本和权力型的历史体系。它是第二种历史中的普遍形态。所以,第二种历史作为单一僵化的历史文本模式已经容纳不下任何富有独创性的新鲜内容和新颖思想。它的内在结构已经演化成排斥任何开放性并毫无创新精神和新闻意识的陈旧体系。批判功能变成了一种可笑之至的软性回忆。古物、文献、遗骸、碑刻、民谚、梦呓,统统都被派上了用场,为的是试图在一个与现实绝缘的封闭系统内不得不顾此失彼、削足适履地安排各种史料的位置。这种位置类似于一种官僚等级或权力秩序,它表明了一种关系。这种官僚体的历史文本和权力型的历史体系在根本宗旨上追求的只是一种保守的秩序和复古的等级。它们在骨子里坚决反对和拒绝任何实质性的变革。于是,在内容遭到毫无通融余地的否定和排斥的情况下,形式就被顺理成章地提升到了内容和主题的普遍高度,而变得空前的敏感和丰富起来。

毫无疑问,形式成为官僚体的历史文本和权力型的历史体系的核心范畴,同样毋庸置疑的是,官僚体的历史文本和权力型的历史体系肯定也尽其可能地充分利用了形式的巨大空间性和复杂时间性,从而为自己的继续存在寻找到了颇为可靠的根据。并非巧合的是,这种根据也恰好就是我们正确理解和诠释官僚体的历史文本和权力型的历

---

　　　① 汤普森:《历史著作史》下卷,第四分册,第112页。

史体系的唯一根据。思想走向自身。精神返回家园。一切又都回到了起点。但这个起点却是万物更新的标志。于是,历史就在一夜之间变得通俗易懂浅显明白起来。解读历史文本的可能性在于将历史文本的传统顺序打乱、拆散而重新组合、排列。

在某种并非比喻的意义上,第三种历史仿佛于一种新文献学。如果说文献学是对没有句逗的历史典籍初次点逗,那么新文献学则是对已有标点的历史文本重新点逗。

比如,第三种历史的一个明显特征就是引号的消失。第三种历史不再使用或不再大量地频繁地连篇累牍地使用和滥用引号。第三种历史对引号作出了新的解释和规定。第三种历史将引号处理为一种过时的废品,第三种历史的目的是删除或废除引号。因为引号作为文本中间的楔子和话语线索的断裂,对第三种历史的整体结构产生着一种不连贯的不统一的破坏作用,它阻碍和延滞文本和话语的直接呈现。第三种历史取消引号或减少引号,正是为了使文本的形式性得以完整保留和使话语的真实性得以直接表露。

在第三种历史中,引号由于置身于一种更为深远、更为广阔的世界之中,便难以自持地丧失了自己原有的显赫价值和醒目位置,被一而再再而三地排挤到一个小小的褊狭角落里忍气吞声。更大的结构消灭了引号的独立性,更普遍的形式抹去了引号的特殊性。所以,引号变得可有可无起来。既然是可有可无,那么有就不如无。于是,引号就被完全取消了。人们不再需要借助于或通过引号来拐弯抹角地表达自己的意思和意念,作者可以直接敞开自己的心灵,全盘托出自己最真实的想法。而引号则往往像一种无形的障碍一样阻塞着作者对自己思想的正常揭示。统一的文本形成了。它不再为层层设防的引号所阻隔和限制。话语可以在文本上直来直去,畅行无阻。因为引号的存在在一种宏大的结构中失去了原有的破坏功能和压制作用。思想、意义、话语在新文本中获得了巨大的自由空间。

第六章　两种历史文本的
界限与张力(下)

　　我们的时代主要是历史的时代。历史的观照声势浩大而又不可抗拒地渗透到现代认识的一切领域里去。历史现在仿佛变成了一切生动知识的共同基础和唯一条件:没有它,无论是要理解艺术或者哲学,都是不可能的。不仅如此:艺术本身现在主要也变成了历史的东西。

　　……

　　历史的观照渗透到整个当代的现实里面去——甚至渗透了我们的日常生活本身。

——别林斯基

　　任何一种形式,同时也是一种价值。

——巴特

一

　　第三种历史和第二种历史的关系不具有传统意义的史学史的渊流性和继承性。第三种历史是在第二种历史之外独立产生出来的新历史形态,而不是从第二种历史内部直接发展起来的半新半旧的历史形态。第三种历史不是第二种历史的一个分支，也不是第二种历史的一种新形态或新阶段。第三种历史就是第三种历史，第三种历史根本不是第二种历史的一种什么东西。任何一种将第三种历史与第二种历史二者生拉硬扯地比附起来的做法都是错误的。**第三种历史与第二种历史的关系不应该在史学史意义上来理解，而应该在史学史之外来把握**。① 如果说第二种历史是史学史的，那么第三种历史应该就是**非史学史的或超史学史的**。因为，第三种历史的产生已经改变了史学史的性质和结构，使史学史具有了一个新定义和新界限。**第三种历史本身就是对史学史的一个新解释和新规范**。

史学史将因第三种历史的出现而得到改变，这是无疑的。因为伴随着第三种历史对普通人的热切关注，史学史也将逐渐表现出其本真的实际状态。史学史的这种实际状态就是普通人对历史的关心与忧患。现在，第三种历史以一种新文本的形式把史学史的存在层面展示出来，从而为史学史的自我更新拓展了更加广阔的现实空间。

从史学史的角度看，第三种历史与第二种历史的分野是全方位的。以至于在某种意义上，我们在二者之间根本就找不到什么共同之处。如果说第二种历史是一种块状结构，那么第三种历史就是一种网状结构。作为不同板块的机械排列，第二种历史的叙事角度基本上是一种单一视角，缺乏丰富多样的变化，同时，又由于缺乏结构的稳定性，而给人一种零散的感觉。作为不同层次的网状组合，第三种历史的叙事角度则完全是一种多维视角，具有波澜起伏的变化感和节奏感，同时，又由于它根本上是一个有机的整体，故而它的叙事角度的交叉使用和多重变换就显得非常自然和和谐。

第三种历史一般都有一种"悬念"，当然并非是纯文学性的悬念。

---

① 这里所说的"史学史"是指学科意义上的史学史，而非本体意义上的史学史，即，它是作为历史学家研究对象的史学史学科建制，而不是作为历史学家生存状态的史学史实践过程。

因为从理论上说,任何历史之所以成其为历史,都必然有一个相对稳定的结局。所以,第三种历史所造成的"悬念"就不是指的这种历史的既定结果,而是指的这种历史在其展开过程中所产生的种种复杂有趣的具体环节和关键转折。借用一个军事术语来表述就是,第三种历史所产生的"悬念"不是战略上的"悬念",而是战术上的"悬念"。这就如同在某场不可避免的战争爆发之前,战争本身已处于公开或半公开的状态,在这种情况下,尽管要达成战略上的突然性和保密性是不可能的,但要达成战术上的突然性和保密性却仍有其可能。所以,虽然第三种历史无法使自己所描述的整个历史结局具有某种普遍的悬念性,但却无疑可以使自己所描述的整个历史过程充满某种诱人的悬念性。况且,第三种历史的悬念往往也有两层含义:一是指历史过程之中的某些特定复杂环节所必然包含着的模糊性、未知性和神秘性;一是指历史结局所必然包含的某些永远悬而未决的可能性、多向性和不确定性。在这方面,第三种历史显然具有一种得天独厚的独特优势。第三种历史的许多作品都卓越地表现出这种令人印象深刻的悬念技巧和悬念思考。

在第三种历史中,个性与风格不再是作品和文本的无关紧要的因素,而成为张扬作品和文本内在意蕴的一种基本条件。所以,从总体上看,第三种历史的文本结构大都具有一种惊人的随意性和灵活性。这是第二种历史的文本所不可比拟的。一般说来,第二种历史的文本往往显得过于刚硬,而缺少必要的弹性。如果把第二种历史比喻成历史文本的硬件,那么,第三种历史仿佛就像历史文本的软件。并不是说软件绝对比硬件更重要,而是说由于缺乏对软件的深刻认识,故而软件便显得更为重要。事实上,文本结构的随意性和灵活性无疑使作者更容易直接切入历史事件内部去对其本质加以体认和领悟。它给人的感觉是:它仿佛是从历史地层深处喷发出来的炽热岩浆,具有一种摧毁一切的语言力量和思想强度。而这二者恰恰是激情与哲理的表现。显然,这是第二种历史那种过于学院化的文本形式所望尘莫及的。

显然,千篇一律的学院式文本早已不能适应时代的精神需要,所谓时代的精神需要也就是时代精神的需要。历史知识和历史观念作为被第三种历史从第二种历史那里解放出来的精神力量和反思形式,正在不可阻挡地深入到现代社会的每一个角落,正在声势浩大地占据着现代人类的心灵空间。现实与历史已经不再继续被虚伪的语言所分裂和肢解,生活本身也越来越多地打上了历史的印迹。第三种历史全力以赴地搅动着这一切,并不是为求得一个最后不变的结果,而是为了满足自己那种纯正的兴趣。它的所作所为都是为了这些。

第三种历史把历史尽可能地加以全面展开。第三种历史从壁垒森严的历史缝隙中发掘出来的细节、数字,乃至只言片语,都足以扎破被第二种历史无耻吹大的气球。较之于第二种历史的那种惯有的抽象结论而言,第三种历史更多的是一种无比丰富的真实过程。如果说第二种历史是对历史的压缩,那么第三种历史则是对历史的展开。

借助于第三种历史的巨大努力,历史正在逐渐摆脱教科书的陈旧面孔和历史学教授的古板声调而变得日益"生活化"和"日常化"起来。这是一次前所未有的历史知识的普及运动。历史知识借助于现代科学创造的成果和手段已经迅速地进入千家万户,成为家喻户晓、妇孺皆知的事情。第三种历史对此趋势更是不遗余力地推波助澜。历史不再为历史学教授和历史教科书所垄断。历史像一股从历史教科书的职业禁锢中释放出来的原始自然力一样,在瞬刻之间爆发出惊天动地的核威力。

二

第三种历史为人物留下了更大的空间,使人们可以各个角度、各个侧面、各个层次去充分描写历史人物的真实性格和复杂心理。心理学和精神分析学在第三种历史中要比在第二种历史中更有应用价值和发展前途。第三种历史彻底改变了第二种历史那种只写事而不写人的做法，而确定了人在历史上的中心地位。第三种历史使史学成为新人学。因为历史学所说的"人"是历史的人，所谓历史的人就是完整的人和全面的人，而不单纯是"经济人"或"道德人"抑或政治的动物或劳动的动物。同时，所谓历史的人，也就是真实的人和生活的人，而不是文学作品中虚构出来的典型人物。在这里，所谓真实和生活并不是艺术性的"真实"和文学意义上的"生活"，而是指的真实本身和生活的原形态。毫无疑问，历史比任何一个文学形象都更真实，比任何艺术都要真实千百倍。理由无它。因为历史就是真实本身。所以，历史的人就是无须任何艺术加工和文学提炼的"完人"和"全人"。历史学只要把这种历史的"完人"和"全人"不加歪曲和粉饰地写出来就自然成为真正的人学。历史学所说的真实是历史的真实，是最高的真实，是真实的原形态。文学所说的真实是艺术的真实，是较高级或较低级的真实，是真实的次形态。文学是人学，史学也是人学，区别在于：文学是**旧人学**，史学是**新人学**；①文学是抽象的人学，史学是具体的人学；文学是片面的人学，史学是综合的人学。

说第二种历史见事不见人，并不是一笔抹杀第二种历史里面的大量人物传记和洋洋大观的"二十四史"所自有的正当价值。问题不在于第二种历史确确实实写了人，而且是写了相当不少的人，甚至，问题也不在于第二种历史确实在某些情况下曾经把人放在历史主体的地位，而在于第二种历史是把人写进了事里面，而不是把事写进了人里面。

历史的个性、历史人物的个性、历史学家的个性，在第二种历史

---

　　① 参见雷戈：《史学与人学》，《重庆师院学报》，1998 年第 1 期。

中,几乎无一例外地被种种体例、笔法、形式、话语等无数清规戒律所腐蚀和磨平,剩下的则是味同嚼蜡、毫无趣味的平板一块的事件和人物在眼前走马灯似的过来过去。当然,也有某些例外,如司马迁的《史记》和修昔底德的《伯罗奔罗尼撒战争史》、塔西佗的《历史》、《编年史》以及吉本的《罗马帝国衰亡史》等均是一种十分罕见的例外,但即使是这种例外也不能完全脱离第二种历史的总体框架,也必须将之放到第二种历史的广阔背景下去全面定位。况且,这些例外本身包含的因素也相当复杂,它们大都是凭借历史学家个人的非凡天才和卓越禀赋而精心建构出来的鸿篇巨制。由于他们的伟大独创性,在某种程度上,他们便得以有可能或多或少地突破和超出第二种历史的总体框架而独行其事,表现出令人惊叹不已和记忆犹新的睿智和深刻。毫无疑问,某些个别历史学作品的睿智和深刻与第二种历史的基本性质无关。相反,它们正是以一种特定的反例的形式印证了第二种历史的种种话语、习惯、传统、体例、笔法等因素对个性和体验的严重削弱和普遍压抑。

第三种历史和第二种历史的显著不同之处在于,它不但要写出历史,而且还要同时写出"写历史"的人。这样,写历史的人便与历史本身处在同一个平等的地位上,并进行着种种饶有趣味和引人入胜的直接对话。历史的意义由此而来,写史的价值也由此而生。

不言而喻,第三种历史的作者都是生活中人,都是世俗得不能再世俗的凡夫俗子,而不是生活在与世隔绝的世外桃源和不食人间烟火的蓬莱仙阁,所以,从第三种历史中,你能异常清晰而又亲切地感觉到生活的欲望、人性的本能、时代的激情、理性的不满等等一起涌现在你的心头脑海,折腾得你彻夜难眠,迫使你苦苦思索着它告诉你的一切。它的话语没有约束力。它的语言并不是命令。它并不强迫你跟着它走。你有你自己的思想。你有自己的感觉。你有坚持自己思想的权利。你有跟着自己感觉走的自由。尽管如此,你却仍然迷恋着它。它

131

所说的话好像有一种魔力,好像是一种咒语,好像是一种预言,好像是一种暗示,好像是一种神谕,好像是一句大白话,好像是一首诗,好像是一个比喻。又好像什么都不是。但你依然为它所吸引。它的话在常识之中透出睿智,在平淡之中透出深思,在随意之中透出庄严,在幽默之中透出卓识。所以,你很难弄清楚,究竟在多大程度上,你曾经受制于第三种历史的文本和话语这种纯形式性的诱惑。第三种历史曾以纯形式性征服了人们,但究其实质,它的内容却仿佛是一种潜在的东西而早已不知不觉地融入了人们的意识之中。所以,历史总是一种人们所意料之中的东西,同时,历史又总是以一种人们意料之中的方式改变着人们的意识,并提供给人们一种出乎意料的价值和启示。

第三种历史深明此理,深谙此术,故而能够捷足先登地占领现代社会的知识市场,成为历史知识中最畅销的时髦商品。第三种历史的作者把作品当作产品来看待,要求自己的作品进入市场并能占领市场。赢得市场也就是赢得读者,赢得读者也就是赢得人心。但要做到这一步,就必须首先完成由作品向产品、由产品向商品的深刻转变。所以,商品意识和市场观念便成为历史学家必不可少的心理准备。好在在这方面,第三种历史的作者具有较大的先天优势。他们心里完全明白自己的作品在当今社会上的实际需要和真实地位。他们所维系的只是自己心目中念念于斯、耿耿于怀的那么一种理想价值如何才能使之不坠于地而已。所以,他们以达观的态度看待自己的作品以商品的形式被摆在大街小巷的书摊上与其他花花绿绿、五颜六色的报刊杂志并排一起招徕读者。

就目前所看到的情况而言,很少见到有哪几本第二种历史的作品被堂而皇之地摆在了不起眼的私人书摊上。它们的位置大都是在国营书店里的无人光顾和问津的偏僻角落和尘网密布的书柜底层。这倒不光是因为第二种历史的作品学术性、专业性太强,过于专门和艰深的缘故,而主要是由于它们太学院化、太学究气。因为学院化、学究气同学术性并不是一回事。第三种历史同样也追求一种学术性,但这种学术性却必须是一种充满时代精神和个性风格的学术性,而不是第二种历史那种人云亦云、众口一词、毫无独立见解和批判精神的**虚假学术性**。所以,第三种历史既不会为了迎合某些读者的低级口味和庸俗需要而改变或放弃自己的真理信念,也不会刻意追求某种阳春白雪式的高深境界。第三种历史最大的特点之一就是少忌讳。第三种历史从不提心吊胆地忌讳什么。它既不反对自己的作品进入象牙之塔,也不反感自己的作品能流入街头巷尾。它认为历史应该面对所有人,应该属于所有人。历史来源于人群,又回归于人群。没有比这更惬意的事情了。第三种历史不是要切断历史与人群的联系,而是要沟通历史与人群的联系。这种联系的形式和载体就是完全商品化的历史书籍。它既可以供在书院,也可以置入社会。第三种历史既不想顾此失彼,又不想平均搭配。第三种历史有自己的理想和倾向。它更看重普通人对自己的评价,它更在乎自己在普通人心目中的地位。所以,好的史书不在于以什么面目出现,不在于出现在什么地方,不在于被摆在什么位置。其实,同样一本书,不管是整整齐齐地摆在国营书店的柜台里,还是随随便便地扔在私人书摊上,其固有价值绝不会差距太大。这只不过是一种历史作品的商品化的不同表现形式而已。历史成为商品。历史价值成为商品价值。这需要庆幸还是需要悲哀?第三种历史并不打算直截了当地回答这个似是而非的社会问题。因为它需要生存。它需要在现代条件下顽强地生存下去。它所做的一切都是为了达到这个生存的目的。为此,第三种历史就需要认真地面对商品浪潮的冲击,做好充分准备以保证自己所追求的历史价值与历史真理能够打入过于拥挤的商品市场,为人们所接受。历史价值与历史真理毕竟是高贵的,不管商品化趋势使之变得如何庸俗和廉价,它的固有价值永远不变。即便是迫不得已地混杂于那些不伦不类、乱七八糟的书籍中间,它也仍能够出淤泥而不染,保持着浩然正气和坦荡理性。

三

第二种历史与第三种历史的根本区别不仅是在于研究什么,而且更在于如何研究。所以,第二种历史也可以写出风俗史、婚姻史,而第三种历史同样可以写政治史、外交史。在这点上,第三种历史显然已超出了"社会史"的有限范畴。但它又不是年鉴学派意义上的"总体史"。因为第三种历史独特的总体历史眼光使得它似乎更偏爱"事件史"。布罗代尔则对"事件史"给予坚决否定。"传统的'事件史'的根本缺陷就在于罗列某些'轰动新闻'式的政治事件,并在其中寻找历史变动的因果。实际上,在人类群体及其历史的演进中,'事件'只属'次要地位'。"①不过,在我看来,这种表态只能说明年鉴学派不看重"事件"以及年鉴学派的史学方法不善于或不适用于描述和分析"事件"。它实际上显示出年鉴学派的基本局限和不足。② 而第三种历史不仅能够用于分析各种"非事件性"的历史,而且同时能够用于描述各种"事件性"的历史。因而我们说,第三种历史较之于年鉴学派的长时段理论显然有着更为宽阔的视野和更为开放的眼光。

当然,一般而言,第三种历史大都倾向于或偏爱于那些政治题材和战争题材抑或外交题材的写作。这是因为,政治题材、战争题材和外交题材迄今为止一直是整个人类文明史的核心因素,它涉及面广,影响深远,波澜壮阔而又激动人心,它们包含的每一个不起眼的琐碎细节仿佛都是一种意蕴无穷的神秘暗示,它们包含的每一个无关紧要

---

① 陆象淦:《现代历史科学》,第 227 页。
② 当然,就西方史学史的最近进展观察,年鉴学派对自身之局限和偏颇已有相当程度之反思。年鉴学派第三代史家进行的"新史学"实践以及撰写的"心态史学"著作表明他们已经逐渐开拓出一片更为广阔的历史领域。

的偶然因素仿佛都是一个举足轻重的必然环节。它最容易使人调动起自己的全部经验和想象去理解和体验历史的变化和永恒。

第三种历史不是哲学史,但它应该具有一种哲学的气魄;同样,第三种历史也不是文学史,但它应该具有一种文学的风采。重要的是,哲学的思辨性与文学的抒情性绝不应该仅仅成为第三种历史的外在装饰,而应该成为第三种历史的内在精神。第二种历史的功能在于重复和强化人们的历史记忆和历史知识,第三种历史的功能在于发现和唤醒人们的历史感和历史意识。不断地追求对历史有一种新的体验和领悟,正是第三种历史的目的之所在。第三种历史不是把历史看成一种什么样子,而是坚持历史本来那个样子。换言之,第三种历史不是首先从认识论的角度来判断历史获得的性质,而是首先从本体论的角度来确定历史的自在本质。

第三种历史第一次在真正意义上为偶然性的历史价值提供了实实在在的证据,第一次在直接意义上为普通人的历史存在保留了一席之地。通过第三种历史,我们第一次明白无误地知道了偶然性因素究竟实怎样在必然性车轮的飞速旋转中起着一种润滑剂的特殊作用,我们也第一次深临其境地真切感觉到了普通人在一个多灾多难的历史时期所不得不承受的那些种种难以诉说的痛苦、忧伤、愤怒和绝望。总之,第三种历史体现了这样一种原则,为偶然性正名,为小人物立传。小人物就像是历史这架庞大机器上的小螺丝钉,虽然默默无闻,但一旦不复存在,那么转眼之间,隆隆作响的巨大机器就会变得哑然无声。所以,小人物虽然不是历史的决策者和推进者,但却实是历史的维持者和保存者。

从表面上看,第三种历史并不对历史肯定什么和确认什么,但实质上,第三种历史却在这种对历史的无所肯定和无所确认之中就已经对历史作出了最高的肯定和真正的确认。本质上,这也正是第三种历史与第二种历史的内在区别之一。因为,第二种历史的特点是特别喜欢在不明真相的情况下就急不可耐而又自以为是地对历史作出各种令人啼笑皆非的定论。由于第二种历史随随便便作出的肯定性结论太多,便导致了它的信誉下降。人们已不再轻率和盲目地相信第二种历史信誓旦旦、振振有词地向人们曾经作出过的种种无法兑现的承诺、保证和肯定。第三种历史从不这样干。但这并不等于说第三种历史的立场是相对主义的或投机主义的。因为,第三种历史恪守的一贯立场是宽容、开放、平等。

第三种历史的作品许多都是一种探险精神的写照。作者对未知的历史新大陆的探险勇气和欲望相当令人钦佩。每当他们发现一处被人遗忘的历史环节和一个令人震惊的历史细节时,他们总会欣喜若狂,他们那种激动之感丝毫也不亚于天文学家发现一颗新星或古生物学家发现一个新奇物种之后所产生的兴奋之情。

第三种历史往往能以出乎意料但又合情合理的方式触及甚至把握到历史内部的深层本质,在这点上,第二种历史则常常显得力不从心。如果把历史本身比作一幅长长的画卷的话,那么第二种历史只不过刚刚打开了它的一个小角。而更多的引人入胜的场景和画面则还有待于第三种历史去加以展示。① 第三种历史最大程度地展现出文明的内涵和文化的精神,它最有力地使人成为文化的,同时又最充分地使文化成为历史的。历史与文化、文化与人、人与个人作为经久不衰的多重主题交相辉映于第三种历史的宏伟形态之中。一位历史学家评论说:

> 历史的范围一直在逐渐扩大,直到它包括了人类生活的
> 每一个方面。现在没有人敢再同意西利和弗里曼的主张:前

---

① 比如对恐惧史和感官史的研究就表现了第三种历史的特有魅力。这方面的最新代表作有孔飞力的《叫魂——1768 年中国妖术大恐慌》(上海三联书店 1999 年版)以及阿兰·科尔班的《大地的钟声——19 世纪法国乡村的音响状况和感官文化》(广西师范大学出版社 2003 年版)。

者说,历史是列国的传记;后者说,历史是过去的政治。各民族和帝国的成长、活动家的功绩和各党派的兴衰,依然是最能吸引历史家注意的问题。但是,自然界的影响,经济因素的压力,思想和理想的起源和转化、科学和艺术、宗教和哲学、文学和法律的贡献、物质生活条件以及群众的命运,这一切现在也同样要求历史家的注意。历史家必须不断地观察生活,也必须全面地观察生活。①

第二种历史非常注意强调记忆本能在历史学中的基础作用,因为第二种历史差不多就是建立在记忆这种本能的基础之上的。第三种历史则特别注意强调观察能力在历史新闻学中的普遍作用,因为第三种历史在大多数情况下都是依靠观察而不是依赖记忆去判断历史的。当然,这里面也不可避免地涉及两种不同的价值取向,即第二种历史的目的主要是通过回忆去恢复历史真相,而第三种历史的目的则主要是凭借观察去发现新的历史。在这里,显然存在着两种截然不同迥然殊异的价值规律。基于这两种完全有别的价值规律,第三种历史与第二种历史便表现出各自独立的形态和风格。第三种历史是分析,第二种历史是考证;第三种历史是著作,第二种历史是编纂;第三种历史是描述,第二种历史是评价;第三种历史是解释,第二种历史是论证;第三种历史是现场报道,第二种历史是事后说明;第三种历史强调对现实事物发展的历史进程作出预见和判断,第二种历史则主张对过去历史事件的具体结果作出结论和评价。显然,第三种历史是有很大的风险性的,而第二种历史则毫无任何风险性可言。第三种历史要求对自身的解释和观点承担必要的现实责任,第二种历史则可以轻轻松松地不必承担任何责任。第三种历史追求的境界是在理解一种正在进行当中的现实事物时所必然具有的极高风险性所给予它的那种至高无

① 古奇:《十九世纪历史学与历史学家》下册,第859页。

上的强烈快感和深刻体验,第二种历史追逐的目标则是在研究一种早已消失了的历史事件时所必然具有的保险系数极高的条件所给予它的那种患得患失的安全感和胆怯感。**如果说第三种历史是对未来命运的挑战和对未知世界的征服,那么第二种历史则是对过去传统的信奉和对已知世界的认同。**

一般来说,第二种历史并不直接提出什么历史问题,它们总是满足于或习惯于对原有的和现成的历史问题作出巧妙而又精致的解释和说明。第三种历史则不是这样。这是因为,第二种历史的主要工具是历史观和历史方法论,而历史观和历史方法论的功能主要是用于解释问题和说明问题的,而不是用来发现问题和提出问题的。与此相反,第三种历史之所以善于提出问题和发现问题,在于它的主要工具是历史感和历史意识。因为历史感和历史意识的本质是生命的、直觉的、体验的。而这些恰恰是提出问题和发现问题的关键环节。

第三种历史的崛起意味着历史感的觉醒和历史观的衰落。它启示人们,任何一种历史观都是有局限的,都不能一成不变。在某种意义上,不妨辩证地说,历史感的觉醒恰恰是对历史观的日趋僵化和教条所作的质疑和否定。同时也只有当历史观丧失了它往昔的那种高高在上不可一世的大一统权威时,一种更能表现和反映自由心灵冲动变化的历史感才会应运而生。

第二种历史虽然口口声声说是写给所有人看的,但只有专门的职业人员才会对它感兴趣。相反的情景则是,第三种历史虽然也标榜是写给所有人看的,但对于专门的职业学者则似乎更具有一种特殊的意义和吸引力。所以,在第三种历史的视野里中,一般不存在有什么职业的与非职业的区别。它认为历史研究是全社会的事业,正像历史活动是全人类的事业一样。**过分职业化的结果只能使它变得更加非社会化**,只能使它逐渐丧失与广大社会的有机联系,只能使它完全脱离社会的总体需求,只能使它变得更加缺乏具体的社会属性,从而处于四面楚歌、孤立无援的自杀境地。

四

可以用一个比喻来说明第三种历史和第二种历史的不同特征。第二种历史就好像舞台上表演的戏剧,第三种历史则像是银幕上演出的电影。在观看舞台上的戏剧时,观众与演员的距离是固定不变的,角度也是单向的,舞台上的布景和道具也是极为贫乏、单调甚至虚假的,演员的动作是程式化的,同时也是不自然的;演员的面孔是脸谱化的,同时也是模糊不清的;演员的台词是夸张性的,同时也是矫揉造作的。由于观众与演员、与整个舞台之间的关系都处于一种不可改变和移动的**等距离状态**或**均衡距离状态**,这样便从总体结构上和宏观秩序上就决定了观众与与演员之间只能保持在一种若明若暗、若即若离的犹豫和困惑的关系中。这种似是而非的关系性质既使得观众不能真正走进演员和戏剧,以便直接进入到剧情的氛围之中和演员所表演的人物角色的心灵深处去全身心地投入和忘我地体验;同时又使得演员和角色难以真正进入到观众的内心世界和情感视域,从而起到感染、启示和沟通的作用。对于台下聚精会神的观众来说,演员和角色无异于他人,剧情和内容则更是无异于一种异物。观众与演员和角色之间的这种僵硬对峙清楚不过地表明了戏剧本身的先天局限性。因为它根本无法改变自身与观众之间的那种单一而又冷漠的远距离关系。电影就截然不同了。电影与观众之间的关系完全是另外一种全新性质的关系。虽然观众还是观众,但观众与欣赏对象之间的关系却整个改变了,而发生了划时代的变化。这种变化有着极其丰富的内涵。比如,观众与演员之间的距离不再在一个僵硬不变的尺度上,观众能够从多个视角去审视人物角色,同时,电影充分运用了形式多样的变化手法,如慢镜头、快镜头、长镜头、短镜头、特写镜头、特技镜头等各种蒙太奇技巧，淋漓尽致地、惟妙惟肖地、栩栩如生地展示和表现了角色的矛盾心态和复杂性格。电影较之于戏剧更贴近于实际生活。它的服装、语言、声响、动作、背景、环境均直接以生活为蓝本，而不是像戏剧那样总是与生活隔着一层。即使有所夸张，电影所制造的夸张也是更逼近生活，而不是像戏剧式的夸张那样更远离生活。戏剧的节奏是均匀的，是按照一种古典式的时间观在作着一种匀速直线运动，它既无大起大落的时间变形，也没有跳跃和断裂的时间交叉和叠压。电影则不然，它尽可能地打乱了时间的单一线型秩序，它把时间揉成一团，然后再从中找出新的逻辑线索。电影的节奏是明快的、强烈的、张扬的，而不是松弛的、收敛的、拘谨的。戏剧使人从生活中退回到某种特定的建筑空间里面去接受它对人的存在所做的固定安置。电影则使人从某种特殊的建筑结构中走向生活，从而去重新寻找属于自己的位置。电影把舞台上的背景扩大到无限，电影的开阔与纵深都是舞台那有限的空间所无法比拟和想象的。尽管舞台以有限象征着无限，但无限本身却并没有直接显露出来。但电影却表现出了无限感，无限在电影中第一次直接显现出来，成为征服观众视觉和感觉的强大冲击波。当电影运用特写镜头和特技镜头把角色直接推到观众的眼前时，观众便会不知不觉地成为其中的一个角色，会自然而然地将角色视为自我，电影的蒙太奇手法使观众与角色合二为一，难分彼此，心灵的沟通、感情的共鸣、思想的交流、语言的传递、幸福的分享等等便都是势在必行的趋势和要求，随之而来的则是双方灵与肉的融合与对话，这样，精神的最高境界就水到渠成地得以实现。

此外，我们还可以作另外一个与此相类似的比喻，即我们可以将第二种历史和第三种历史的关系比喻成广播与电视的关系。广播的功能是单一的，它只能让人听，而不能让人看。电视的功能则是双向的，既能让人听，又能让人看。在这个意义上，不妨说，**第二种历史仅仅是供人"听"的历史，第三种历史则是既能供人"听"又能供人"看"**

的历史。作为单纯"听"的历史,第二种历史无疑还保留着那种较为原始和古朴的粗糙形态,即古典式的"说史"形态,也就是那种"瞽史"形态,它是由盲人口传下来的,它的基本形式是"说"与"听",即瞽史说,观众听。**听与说联系在一起,是同一个古典阶段上的东西。**"听"的历史也就是"说"的历史。在这个阶段上,无论是"听者"(即"听"历史的人),还是"说者"(即"说"历史的人)都同所"**听**"与所"**说**"的历史无关,这种所"说"与所"听"的历史都是早已发生的往事,同他们这些"听众"和"说客"没有任何关系,他们仅仅是旁听者,仅仅是传说者,仅仅是道听途说者。作为道听途说者,他们既没有心思去刨根问底地追究这些所"说"和所"听"的历史是否真实可信以满足自己那旺盛的求知欲与好奇心,也压根没有打算去参与到这些道听途说来的历史之中以满足自己那创造历史的凌云壮志。他们仅仅满足于此,满足于作为一个单纯的旁听者和传说者,满足于作为一个不负责任的缺乏想象力的道听途说者。这只是事情的一个方面。另一方面,**作为道听途说来的历史,它的存在形态就是这种道听途说,即在道听途说中存在着的东西,即存在于道听途说之中的东西。**在这种历史构成形态中,"道"与"途"绝不仅仅是一种简单的空间场所或自然环境,同时,它肯定还是一种意蕴丰富关系复杂的时间系统和人文结构。"道"与"途"成为历史的来源,成为的历史的发源地,成为历史的中转站,成为历史由遥远的亘古过去通向现在和未来的绵延不断的永恒驿站。于是,在这里,"道"与"途"就由原来的直观的**物性实体**转化成了想象的**心性本体**。"道"与"途"不再是一段有限的空间距离,而成为一种无限的时间秩序。象征由此诞生。"**道**"与"**途**"作为特殊的象征体系在代代不绝的历史传说中就演变成了普遍的**历史本身**。① 作为历史本身的

---

① 注意,这里出现的"历史本身"同作为现实的历史本身不是同一个意思。这里出现的"历史本身"只是习惯意义上的用法,而非本体论意义上的历史本身。

象征体系，"道"与"途"进而还获得了这样一种日常意义，即，"**道**"与"**途**"本身仿佛就类似于或等同于**历史道路**，即历史自身的发展轨道和进化之路。

道听途说者以道听途说的方式创造着和保存着这种象征着历史道路的历史。道使人听，途使人说。历史就以这种生生不息的循环形式生成着、演绎着。道听途说的本质在于，它是一种与自己无关、与现实无关的传奇故事和神秘往事。任何严肃追究和艰辛的探索都是不必要的。同样，任何深刻的怀疑与彻底的批判也都是不可能的。第二种历史就以这种道听途说的方式存在着、延续着。令人惊奇的是，**第二种历史不但产生于这种道听途说的过程，而且，它至今还停留在这种道听途说的阶段**。道听途说成为第二种历史的本质。而广播在某种并非附会的意义上则差不多就是这种道听途说的直接变种。广播把人们限制在一种单纯的"听"的渠道中，使人们的视觉不能得到健全的发展和正常的发挥，久而久之，人们的感觉力和判断力就变得片面和残缺不全起来。一旦失去了完整的感觉能力和判断能力，人们就再也无法对任何历史事件和现实事物作出任何有价值的分析和评论。在这个意义上，广播实际上就是道听途说的第二种历史的现代表现形式。这种道听途说式的第二种历史的最大缺陷和弊端就是致命地削弱了人们对历史的直接参与感，埋没了人们亲自去创造历史的勃勃雄心。它要求人们仅仅做一个毕恭毕敬的历史传说的忠实听众，做一个对历史故事永远不会产生任何好奇心永远不会提出任何奇怪问题的老老实实的本分学生。第二种历史给人们规定的角色身份就只有这么别无选择的两种：传说者与旁听者。传说者是盲人、是瞎子，因为他们根本看不到历史的任何真相，而只是在那里信口开河的肆意胡说。旁听者是残疾人、是瘸子，因为他们没有能力去参与历史的创造进程，没有能力去改变历史的发展结局。他们永远只是历史结果的既定承受者和消化者。历史之于他们那过于孱弱的胃口完全是一颗永远消化不了的苦涩果实。但第二种历史又使他们无法摆脱这种令人难堪和不安的绝望境遇。

幸运的是第三种历史诞生了。第三种历史不再以道听途说的方式到处招摇撞骗，哗众取宠。第三种历史有自己的强大实力。因为第三种历史把人们带到了一种前所未有使人耳目一新的"看"的景观之中。电视只不过是展示第三种历史所"看"出来的这些诸多景观的一个醒目窗口而已。很显然，"看"的历史与"听"的历史之间的差别之大，虽然不能夸张成天地之别，但也完全可以恰如其分地说成是**常人**与**盲人**之间的不同。同时，正像第三种历史是"看"的历史，它便必定能够教会人们怎样去"看"世界、"看"生活、"看"人自己。人类太需要有一双眼睛了。明察秋毫对于人类已不再是一种渴望、梦想，而开始逐步变成一种辉煌无比的现实。这要感谢电视。但电视却是第三种历史的产物。电视的功能主要是拓展第三种历史的现实领域，使它们由人们的日常生活走进人们的心灵深处，成为人们的新感觉和新经验。如果和第一个比喻联系起来，我们就会发现，较之于电视，电影反而又成为第二种历史的范畴。在固定场合同许许多多的其他陌生人一起整齐划一地观看同一部电影，和在自己家里在几十个甚至更多的电视频道中随心所欲地选择自己最喜欢看的节目，或坐在客厅沙发上看，或躺在卧室床上看，这二者显然是完全不同的。相较而言，看电影基本上是一种在公共场合的公共行为，而看电视则完全是一种在私人空间的私人行为。前者的公共性意味着更多的强制性、规范性和统一性，后者的私人性则意味着更多的选择性、自由性和随意性。也就是说，电视和看电视已经更深地进入到了生活的日常层面，而更自然化和私人化了。而这一特点恰恰是第三种历史的特点。这就意味着，从一开始，第三种历史就自觉地把自己定位于去尽可能地关注那些由于种种原因而被无理地排斥和摒弃于第二种历史视野之外的无比丰富的现实内容。

最后，不妨再借用一个古老的典故来从另外一个角度进一步阐释第三种历史与第二种历史的差异。如果说第二种历史给人们提供的是"所闻世"和"所传闻世",那么第三种历史给人们提供的则是"所见世"。需要加以说明的是,在这里,所谓"所见世"与"所闻世"和"所传闻世",都已不再是一种纯粹的时间概念,而是一种真正的历史概念。所以,所谓"所见"并不局限于人的目力所见或亲身所见,同时,它还包括他人所见。所以,"所见"之"见"与"所闻"之"闻"都只是一种比喻和象征的说法,并不拘泥于它原来的传统含义。因为按照第三种历史的眼光,它不仅能够"看"到和"见"到近在眼前的东西,而且还能"看见"远在天边的东西,它把一分钟前的历史与一千年前的历史统摄在一种宏大广博的景观之中加以总体领悟。所以,第三种历史既能"看见"一分钟前刚刚发生的历史,又能"看见"一千年前早已发生的历史。无论是一分钟的历史还是一千年前的历史,无一例外都是第三种历史的"所见世"。相反,对于第二种历史来说,它只能局限于"所闻"和"所传闻"。无论是一分钟前的事情还是一千年前的事件,对于它都只能是一种纯粹的"所闻"和"所传闻",而绝不可能是一种真正的"所见"。因为它本质上只是"听"与"说",而根本无所"见"。正像"所见"是第三种历史的本质一样,"所闻"和"所传闻"只能是第二种历史的本质。"见"与"闻"内在地划分出了第三种历史与第二种历史的界限。这就决定了哪怕是近在眼前的东西,第二种历史也只能是"所闻"和"所传闻",即视而不见,而绝不可能有任何"所见"。正因为这样,被第二种历史的"所闻"和"所传闻"发现不了的东西,必定能够为第三种历史的"所见"所发现和揭示。这是命运。第三种历史如同圣徒一样,现在终于有可能走上了通向历史本身的圣路。

五

马克思在为自己的《路易·波拿巴的雾月十八日》所写的"第二

版序言"中曾有过一个说明。① 它包含了三个方面的内容。而这三个方面的内容又都无不涉及第三种历史的根本特征。第一，马克思说明了他这部历史著作的写作方式和材料来源，"本书是根据对于事变的直接观感写成的"，这正是第三种历史对历史学家的基本要求，而"其中所研究的历史材料只是截至 1852 年 2 月止"，②又恰恰符合历史新闻学对历史作品所使用的材料的一般要求。第二，据马克思所说，在他写这部著作的同时，符合第三种历史规定的作品至少还有两部，即雨果的《小拿破仑》和蒲鲁东的《政变》。而马克思所写的这部《路易·波拿巴的雾月十八日》则只不过是当时有关这个题材的众多的第三种历史中的最为出色的一部而已。第三，马克思在批评蒲鲁东时提出了自己写作历史的一个基本原则，这个原则实际上也就是第三种历史的原则。这就是，在对事件进行历史说明时，必须避免和克服对事件主人公进行任何不自觉的历史辩护。毫无疑问，这个原则完全正确。尽管如此，我们似乎并没有多少过硬的有说服力的理由以此（即以这个原则为根据）去否定其他各种形式和各种观念的第三种历史。也就是说，我们不能以马克思为自己的《路易·波拿巴的雾月十八日》所制定的历史原则为唯一标准而去轻率否定雨果的《小拿破仑》和蒲鲁东的《政变》。因为不管怎么说，《小拿破仑》、《政变》和《路易·波拿巴的雾月十八日》都属于第三种历史。而第三种历史则是绝对开放性的历史形态。它无条件地允许和赞成任何一种立场、观点和形式的历史作品都可以自由、平等地存在。它无条件地肯定任何一部历史作品都有其不容置疑的存在理由和存在价值。

所以，虽然马克思在自己的《路易·波拿巴的雾月十八日》中所提出的历史原则是有其合理性，但我同时也相信，雨果的《小拿破仑》和

---

① 《马恩选集》第 1 卷。

② 稍有历史常识的人都知道，这个喧嚣一时的事件发生于 1851 年 12 月 2 日，而马克思这本书则写于 1851 年 12 月—1852 年 3 月。

蒲鲁东的《政变》同样有着不可否认的独特价值。这种独特价值在于，雨果侧重于对事件主人公的人格、人性和道德的具体描写，它无疑包含有更为丰富和细腻的心理体验和人性思考。而蒲鲁东则力图通过一种纯粹客观的手法去展示事变本身的超人格性力量以及事变所带来的反人性的恐惧气氛和灾难后果。这些，我想，《路易·波拿巴的雾月十八日》不可能把它们全都包括进来。同时，更重要的是，凡此种种对于我们理解那段可怕的梦魇一般的历史绝非毫无价值和用处。因为，对人性的思考、对苦难的抗议，永远都是充满深刻启示性的。第三种历史应该使自己最大限度地成为富有启示性力量的作品。因为，思索人性、关心苦难，这从根本上符合人类对幸福和自由的永恒追求。

恩格斯在为《路易·波拿巴的雾月十八日》所写的"第三版序言"中说，马克思"这幅图画描绘得如此精妙，以至于后来每一次新的揭露，都只是提供出新的证据，证明这幅图画是多么忠实地反映了现实。他对当前的活的历史的这种卓越的理解，他在事变刚刚发生时就对事变有这种透彻的洞察，的确是无与伦比"。① 另外，恩格斯在为马克思《法兰西内战》一书所写的"1891年单行本导言"中，称赞他"在伟大历史事变还在我们眼前展开或者刚刚终结时，就能正确地把握住这些事变的性质、意义及其必然后果"。公社最后一批人员殉难后仅仅两天，"马克思就向总委员会宣读了自己的著作。他在这部著作中，把巴黎公社的历史意义用简短而有力的几笔描绘了出来，但是描绘得这样鲜明，尤其是描绘得这样真实，以至于后来所有关于这个问题的全部浩繁文献都望尘莫及。"②

我觉得，恩格斯对马克思的史学才能所作的高度评价不应成为我们迷信个人天才的证明。事实上，马克思的这种史学才能恰恰是第三

---

① 《马克思恩格斯选集》第1卷。
② 《马克思恩格斯选集》第2卷。

种历史的本质体现。甚至不妨说,正是第三种历史赋予给了马克思这种非凡的史学才能,使他得以能够超人地洞察历史事变的全部联系和必然结局。所以,恩格斯在这里对马克思的史学才能所作的准确评价,必须被看作是恩格斯对于第三种历史的本质精神的正确理解和合理阐释(尽管恩格斯本人对第三种历史毫无任何自觉意识)。毋庸置疑,马克思的史学才能正是对第三种历史的独特优势的有力证明,而恩格斯对马克思史学才能所作的解释又在客观上确立了第三种历史的行之有效的普遍原则。这就是,人人都有写出第三种历史的基本能力。因为第三种历史本来就是普通人的历史。

这一原则告诉我们,思考历史不能没有哲学,思考历史不能不成为哲学,思考历史不能不是哲学。正因如此,第三种历史便内在地包含有最为丰富和深刻的历史哲学。第三种历史为每一位历史学家创立和建构独具自己特色的历史哲学提供了前所未有的广阔的自由天地和平等场所。第三种历史试图消除哲学、文学、史学、新闻之间原有的学科界限和职业隔阂,并以一种新的思想形式来对哲学、文学、史学、新闻加以整合。在这里,作为次形态的第三种历史同作为原形态的历史本身一样,都是一个完整的世界和舞台。第三种历史诚实地邀请哲学、文学、史学、新闻在这里相会,尝试着举办一场气势磅礴、别开生面的大型音乐会,从而演奏出震撼人心的时代强音。它是失传千年的美妙天籁,是来自天堂的回声,像雷霆震怒一样激荡着过去、现在和未来。它从宇宙深处发出强烈的轰鸣,直至完全改观人类的现状和生活轨道。在这里,人类的生命起源初露端倪,人类的价值存在获得历史确证。人性变得庄严、崇高和辉煌。本质上,这一切都取决于人类怎样看待自己的历史和意义。

第七章　历史形态学

历史常被写错,因此总有重写的必要。

——桑塔亚那

每个伟大的人物都有一种能使事物回返的力量,因为他,整个历史再度被置于天平上,而成千上万过去的隐情和秘密都从它们藏匿的地方匍匐爬出——投到他的辉光之下。绝对没有人知道将来历史会是什么样子,就其本质而言,过去也许仍未被发现! 我们实在还需许多对一切重新诠释的能力!

——尼采

一

"形态"不同于结构、功能、系统、形式、体系、阶段等概念的含义。形态具有历史性和意义性。形态的历史性使历史本身成为原形态。形态的意义性使各种从意义本身派生出来的价值、诗性、诗意等均成为次形态。意义与价值的区别就在于前者是原形态,而后者是次形态。从形态的角度看,原形态是第一级形态,次形态是第二级形态。第二种历史和第三种历史均属于第二级形态。原形态不同于"原型"

148

这个概念。原型这个概念主要用于心理学、人类学、文化学、美学、文学等领域,而原形态则是我们用来建构历史新闻学或历史形态学的基本概念。

作为原形态的历史本身是一种**现实形态的历史**,作为次形态的第二种历史和第三种历史是**认知形态的历史**,或**文本形态的历史**。历史形态学既要研究历史本身的原形态,又要研究第二种历史和第三种历史的次形态。但就我们论域的主题来讲,主要还是研究次形态,其中的重点则又是研究次形态中的第三种历史。历史形态是划分第二种历史和第三种历史的基本范畴。所谓第二种历史也可以叫做"第二种形态的历史"或"第二种历史形态",所谓第三种历史也可以叫做"第三种形态的历史"或"第三种历史形态"。当然,第二种历史形态和第三种历史形态均属于历史的次形态。

第三种历史作为一种文本性的历史形态,它包括新闻、纪实文学、口述史学等等。第三种历史和第二种历史的区别是一种**形态性差异**。它涉及一系列诸如结构、形式、文本、话语等整体性因素。第三种历史是一种综合性的历史形态或整合性的历史形态,而不是像第二种历史那样是一种单一性的历史形态和散离性的历史形态。所以,理性与非理性,逻辑与想象,思辨与直觉,哲理与激情,统统都是建构第三种历史的不可分割的有机因素。

拉卡托斯说:"伟大的艺术作品可能会改变美学标准,伟大的科学成就可能会改变科学的标准。有关标准的历史就是标准与成就之间批评的(但不是过分批评的)相互作用的历史。"[①]在这个意义上,我们可以自信地说,**第三种历史有可能会改变历史的标准**,也就是说,第三种历史的文本和形态将可能彻底改变第二种历史的文本和形态对历史本身(也就是为认识历史和评价历史)而制订的一系列标准。

_____

① 拉卡托斯:《科学研究纲领方法论》,上海译文出版社1986年版,第281页。

　　首先我们要弄明白的是,第三种历史绝不是作为可资第二种历史加以引证、参考和利用的补充性的史料或文献,而是一种独立的历史形态。它当然具有一种补充功能,它当然是对第二种历史的补充,但它绝不是凭借对第二种历史的补充来作为自己存在的必然根据或唯一理由。本质上,第三种历史的存在并不以第二种历史的存在为其必要前提和基础,第三种历史仅仅是以第一种历史的存在为其存在的唯一根据。所以,第三种历史的存在与第二种历史的存在无关。尽管在客观上,第三种历史的产生与存在可能会对第二种历史的存在与发展构成某种必要的补充和推动,但这种补充和推动本身却绝对不是第三种历史得以可能的真正原因。明白这一点,我们就不会冒冒失失地将第三种历史视为第二种历史的附属品或附属物,就不会狭隘偏颇地将第三种历史降低到研究历史的第二手史料这样一个下等或次品的位置上。总之,第三种历史的独立性有待我们在彻底抛开第二种历史的思维定式和职业成见之后去重新认识。

　　第三种历史固然以非凡的勇气表现了将历史从学院式的历史教科书中解放出来的积极努力,但如果把这种具有伟大的民主化意义的积极努力简单地视为某种对历史知识的通俗普及那将是绝对的误解。因为第三种历史是一种新的历史形态,是一种独立于第二种历史的新历史形态。我们根本不能轻率地将第三种历史当成第二种历史的附庸,当成第二种历史的"儿童版",当成将第二种历史的高深学术品位改编成浅显易懂的通俗读物。况且,我们从第三种历史的现有的文本中也丝毫找不出任何这方面的可靠证据。

　　第二种历史是通过分析而加以论证,第三种历史是通过描述而加以显现。所以,第二种历史的目的就是力图传达给人们一种观点和结论,它要求人们去记住这些观点和结论;而第三种历史的目的则是试图向人们揭示出一种意义和问题,它要求人们去思考并理解这些意义和问题。显然,这是两种截然不同的价值取向。而这种不同的价值取向又直接来源于不同的形态构成。它使得第三种历史能够以一种独立的历史形态存在于现代条件下的开放性社会。

第二种历史是把历史原形态加以压缩,第三种历史则是把历史原形态加以展开。所以,第三种历史在历史细节方面拥有无限的丰富性。

> 过去看来无意义甚至轻浮的细节变得有价值了。注意尸体被埋葬的过程:裸体、用尸布包裹(用布裹上,缝上,别上?)、穿衣(丧葬衬衣、棕色粗呢袍或节日盛装?)、入殓(棺材一直打开直到进入坟墓或是立即关闭?),所有这些细节过去认为是对仪式或是对习惯的描述,而今天的思想史对此要发问,以便解释人与他的身体,在活着的时候和死的时候的隐秘关系。①

这种"新思想史"所要发问的也正是第三种历史所需追问的。所以不能说第三种历史有一种渲染和堆砌轶闻逸事的恶劣嗜好。它只是意味着第三种历史追求一种现场化和具体化的历史形态。在这里,现场化和具体化均有其特殊含义。现场并不等于混乱和短视,具体也不等于琐碎和支离。所以现场化和具体化与无序化和繁琐化无关,它甚至也谈不上细节化,它只是努力在细节之间建立起一种结构性的联系。这样,细节就成为一个结实而具体的结构。第三种历史所建构的历史形态就由此而获得了一种真正的现实性和具体性。

历史形态学要求对待历史必须有一种**形态思维**。即必须用形态思维去把握历史的整体。形态思维像核裂变一样,能够透过小小的细节而发现巨大的奥秘。思维的空间在这里变得如同宇宙一样包罗万象、无奇不有。第三种历史基于形态学的眼光,它认为人所具有的一

---

① 米歇尔·沃维尔:《死亡文化史》"前言:死亡镜中的人类历史",中国人民大学出版社 2004 年版。

切能力、素质均可以成为认知历史和把握历史的必要条件。人身上没有废物。人身上不存在有多余的器官。尽管如此，这并不意味着历史形态学对人的历史认知能力就抱有百分之百的绝对信心。相反，它在对人寄予充分希望的同时，更多地保留了对人的历史认知能力的深刻怀疑。既信任又谨慎，这就是历史形态学对人的历史认知能力的基本态度。历史形态学始终在这二者之间左右徘徊。因为历史形态学已不再幻想历史学家还能继续成为洞悉人类命运的先知或预知历史未来的导师，甚至，历史形态学也不相信历史学家还是历史智慧的保管者和历史奥秘的守护神。历史形态学只是认为历史学家毕竟还是有一些必要的能力和勇气。这种能力和勇气使得历史学家能够对历史保持一种不断的质疑和批判，使得历史学家能够在任何时候都不轻易丧失对历史的最起码的正常判断力和自然感受力，使得历史学家无论如何都不愿意随随便便地相信历史是进步的、历史总处于进步状态等等。所以，最基本的历史意识和历史感是历史形态学对历史学家最为看重的内在本质。正由于此，历史形态学还能对历史学家保持有那么一种足够的信心，而不是彻底的失望。

二

从历史形态角度看，历史本身诚然是第一种历史。但我更偏颇于使用"历史本身"这个概念，因为过于频繁地将历史本身说成第一种历史，容易给人以一种与第二种历史和第三种历史相提并论、等量齐观的"平等"之感，这样，反而不适当地降低了历史本身的地位。因为历史本身是原形态，而第二种历史和第三种历史是次形态。作为直接派生于历史本身的第二种历史和第三种历史绝不可能在本体论上具有和历史本身相等的价值。所以，尽管历史本身的的确确是绝对的第一种历史，但至少从概念形式上考虑，我们也不能把历史本身随意地称之为"第一种历史",因为这使人误认为第一种历史同作为它本身的直接派生物的第二种历史和第三种历史之间都处在同一个层次上。这种模糊的并具有歧义性的暗示和导向在理解一些复杂的学术问题时是极为有害的。因为它总是造成数不胜数的误解。最令人头疼的是,这种轻率的误解一旦产生,就不容易消除,更不容易将问题加以展开、引向深入,直至问题的彻底解决。当然,这并不是说历史本身就不是第一种历史,也不是说就不能把历史本身称之为第一种历史,而是说,在这个问题上必须谨慎和严密,即充分保持第一种历史对第二种历史和第三种历史的绝对支配地位和最终决定权。

依据我们的分析,史学史在现代发生了一种**形态性的变化**,这就是第三种历史的出现。第三种历史的出现或多或少地迫使第二种历史让位于它。至少,就其市场效应和竞争力来说,第二种历史远远不是第三种历史的对手。在许多领域里,第二种历史都正在受到第三种历史雄心勃勃的挑战,并被第三种历史那种不可抵挡的进攻气势强有力地排挤出去。第二种历史不可挽回地丧失了大量传统市场,以至于它现在竟然变成了一种被保护、被同情、被赐舍的可怜对象。第二种历史没有能力反击,所以只好不顾一切地逃避。但现实和生活以及时代却像凶猛的猎狗一样穷追不舍,把第二种历史追得筋疲力尽、魂飞魄散,衣服被撕成碎片,身体被咬得鲜血淋淋。第二种历史就像身患绝症的病人一样陷入了一种天地无依的绝望境遇。

这就是众所周知的"史学危机"。所谓史学危机,实质上也就是第二种历史的危机。而历史形态学的建构恰恰是在这种史学危机的背景下得以可能的。历史形态学试图探讨的是在现代条件下,认知历史的方式究竟有哪些?其中哪种方式是最具现代意味的历史认知方式?以及在现代背景下,历史学的存在境遇究竟如何?**究竟是变得更好了还是变得更糟了**?

毫无疑问,历史学与历史的关系在现代产生了深刻的危机,也就

153

是说,历史学在现代的存在状态本身产生了致命的问题。对于这种危机,我们可以表述为:历史学与历史的距离越来越远,差不多已经到了完全脱离的边缘,彻底的断裂仅仅是一个纯粹的时间问题,这种断裂的可能性正在日趋明朗地成为现实,而绝不再是一种危言耸听的假设。由于历史学与历史的关系越来越疏远和隔膜,由于历史学与历史的距离正越来越不可逆转地拉大,危机就被凸显为一种结构性和形态性的根本问题。为此,我们就迫切需要有一种新的历史学来弥补或弥合旧历史学与历史之间所造成的这种毁灭性裂缝。第三种历史就是为此而诞生的。它作为一种新的史学形态,其存在功能就是为了将那种几乎断裂了的关系重新修复起来,并在一种新的更高的层次上使之再次恢复起来。在这个意义上,如果将第三种历史视为对历史的复归和皈依也是可以的。基于这种认识,我们有理由将旧历史学看成是第二种历史,而第三种历史作为一种新历史形态,同时也就是一种新历史学。在这里,新与旧的分野,第二种历史与第三种历史的区别,就其与历史本身即第一种历史之间的关系而言,本质上首先是一种价值取向和理念范型的对立。也就是说,第二种历史致力于将自己与历史本身之间的距离拉得越远越好,认为越远越可靠、越远越安全、越远越保险、越远越真实、越远越客观、越远越有价值、越远越永恒、越远越便于研究。与此相反,第三种历史则追求一种使自己与历史本身之间的距离走得越近越好的境界,认为越近越真实、越近越有意义、越近越易于研究、越近越能揭示历史的真相。

第三种历史相信,**历史的纯粹性就是历史的现实性,历史的本质性就是历史与历史学之间的关系性**,历史的全部意义都在于历史学如何依据二者之间的这种关系并对之不断作出新的、适当的、合理的调整,从而在此基础上对历史所进行的总体把握。**历史本质从来不是某种抽象而孤立的定在,而是现实生活的总和。正是通过对现实生活的批判性理解,历史学才得以真实地揭示出完整的历史本质**。这一过程自始至终贯穿于历史与历史学的互动关系之中。

在对于历史与现实之关系的重新把握中，"历史形态"无疑是一个极为有效的概念。而我们的目的又是力求把"历史形态"发展成为一种学说，即"历史形态学"。斯宾格勒和"战国策派"也曾使用过这个概念。但他们使用这个概念所指称的是一种用于研究历史上所出现的各种类型的文化或文明的学说体系。而我使用这个概念则是另外一种含义。在我看来，历史形态学首先是关于历史学和历史知识的理论和学说，即它主要是研究历史次形态或次形态历史的学说，而不是研究历史原形态或原形态历史的学说。即使在次形态历史方面，历史形态学也侧重于研究其中的第三种历史。因为第三种历史是一种全新的历史形态，这种全新的历史形态就是历史新闻或新闻历史。它同时又可称之为历史新闻学。因为历史新闻学所追求的就是一种新历史形态的建构。它包括有两大类型，一是作品文本，一是电视文本。撇开其他因素不说，新闻区别于史学的根本点就在于传播手段的不同。所以从传播手段上看，史学必须像新闻那样去借助于各种现代化的媒体，尽快地将历史本身所包含的特定信息和深刻含义真实无误地传递给社会和公众。

这样，历史新闻学对新历史形态的建构就会具有一种可操作性的媒体程序，而历史形态学也将有一个现代性的物质基础。凭借这一基础，历史形态学对历史学将实现彻底的超越。事实上，**历史形态学首先包含有对历史学本质的全新思考**。因为历史形态学所说的"形态"本质上就是由历史学所建构起来的历史形态。这种历史形态既可以称为历史知识的历史形态，也可以称为历史观念的历史形态。而历史形态学就是对这种历史知识的历史形态和历史观念的历史形态的总体思考和重新理解。所以,在客观上,它是对历史学本质的建构性规定。同时,历史形态学把对历史学本质的建构性规定提升到时代精神的高度来加以把握。因而,不能不说,历史形态学对历史学本质的重新思考将使得历史学成为时代精神中最具有历史感和时代感的学术形态。

在历史形态学的眼光中,所谓"历史形态"实质上只是一种"史学形态",所谓"历史文本"实际上只是一种"史学文本",所谓"第二种历史"和"第三种历史"实际上也只是"第二种史学"和"第三种史学"。只是出于行文的方便以及遵从大多数人的习惯,才以"历史"代"史学"。按照历史形态学的要求,不同历史形态(即史学形态)的区分主要不在于内容而在于形式,主要不在于对象而在于主体。因为无论是第二种历史还是第三种历史研究的都是同一个历史对象。尽管各有不同的侧重点,比如,第二种历史侧重于"大人物"的活动,第三种历史偏重于"小人物"的活动;第二种历史偏重于政治性的宏大事件,第三种历史偏重于日常性的生活小事,但二者毕竟统属于一个统一性的历史过程。所以,真正区别第二种历史和第三种历史的根据还在于看它是用一种什么方式去表现和展示同一个历史对象,还在于看它的作者是传统的学院式的**学究型史家**还是现代的社会化的**记者型史家**。

对于现代性的社会化的记者型史家来说,他们的用武之地就是当代史。所以,当代史既是历史与新闻的共同发源地,同时又是史学与新闻的最佳结合部。如果说新闻是社会舆论的导向,那么**当代史就是时代精神的向导**。所谓时代精神的向导就是说,**当代史必须引导时代精神去关注人的现实生存问题**。诚如阿克顿所说,"近代史与我们休戚相关,它是一个深刻的生与死的问题,因此我们必须找出一条自己的超越途径,必须运用我们自己的洞察力。"[①]对于任何一个具有正常

---

　　　① 《自由与权力》,商务印书馆2001年版,第29页。

视觉的人来说,当代史永远是距离他眼睛最近的一段历史。他对这段历史理应看得更清楚、更真切。他对这段历史理应更熟悉、更有感情。他对这段历史理应更具自觉的反思意识和理性判断力。他对这段历史理应更有发言权和责任感。因为这是他所亲眼看见的历史。面对当代史,每一个有良知的史家都应该毫不犹豫地说:"这就是历史,我看见了它。"在大多数时候,人们总是热衷于谈论历史,却从未意识到我们最需要的其实只是一种"看"历史的能力。先"看"而后"说",符合事物存在的基本逻辑。**无所见又何以能够说**?这就意味着,任何人都不可能回避和无视当代史。起码它需要一种勇气。

每个人都应该有正视当代历史的勇气。当代史意识更是历史学家所必须具备的一种基本素质。当代史永远向当代人敞开着庄严的大门,但当代人却往往都是一言不发地视有若无地转身离去。因为,对那些自私而胆怯的历史学家来说,当代史从来都不是什么美妙的天堂,而恰恰是令人恐怖的地狱。当代史之门就像是地狱之门。没有炼狱勇气的人谁会敢冒天下之大不韪地破门而入呢?

但从另一个角度看,当代史则又是一种十分中性的东西,它既可以属于第二种历史,也可以成为第三种历史,它本身并没有某种固定不变的历史形态性。所谓"中性",就是中立于第二种历史和第三种历史这两种历史形态的范式之外。但这并不是说,当代史与第三种历史没有丝毫关系。事实上,相对于古代史、近代史以及现代史而言,当代史更有条件进入第三种历史。就目前情况而言,第三种历史中的大部分作品都是关于当代史方面的。当代史凭借其得天独厚的条件,往往能直接转化成第三种历史。因为当代史在很大程度上为历史新闻学提供了可能。在某种意义上,当代史其实就是历史学与新闻的共同题材和对象,所以,当代史本身就具有两重性,即历史性和新闻性。所谓两重性同时也就是价值的两重性即双重价值,这就是历史价值和新闻价值。本质上，**历史新闻学是第三种历史的理论基础**。所以，历史新闻学也是一种有关历史形态的学说，是一门历史形态学。基于这些理由，我们有必要强调当代史在第三种历史中的特殊意义，以便当代史能以最大的尺度最快的速度直接转化成第三种历史。如果完全撇开当代史，那么第三种历史就将势必显得单薄脆弱，缺乏一种牢固的令人信服的实力感。当代史的特殊性，使得我们能够极为方便地以两种不同的方式和从两个不同的角度去描述它和观察它。这就是史学与新闻的由来。在此基础上，我们便有可能综合成一门新的科学，即历史新闻学。历史新闻学并不是要求我们分别以史学和新闻这两种不同的手段去描述当代史，而是要求我们以一种全新的眼光去打量整个历史，当然，其中也必然包括有当代史。总之，当代史不是第三种历史，但当代史最有可能成为第三种历史。因为第三种历史是一种独立的历史形态。它虽然与当代史有着不容忽视的密切关系（不管这种关系密切到何种程度），但二者毕竟不是一回事。如果严格考究起来，二者的区别还是相当明显的。当代史是一断代史概念，①而第三种历史则为一形态学范畴。二者只是在写作题材和研究内容上有较多的重合之处。

----

① "当代史"是一个具有多重复杂含义的复合概念。首先，"当代史"指的是一种时间意义上的当代的历史事件和历史过程之总和，即是当代这段时间内所发生的历史事件本身；其次，"当代史"指的是一种当代人撰写的以当代历史为研究对象的历史著作；最后，"当代史"还是克罗齐的"一切真历史都是当代史"这个命题所指涉的主要是史学认识论意义上的当代史。它的基本意思是说，一切历史著作都是立足于当代而写成的，必须立足于当代去重写一切历史。

概言之，当代史有三种含义，即：一为哲学意义上的当代史，它属于当代史的哲学性；一为史学意义上的当代史，它属于当代史的史学性；一为心理意义上的当代史，它属于当代史的心理性。这三种性质分别包含了三重内涵。哲学意义上的当代史指的是一种总体历史，史学意义上的当代史指的是一种局部历史，心理意义上的当代史指的是一种精神历史。

不过不难发现，无论是考虑到当代史在学理上的多义性，还是采用当代史在习惯上的单一性，当代史与形态学之间确实缺乏必要关联。

四

一部历史著作内部完全可能包含有两种异质结构的历史形态，即第二种历史和第三种历史这两种迥然有别的历史形态完全可能同时出现在同一部伟大的历史作品之中。比如《史记》。《史记》中有许多篇章和场面完全就是真正的第三种历史，比如"项羽本纪"中的鸿门宴和乌江自刎等情节。过去，传统的观点是将类似这些记载和描写归结为司马迁的天才想象和文学才华。现在看来，这种说法未免过于简单和肤浅。因为它的立足点仍在第二种历史。在我看来，这些场面和情节的描写，既不是单纯的文学想象，也不是纯粹的历史纪录，同时，它也不是一种将合理的文学想象与可信的历史记载二者有机糅合起来的真假难辨的浑然一体的传记文学，本质上，它仅仅是第三种历史的一种无意识运用和表现。因为它所精心选择和专门设计的情节和场面都是一些特别富于戏剧性和冲突性的**决定性时刻**，即敏感点，而敏感点往往既是现实的新闻点又是历史的转折点。因为历史上的许多重大事件都是在敏感点上发生决定性的转折和变化的。历史上的决定性时刻虽然非常短暂，但它对历史的影响却极为深远。

茨威格的《人类群星闪耀时》对这个问题曾有过相当深刻的思考。它以历史特写的方式展示了那些人类文明史上最惊心动魄的一幕和世界历史上最具决定性的伟大时刻。当它把镜头对准某一历史焦点时，突然由昏暗变得明亮起来的历史聚光点便大放异彩，在光线的投影下呈现出五彩缤纷绚丽多姿的无穷魅力，又恰像一束凝聚和吸收了巨大光源的强烈的光柱一样，洞穿黑暗的夜幕笔直地射向遥远的天际和星座。每一个决定性的历史时刻都是一个创造历史奇迹的伟大时刻。所以它需要用一种非凡的手法来恰如其分地描述和展示这一时刻。这样，它就为史家的能力提出了一个极富挑战性的要求。这一挑战像一道分水岭,迫使史家分为两类:伟大的和平庸的。伟大史家因接受挑战而变得更加伟大,平庸史家因回避而自甘平庸。毋庸置疑,司马迁属前种类型。

我们所认定的一个主要证据就是,司马迁凭借他的超人天才和非凡直觉,无意识地运用了第三种历史的技巧和方法,而且还运用得相当出色和精彩。因为从常识来看,无论是怎样详细、具体、全面、完整的历史记载,也都不可能把历史上重大事变的前前后后的来龙去脉统统滴水不漏地记录下来,特别是那些历史上的咤叱风云的核心人物,他们的一举一动、一言一行虽然引人注目,但不是所有人都能真实地了解他们的所作所为,同时,更重要的是,就他们本身而言,他们的许多重大活动,他们在参与那些直接改变整个历史命运的重要事件的决定性时刻的言谈举止尤其是他们自己内心世界和复杂思想的变化更不是任何外人甚至不是任何一个当时在场的人所能准确了解的。凡此种种均为世人所急需了解但又永远无法真正了解的历史秘密。这些历史秘密恰恰生成于历史事变定向和转折的决定性关头和关键时刻,故而成为历史的敏感点和转折点。一般而言,第二种历史对此无能为力,也常常不屑一顾。因此它涉及第二种历史的整体结构和所有语言以及全部价值观念的彻底改变。而这些,第二种历史显然是力不从心无法做到的。它们宁愿保持现状就此下去。当然,这种分析是在假设第二种历史已充分意识到自己的危机处境之后所不得不作出的一种保守性选择这一基础上得出的,它的前提是:第二种历史已经意识到自己是第二种历史,但它又不愿意或没有能力去改变自身的这种第二种历史形态。然而,这个前提要想成立,就必须在这个前提之前还存在有一个基本条件,这就是第三种历史的产生。

因为从逻辑上看,只有第三种历史产生之后,第二种历史才可能明确意识到自己是第二种历史。这是一个不用作出复杂比较就可以得出的简单结论。诚然,这个前提是能够成立的。因为,第三种历史已经确定无疑地产生了，并挑战性地咄咄逼人地存在着。既然第二种历史不想也不能改变自己的文本结构和话语形式以及价值体系，那么它的这种强硬态度无疑就为第三种历史的茁壮成长打开了一个趁虚而入的突破口。第三种历史不失时机地标新立异，打出了自己的口号和旗帜。在第二种历史中，最具有决定性和本质性的历史敏感点和历史转折点被不适当地忽视了、丢弃了。第二种历史喜欢以某种抽象的观念教条去衡量和截断这一些看似不甚起眼和显赫的历史敏感点和转折点，或者充其量只是以某种外在修饰性的文学词句去对之略加概括而已，在绝大多数情况下，都是语焉不详地一笔带过。即便是对此作了某些醒目的描写，也是出于一种修辞上的需要和考虑；即主要是出于一种增强作品可读性和生动性的审美动机，其目的不外乎是为了更好地打动读者和感染读者。无论语言还是方法抑或观念，都不具有像第三种历史所规定的那种真正独立性，本质上，它们仍旧属于第二种历史的一部分，仍然附庸在第二种历史的整个结构之中，服从于第二种历史的价值需要。所以，在第二种历史中，对历史敏感点的偶然描写一般都被视为一种无关宏旨的文学技巧或修辞手法，它还远远没有被提升到一种本体论的层面上来加以规定和运用。

这便是我们对《史记》中某些第三种历史成分的分析。我认为在《史记》中至少隐含着第三种历史的潜意识功能和形态。而这也恰恰正是《史记》区别于《汉书》的根本要素。长期以来，人们对于《史记》与《汉书》的巨大殊异是有目共睹的，但对如何解释和理解这些区别却又是熟视无睹的。原因在于，人们还没有获得第三种历史的眼光和方法。在我看来，《史记》与《汉书》的最大不同就在于《史记》里面包含有一种无意识形态的第三种历史，而《汉书》则纯粹是第二种历史的产物，毫无任何第三种历史的痕迹。只需认真比照一下《史记》和《汉书》有关西汉历史的那一些相同的部分就不难发现这一点。因为在有关西汉历史的相同部分中，学者们公认《汉书》大量地直接抄袭了《史记》的文字和材料,但同时却又丧失了《史记》中的原有精神和内涵。对于这种近似于东施效颦、邯郸学步式的画虎不成反类犬的滑稽现象,学者们的解释大都是归结于班固本人极力为朝廷效命的封建正统思想和个人才识的低劣平庸所致。

其实,在这些貌似合理的解释之外,还存在着另外一种新的解释的可能,这就是我们上面所指出的那种第三种历史与第二种历史的绝然对立。司马迁是一个真正的天才。其标志在于他在《史记》中同时交替地表现了两种完全不同的历史形态,这样,两种完全不同的历史形态就在《史记》中构成了一种深刻的冲突状态和对立关系。只不过,这种冲突状态和对立关系在《史记》中尚未明朗化和表面化,故而不为人们所察觉和发现。原因之一,在于《史记》中第二种历史是主体形态,第三种历史是非主体形态;第二种历史是显意识形态,第三种历史是潜意识形态。毫无疑问,尽管司马迁对第三种历史有着熟练老道的运用,但仍然是一种本能性的和直觉性的,还完全没有上升为一种理性的自觉和意识的明察。所以,在许多篇章中,司马迁对历史敏感点和转折点的精彩描写竟然被可笑地当成一种文学天才和想象能力的产物而降低到修辞学的层面上来加以纯粹技巧性的分析和欣赏。显然,这就有点下笔千言离题万里的讽刺味道了。我们的分析证明了我们的原则是正确的,即,我们必须将《史记》中隐含的第三种历史从修辞性的文学层面提升到一种结构性的本体论层面。

如果放宽眼界,不难发现,像《史记》和《汉书》之间所存在的这种历史形态差异,并不是中国史学史上所独有的孤立现象。在西方史学史上,我们也可以发现同样类似的典型例证。比如古希腊希罗多德的《历史》和修昔底德的《伯罗奔尼撒战争史》。这两部历史著作之间的差别之大的确让人惊奇不已,以至于人们一直感到困惑不解,二人相距年代不过二十余年,但在史学思想的成熟程度上,修昔底德似乎足足超过希罗多德一百年以上。究其原因,人们往往归结于希罗多德是初创,而修昔底德则有所借鉴地后来居上,表现为青出于蓝而胜于蓝,[1]再加上修昔底德本人那不可模仿的罕见天才,终于使《伯罗奔尼撒战争史》像一座同历史本身一样永恒的伟大纪念碑,以极为成熟的姿态矗立于世。当然,人们对此也提出了另外一种似乎更有说服力的解释,那就是,《历史》开创了文化史的范型,而《伯罗奔尼撒战争史》则奠基了政治史的范型。其实,根据我们的观点,这种差别仍然是两种不同的历史形态之间的差异。希罗多德的《历史》基本属于第二种历史,修昔底德的《伯罗奔尼撒战争史》则同时包含有第二种历史和第三种历史两种相互冲突的成分。比如其中最著名、最具有代表性的篇章就是伯里克利在雅典阵亡将士国葬典礼上的演说,这篇演说无疑是第三种历史的卓越体现。因为按照学者们的一致意见,伯里克利这篇演说并不是伯里克利本人亲自所作的真的演说,而是修昔底德模仿伯里克利的口吻并想象伯里克利的心态而写成的。

我们可以想象到,在当时的历史环境中,绝对不可能有人会在伯里克利发表演说时将他所讲的话一字不漏地记录下来,即便是过后的回忆和追记也肯定有所遗漏和走样。况且,伯里克利本人也不一定在演讲之前事先就写好有一个现成的底稿。他很可能是即兴发挥。因为在古希腊时代,特别是在以民主政治著称于世以及以雄辩和演讲闻名于世的雅典,许多杰出的政治家无不都经过这种演讲和修辞的严格训练,并以雄辩的演讲和优美的修辞战胜对手而在政坛纵横捭阖。所以,伯里克利在阵亡将士葬礼上的演说很可能就是伯里克利经过精心准备之后所作的一次即兴发挥式的天才杰作。修昔底德当然没有可能亲耳听到这次演讲,也绝对没有条件去亲眼看到伯里克利这篇演讲稿(如果真有的话)的原文。他只能是从别人那里获得一些道听途说的传闻资料和零散内容。当然,他也可能会采访某些在场者或当事

---

① 参见张广智:《西方史学史》,复旦大学出版社 2000 年版,第 29—30 页。

人,并对自己的所搜集和掌握的材料加以补充和修正。但也不过如此而已。但所有这些,充其量不过是从事一项巨大工程前的必要准备而已。它根本决定不了这项工作所能实际产生的效果和最后所能达到的水平。一切都需要修昔底德自己充分调动其全部智慧和知识去加以**创造性**(绝不单纯是合理性的)**想象**。所以,伯里克利的这篇脍炙人口的辉煌演讲,实际上并不真的出自于伯里克利本人之口,而恰恰出自于修昔底德之手。

　　事实上,正如学者所说,《伯罗奔尼撒战争史》中的许多演讲辞和对话,无不都是修昔底德自己代为捉刀所致。凡此种种,大体上均属于第三种历史的实际表现。其中缘由,由于学者拘泥于第二种历史的立场和眼界,故而不能洞悉其全部真相。不过我们却有理由认为,《历史》与《伯罗奔尼撒战争史》之间的差异正是第二种历史与第三种历史所产生的一种形态性差异或结构性差异。在古罗马的历史学家中,塔西佗是颇得修昔底德之三昧的。无论是塔西佗的《编年史》,还是他的《历史》,其中的许多心理描写和人物对话以及演说等等,均是第三种历史的无意识运用。

第八章 经验、心灵与生命

历史永远在不倦地工作，它的表面痛苦乃是产前的阵痛，它的被视为气喘吁吁的叹息乃是宣布一个新世界诞生的呻吟。历史和会死的个人不同，……个人不能把他的开端和结尾联结起来；但历史绝不死亡，因为它永远把它的开端和它的结尾联结起来。

——克罗齐

对我来说，沉思与感觉，理解与受折磨——是同一个东西。

——别林斯基

一

历史学不是对经验的总结，而是对经验的综合。因为经验本身总是分散的、支离的、破碎的。把破碎的经验综合为一个整体，以便使生活获得一个坚实的基础。这样，无穷无尽的琐碎的日常细节便都具有了非凡的意义。基于这个观点，历史学无疑应该对人生经验持有一种永恒不衰的激情、敏感和亲和力。在历史学手中，经验成为一种坚实的结构、完整的形式。

历史是人类的经验总体,故而,历史研究就是对人类经验总体的重构。所谓人类经验总体并不是属于别人的,而是为所有人即整个人类所共同拥有。但这并非说人类经验总体就是一种毫无任何个性的简单抽象,或是某种抽象之物的简单总和。事实上,人类经验总体乃是基于人类独特心灵而产生的一种普遍结构。历史研究便是基于这种人类经验总体的普遍结构而对人类独特心灵的深刻沟通和本质诠释。

历史研究作为对人类经验总体的重构与那种认为历史研究是为了吸取过去的经验教训这类观点风马牛不相及,相去何止十万八千里。因为,"人类经验总体"是一个新的本体论概念,是一个包含有生命意识和历史内涵的意义性范畴,而"经验教训"则是一个不伦不类的主观性的认识论概念。它更多地偏重于伦理学的、政治的、意识形态的规定和取向。而"人类经验总体"概念则更注重于人性、真理与心灵这方面的价值特性。

正像历史研究是一个无限的没有终结的过程一样,对人类经验总体的重构也是一个持续不断的活动。每一个新的历史观点,每一种新的历史认识,每一次新的历史发现,本质上都会导致人类经验总体产生一些新的变化,都会使人类经验总体获得一种新的形式,都会使人类经验总体焕发一种新的精神,都会使人类经验总体呈现一种新的意义。

历史学的目的在于塑造人类的经验,在于将人类的经验塑造成为一种富有意义的形式。但这并不等于历史学就是一门彻头彻尾的纯经验科学。因为历史学所研究和塑造的人类经验并不是一种**功利性的经验**,比如政治经验、道德经验等,而是**一种文化性的经验**,比如人生经验、心理经验等。因而,历史学对人类历史的经验性思考,并不意味着历史学仅仅追求一种较为粗俗和浅陋的经验性趣味。因为在这里,经验更具有一种理性的意味,更具有一种哲学的内涵,更具有一种形而上的品格。毋宁说,经验本身就是理性,就是哲学,就是形而上的东西。问题仅仅在于,历史学如何去发现和对待这种经验,以便把这种经验建构为人类心灵和精神的决定性因素。

历史学把人类那种道德性的经验教训变成一种精神性的文化经验,它使人类的心灵变得更丰富,它使人类对生命的理解更具有文化意识和经验深度。不管是否承认,这种独一无二的文化意识和经验深度的确是一种生命优越感的表现。因为,生命本身在历史学中变得更直接、更纯粹、更有意义,即生命变得更敏感了,更具敏感性了。在历史学对人类经验的重新构造中,历史学证明了它是现代世界中能够重新为人类精神和思想的完整和独立提供重要保证的一支力量,即使不是唯一的一支力量,也必定是最为重要的一支力量。

人类经验并不是历史研究的目的,而是历史研究的对象。人类经验一般都是破碎的、缺乏深度的、过分私人化的。而历史学则试图通过研究而达到重建人类经验总体的目的。**历史学有可能将人类经验重新建构为一个有机整体**,**有可能恢复人类经验的普遍联系**,**有可能使人类经验由私人感觉转化为公众意识**。质言之,历史学有可能使人类经验具有更深刻的内涵。历史学深入到人类经验的内部,试图通过对人类经验深层意识的发掘和开拓而使人类经验成为人类生活中最有价值的丰厚财富。

二

一方面,历史学试图把碎化的个体经验综合为总体化的人类经验;另一方面,历史学又必须努力把抽象的人类经验落实为具体的个体经验。这是相反相成的双向努力。它既表明了历史学的野心,又体现了历史学的价值。但无论是哪一方面,它都具有足够强大的吸引人的力量。所以,历史学是许多人都感兴趣的东西,也是许多人都愿意尝试的场域。

　　历史学高度重视人类经验,并不意味着历史学有一种经验主义的倾向。主张历史学应该总结"经验教训",那是第二种历史的习惯性说法。第三种历史并不如此理解。第三种历史强调历史学对人类经验必须有新的理解和把握。历史学既要把人类经验综合为一个有机的整体,又要深刻揭示出其内在的生命个体性。换言之,历史学既要把个人经验整合为人类经验,又要把人类经验还原为个人经验。人类经验并不意味着它是一个机械的模式或僵硬的体系,相反,它内部充满着各种可能性的躁动。有时,一个人的经验变成了所有人的经验;有时,所有人的经验变成了一个人的经验。人类经验与个体经验之间总是处于你来我往的相互循环状态。而这种循环将使双方受益。即人类经验与个体经验都将因此而变得丰厚起来。

　　在第三种历史看来,有两种现象必须予以克服,即**个体经验的无限碎化和人类经验的绝对抽象化**。个体经验一旦过于碎化,就无法被人分享和感知,就无法被整合进人类经验的总体结构中,成为所有人的共同精神财富。同样,人类经验如果过于抽象化,就会远离现实的个人,而与普通人的生活状态格格不入,从而成为毫无实际价值的空洞言辞和虚假回忆。这样,第三种历史就必须确立两个相关原则:**个人经验必须是人类的,人类经验必须是个人的**。即二者是平等的。不存在人类经验比个人经验更"大"的问题。第三种历史必须善于从个人经验中发现最富于人类性的东西,同时,也必须善于从人类经验中发现最富于个人性的东西。总之,第三种历史绝不随意偏爱任何一方。在第三种历史中,个人与人类均有自己相应的位置。最好的人类经验和最好的个人经验都能在第三种历史中找到最好的分析和处理。

　　在这方面,第二种历史就做的不够好。一般说来,第二种历史总是不厌其烦地过于强调人类经验的重要性,致使把人类经验弄得过于抽象和空洞,它与个人的现实生活发生不了任何联系,我们在其中也丝毫看不出有任何个人所感兴趣的东西。由于个人经验在第二种历史所构制出来的"经验模式"中毫无真实分量,故而第二种历史制造出来的"经验体系"就变得轻飘飘的,没有一点质感。因为人类经验一旦删除了个人经验,那么人类经验本身也就没有什么意义了。这就是说,人类不能排斥个人,而必须接纳个人。**因为人类不是一个高于个人的抽象体系,而是一种融入个人的具体关系**。总之,每个个人必须在人类中占有自己的一席之地。这是第三种历史的绝对要求。

人们常说历史是一面镜子。可如果在这面镜子中,个人看不清自己的模样,甚至根本看不见自己的影子,那么人们要这面镜子有什么用呢?人们要么把这面镜子摔碎,要么把它仍到一边。毫无疑问,在人们拒斥第二种历史的诸多理由中,缺乏对个人存在的终极关怀肯定是最重要的一个。虽然从道理上说,历史学没有理由不去关心个人的现实存在,但事实上,个人的真实存在在第二种历史中却得不到丝毫有价值的对待。每个有常识和感觉的人都会考虑:我为什么非要读这种与我无关的史书呢?我犯得着为它去浪费我的时间和精力吗?如果我实在找不出这本史书有何引人之处,凭什么要说一定是我错了?显然,普通人的反应是正常的。既然第二种历史摒弃了普通人的需要,那么普通人也就自然要抛弃第二种历史。个人是非常具体的,这种具体性体现于个人生活的方方面面。第三种历史力图从现实的角度全面展示出个人存在的具体性。但这并不等于要求或暗示普通人在历史面前必须"对号入座",而是要求他们必须把历史看成是和自己有关的事情,要求他们必须从自己的角度去看待历史。不管历史走到哪里,人们都必须相信,**历史并没有走远**,历史就在自己身边,历史始终与自己在一起。

历史与个人的一体化(或综合化)是第三种历史着力强调的内容。只有如此,人类经验和个体经验才能同时克服抽象化和琐碎化的倾向,而双双实现总体化和具体化的目标。

三

据哲学家说,经验是人类的独有之物。① 但经验又可分为人类经验和个人经验两个方面。那么,究竟是用人类经验来解释个人历史,还是用个人经验去解释人类历史? 这二者显然有着较大区别。当然,在某些时候,这二者却又惊人地相互一致。其中的奥秘在于,我们如何理解这种奇特的现象,并进一步寻找到灵活地掌握和运用这种高度复杂的理智体操和思想舞蹈之正确技巧的微妙平衡点。一切伟大的历史学家从来不是单独使用其中的一种方法,而是交替使用或同时使用两种不同的方法。这样,历史在历史学家的笔下将变得丰满起来、立体起来、鲜活起来,历史将充满着勃勃生机、情趣盎然,历史将变得厚实和沉甸甸的。历史不仅有重量,而且还有热量。历史就像从炼钢炉中刚刚流出的铁水,泛着透明的红光,挟带着灼人的热气,生成为一种富有冲击力的沸腾的实体,使人不得不正视和尊重历史的深沉。伟大的历史学家就像一个奇妙的魔术师,任何一件普通的枯燥乏味的历史事实在他手中也会变得具有灵性和生命。

不过,我们也必须注意到这样一个基本事实,即一般说来,历史学家大都不是一个个人经验十分丰富的人,他在进行历史研究时,更多的是凭借人类的集体经验而不是依赖自己的个体经验。但毫无疑问,历史学家自己的个体经验将在他的历史思维中起到一种选择和规范的核心作用,它将决定历史学家对人类经验的判断和取舍,它将为历史学家评价人类经验制定出一个具有鲜明个性特征的基本标准。

---

　　① 参见杜威:《哲学的改造》第一章,商务印书馆 1958 年版(修订本)。

诚然,历史学家的经验只能是一种个体经验,但这种个体经验又有其特殊性。因为历史学家的个体经验是用来整合人类总体经验的一个认识论模式和思想框架。尽管从本体论上说,人类经验并不需要依赖于历史学家的个体经验而存在,但从认识论上说,人类经验却恰恰是通过历史学家的个体经验的认识论综合而得以确立下来和显现出来的。尽管从本体论上说,历史学家的个体经验首先也是存在性的东西,但历史学家能够把自己这种存在性的个体经验有效地转化为一种合理的认识论模式,并以此为框架去对人类经验加以深刻的综合和创造性的诠释。事实上,通过历史学家之手而展示出来的人类经验无不打着历史学家个体经验的鲜明烙印。在某种意义上也不妨说,历史学家通过清理自己的个体经验而塑造了人类经验。所以,当我们试图反思人类经验时,首先感知到的就是其中蕴含着的历史学家的个体经验。就此而言,历史学家的个体经验之于人类经验便多少类似于一种康德意义上的先验图式或基本形式。所以,历史学家的个体经验有着特殊价值。其特殊性就在于它构成了人类经验的认识论根据。

当然,指出这一事实,并不是要求人们把人类经验撇在一边,专门去研究和挖掘历史学家的个体经验。而是说,当我们反思人类经验时,必须保持有一种明确而自觉的意识,这就是:我们永远不是在纯客观地观照人类经验,我们始终是借助历史学家的眼睛来审视这一切的。也就是说,历史学家的个体经验之于人类经验始终起到一种内视觉①的作用,即**历史学家的个体经验对于我们理解人类经验永远具有一种内在的视觉性**。它意味着,人们之所以能够对历史有所言说,乃是因为历史学家对历史早已有所见。**历史学家如何"看"**

---

① 参见雷戈:《哲学主义的历史》第四部分第二章以及雷戈:《历史与意义》(河南人民出版社 1993 年版)第三章第三节的第一个专题"内视觉"。

历史决定了人们如何"说"历史。"看"永远是首要性的。"看"意味着一种明确的指向性。"看见"历史就必然能够"指出"历史。看得见,才能说得出。看得清楚,才能说得明白。可我们总是在对历史本身既无"所见"又无"所指"的情况下,去毫无节制地瞎说和妄说。其实,对任何一个装模作样的历史学家,我们都有权利说一句:**没看见就别说**;或,看见了再说。同样,对任何一种高超的历史理论或流行的历史观点,我们只要轻轻问一句:你是否真的看见了历史? 你能否给我指出历史? 这一下就足以戳穿它们的西洋镜而把它们置于死地。所以,尊重历史学家的个体经验对历史研究有着极其深刻的本质性意义。

历史学家的个体经验往往平淡无奇,而人类经验则大多具有某种传奇性。正因如此,当人们注目于人类经验的五彩缤纷时,却常常没有意识到他这双眼睛恰恰是历史学家给予他的。历史学家基于自身的个体经验给人们提供了一个观照人类经验的场域,并赋予人类一个审视自我经验的普遍形式。但人们却往往视而不见。这样一来,人们就会把自己所看到的东西不假思索地当成是纯粹客观的人类经验。于是乎,人们也就在无意中受到历史学家的蒙蔽和欺骗。这就是说,忽视或遗忘历史学家的结果就只能被历史学家所戏弄。所以,尊重历史学家的存在恰恰是为了免于轻率地上历史学家的当,为了不至于动辄就掉进历史学家精心设置的陷阱里。

四

历史学家究竟是把历史变得更熟悉了,还是把历史变得更陌生了? 如果说文学的特性是把陌生的变成熟悉的,把不可能的变成可能的,把不可理喻的变成可以理解的,那么史学的特性就是把熟悉的变为陌生的,把可能的变为不可能的,把可理解的变为不可理解的。这就意味着,**在一般意义上,史学总是一种与文学相反的东西**。① 同时,史学也必须有意识地自觉地追求一种与文学完全相反的阅读效果。所以,新的历史文本必须展示出人对历史的陌生感、震惊感和疏离感。

在熟悉的领域去尽可能地发现陌生的事物、陌生的意义,这不但是历史学的一般要求,而且更是历史新闻学的根本原则。这种别具只眼的陌生化眼光,并不是把熟悉的东西**看成**陌生的东西,而是力求在熟悉的事物中**看出**陌生的意义。在这里,"看成"与"看出"虽只有一字之差,含义却大不相同,它是一种**运思向度**的根本性差异。准确地把握住这点,我们就能对历史新闻学所建构的第三种历史有一个比较切实的理解。

把纯私人的、狭隘的、有限的、碎化的个人经验创造性地综合为一个新的人类经验整体。在这一人类经验整体中,各种经验成分都已发生了深刻的变化。陌生的变得熟悉了,熟悉的变得陌生了。于是,一种陌生化的距离感就产生了。这种陌生化的距离感是将人类的各种经验拆散、打碎、分化并加以重新组合和建构的意义性活动。它使每一个人的经验都变得有意义,它使每一种经验都变得有价值。陌生的东西经过思索成为熟悉的事物。同时,熟悉的生活经过思索也成为一种富有启示性和神秘感的陌生经验。无疑,对人类经验的意义性整合乃是为了更加深入地发掘经验对人类生活所具有的恒久价值。经过陌生化的处理,各种经验便都变得可以理解了。追求乃至证实经验的可理解性,正是历史学一贯努力的基本方向。历史学所坚持的陌生化原则并不单纯是为了使熟悉的个人经验变成陌生的人类经验,同时也是为了使陌生的人类经验变成熟悉的个人经验。这样,现在与过去的

---

① 历史真实性、史学真实性、文学真实性三者具有一种复杂的结构。(1)历史真实性既可以通过史学真实性表现出来,又可以通过文学真实性表现出来;(2)史学真实性与文学真实性之间虽然没有直接关系,但二者却可以统一在历史真实性的基础上。这就意味着,历史真实性是一种更大的真实,甚至是一种最大的真实。

对话成为可能,自己与他人的沟通成为必然。而这种可能与必然恰恰是历史学所提供的。在这个正常意义上,历史学便是一种不折不扣的对话方式,便是一种地地道道的语言活动,便是一种无可争辩的言说过程,是一种无所不在的话语实践。正是基于此,我们便合理地推导出两个新的命题:**作为思想的语言**和**作为语言的历史**。即,**思想—语言—历史**。它展示的方向是:从思想到语言,再从语言到历史。在这里,语言作为中介思想和历史的等价物,恰恰是统一二者的内在形式。

历史在两个方向和两个维度上给人们提供了陌生化的可能:在时间上历史是过去的,在空间上历史是远处的。而过去和远处均超出了人们的日常生活和个体经验,对于仅仅存在于此时此地的人们来说这便构成了一种陌生化的基本向度。但历史学的功能却不是力图保持这种陌生化的向度,而是尽力改变它、转换它,使之与人们的日常生活和个体经验相融合、相对接,使陌生的变成熟悉的,使过去的变成现在的,使远处的变成身边的,使不可观察的变成可以想象的,使不可置身的变成可以现身的,使不可参与的变成可以进行的,使不可思议的变成可以思索的。这样,陌生之物就变成了熟悉之物,陌生对象就转换成了熟悉对象。陌生化成了熟悉化的一种极具思辨力和洞察力的具体可能。陌生化向度切入熟悉化领域,使熟悉的领域成为向无数**陌生物**完全开放的经验结构。这是一种现实,也是一种生活,更是一种精神和一种世界。于是,熟悉的领域被伸展了,熟悉领域的界限伴随着陌生物的介入和陌生化的加强而得到无限的扩张,它幅射出一种强大的力量,从而使原有的熟悉之物产生各种复杂的变形和富于戏剧性的重新整合。熟悉之物在陌生化向度的推动和引导下,不停地移动着自己的固定位置,构成了一系列连续的思维轨迹和认识路线。精神之网构成了,经验之轴形成了。在某种程度上,由于陌生成分的增加,熟悉领域的基本结构得到新的调整,传统关系得到新的组合。新角度、新视野、新向度、新层面接二连三地被显现出来、揭示出来。

在这一过程中,一切现存之物仿佛都变得不确定了、不可靠了、不可捉摸了。单调乏味的日常生活变得丰富多彩起来,狭隘闭塞的个人经验变得异常开阔。被遗忘的往事得到庄严的恢复,受漠视的时刻得到真诚的追忆,遭误解的人物得到隆重的纪念。无穷无尽的变化从这里开始,又在这里结束。但最值得重视的既不是变化的开始,也不是变化的结束,而是变化本身,即变化的进行与过程。它孕育着崇高的萌芽,又埋藏着阴暗的种子。多义的陌生化使单一的熟悉之物变得暧昧、模糊,使人失去了往日的那种果断、直率、干脆的风格,而变得犹豫、谨慎、胆怯。怀疑主义变成一切缺乏主见和判断而含糊其辞的遁辞和同义语。但真正的思想依然存在。只是它不再那么直接,不再那么露骨,不再那么赤裸裸,而变成一种夹杂在胡言乱语的学术大合唱中的令人不知所云、玄之又玄的怪诞清淡。日常生活并不保持思想的人格和尊严。因为过于熟悉的东西包围着它、埋没了它、吞噬了它、腐蚀了它。这样,陌生物就成为必然,陌生化就成为可能。陌生物给熟悉之物注入了非凡的活力,使僵死的熟悉物充满生机。由于过分熟悉而素来缺乏思想的日常生活在内涵上得到新的开掘和审视,使其在形式上呈现出批判的意味。

于是,个人经验被社会化了,成为普遍的社会经验,成为社会公众的经验形式。它说明,陌生化绝不是过去对现在的入侵和渗透,而是对现在的改造和协调。机械的僵硬的熟悉领域被充分地调动起来,个人经验和日常生活的原有模式都在这里被赋予了一种前所未有的新形式和新内涵。这种新形式和新内涵的统一性就是陌生化。**它是改变个人经验和日常生活的历史基础**。陌生化的结果就是使过去无限地贴近现在,使彼在无限地靠拢此在。它是经验的一个新维度,是生活的一个新层面,是心灵的一个新视点,是精神的一个新世界。论述到这里,我们发现本节开头提出的那个问题,即史学究竟是把历史变得陌生还是把历史变得熟悉?很可能没有一个固定答案。它不取决于逻辑,而取决于感觉。我们既可以肯定前者,也可以承认后者。二者都有道理。或许,在不同的分析层面上,二者之间还有些更为细致和微妙的讲究,但大体说来,二者均有其合理价值。所以,我们完全可以把这个问题颠倒过来说,这就是:如果艺术的运思取向是把熟悉物加以陌生化的话,那么历史学的运思意向则是把陌生物加以熟悉化。在这一过程中,陌生的与熟悉的双双获得了新生命、新意义、新境界。在陌生化原则的指导下,熟悉的东西并不需要变得陌生起来而获得价值,而是相反,陌生的东西则需要凭借不断逼近的熟悉过程而得到尊重和认可。这样,基于陌生化的向度,过去的与彼在的陌生物就同现在的与此在的熟悉领域建立起一种广泛的有机的内在联系。而且,这种联系一旦建立起来,就不会再被任何外在的非理性的东西所破坏、所割裂、所拆散、所摧毁。

五

历史学的功能之一在于把人类经验和个体经验综合在一起,从而塑造出一种"新经验"。新经验既是人类的,又是个人的。但必须指出的是,新经验之所以"新",并不是一般历史的产物,甚至也不是一般历史学的产物,而恰恰是第三种历史即历史新闻学努力的结果。历史新闻学要求人们用新经验的眼光去看待人类经验和个体经验。**而新经验的本质就在于它是一种包含有心灵体验的史学视野**。所以,如何用心灵去感知历史便成为第三种历史塑造人类经验总体的关键要素。

历史作为人们心灵世界保存最完整的原始内核,从一开始就注定了在人们对世界和人生的整个认知活动中必然具有一种深刻的**原型意义**。在这里,我尝试提出一个观点:**历史是人类心灵的对应物**。这句话的意思有两个:(一)历史**依赖于**人类的心灵而存在;(二)历史**首先不存在于**人类的心灵之中。作为心灵的对应物,**历史既是客观的**,

但又不是独立的。这句话的意思是说，**历史既依赖于人类的心灵而存在，但又不能为人类的心灵所改变。**

在这里，需要注意的是，历史仅仅是心灵的对应物，而不是心灵的产物。二者之间的区别主要表现在：第一，所谓心灵的对应物，**就是与心灵对等的存在物**，甚至是比心灵更伟大的存在物，它与心灵的关系只是若即若离，而不是一味依附。所谓心灵的产物，就是心灵的附属品。第二，作为心灵的对应物，心灵与历史之间并不存在有确定不移的因果关系。作为心灵的产物，心灵与历史之间则存在有明确无误的因果关系。第三，历史作为心灵的对应物并不来源于人类的心灵，历史作为心灵的产物则直接来源于人类的心灵。这种**心灵一元论**显然不妥。在某种意义上，狄尔泰似乎就持这种心灵一元论的观点。他说历史是一种心灵的表现，历史学家通过自己的心灵体验到了历史的心灵的丰富性。

但在我看来，心灵一元论无论如何也说不过去。它过分夸张了心灵与历史之间关系的密切性和一致性，乃至把心灵视为历史得以存在的一种决定性因素。就我而言，**我只愿意把历史放在心灵的对应面，**①而不愿意把历史完全放置于心灵之中，使历史毫无选择地成为心灵的一部分。总之，我的观点是：**历史既与心灵有关，又不受心灵所控制。**我们不妨把心灵看成是历史的通道。历史既入乎心灵，又出乎心灵。历史在心灵里面出出进进，但就是不可能永远停留在心灵之中静止不动。历史是现实生活，是活生生的生命状态。**心灵可以包容历史，但却不能完全包住历史。**历史比人类的心灵更丰富、更博大，但也唯有人类的心灵才能对历史加以真切把握。在某种意义上，**心灵与历史的关系类似于人类与世界的关系。**人类不是世界的全部，但唯有人

---

① 注意，我只是把历史放置于心灵的对应面，而不是心灵的对立面。因为对应意味着历史与心灵相关且本己，而对立则意味着历史与心灵无关且异己。

类能够拥有这种全部性。所以,一方面,历史确与人类的心灵有关;另一方面,**这种相关性又不足以导致某种心灵决定论。**

因为历史毕竟不是纯客观的东西。历史不可能与人类心灵完全无关。除非它不是历史,起码不再是人的历史。人的历史必然与人类心灵有关,同时,也必须用人类心灵去把握人的历史。这就是我所说的"历史是人类心灵的对应物"这一命题的双重含义。它同时排除了习以为常的两种对立性看法。一种是过于"唯心化"的看法,一种是过于"唯物化"的看法。前者把历史视为心灵的直接产物,后者把历史当成与心灵绝对无关的身外之物。所以,我们必须明确一点,这就是:历史既不是人类心灵的产物,又不是与人类心灵无关的身外之物,而仅仅是人类心灵的对应物。

作为对应物,历史始终与人类心灵发生着丰富而微妙的深刻关系。这种关系是和谐的、多样的。但这并不意味着历史与心灵的一致性。历史并不与心灵一致。历史有自己独立的生命、独特的价值。所以,尽管历史是人类心灵的对应物,但心灵也并不始终对应着历史。有时,心灵会或多或少地偏离历史。这时,心灵就形成一种**无心的**真空状态或真空的无心状态。这就需要**通过心灵来校正心灵**与历史之间的偏差,使心灵重新对应于历史。这样,我们就会在新的基点上再次感受到心灵与历史共振的韵律与和谐的美感。

作为心灵的对应物,历史与人类心灵之间构成一种对应关系,人类心灵的丰富性和深度无不受制于这种对应关系。这种对应关系实际上还构成一种内在机制,它要求人类必须不断地调整自己的心灵状态,以便能够更好地观照和洞察历史。从心灵对应物的角度看,越是敏感的心灵,就越能对历史有深刻的理解。所以,心灵的敏感性,就意味着对历史理解的深刻性。但心灵本身首先是一种感应方式。所以,**心灵与历史的对应关系首先是一种感应关系。**心灵如何感应历史,至今还是一个半封闭的神秘课题。事实上,**心灵感应历史的方式始终制**

约着我们对历史的一般认识。

历史是一面镜子,心灵也是一面镜子。这两面镜子各自独立,但又相互映照。历史中包含有心灵,心灵中包含有历史。所以,不能把历史与心灵的对应关系理解为:历史产生于心灵,然后又独立于心灵。只能认为,历史依赖于心灵而存在,但又不仅仅存在于心灵之中。这两种理解具有本质差异性。关键在于,绝对不能把心灵理解成历史的源泉。历史就是历史,心灵就是心灵。心灵对历史的感应可以使历史变得更加丰富多彩,但却不能改变历史的基本性质。所以,心灵是脆弱的。但脆弱的心灵在感应历史时却常常出乎意料地(并合情合理地)表现出一种纯粹性和高贵性。

<h1 style="text-align:center">六</h1>

历史学家把自己的生存体验转化为对人类经验的永恒思考,这样,就产生了生命的敏感性。生命的敏感性是一个**过滤性概念**。我用这个概念来表述一种对生命状态的特殊理解。所以,生命和敏感性也是对生命本体的一种独特理解方式。所谓生命的敏感性就是生命的先验性。生命失去了敏感性,也就失去了想象力和创造力,从而变成一具缺乏活力的行尸走肉。

如果没有生命的敏感性,历史学是不可能在不断地尝试中重新构建人类的经验总体的。这里面包含有三个相关的环节。其一,历史学把碎化的私人经验创造性地重新构造为一个具有统一形式的经验总体,这同时也就使心灵对历史的感应得以成为可能。其二,历史学把纯属个人的私人经验转化成为一种属于全体人类所共同享有的社会财富。每个人都可以从这笔庞大的社会财富中获取对自己有用的份额。在这个意义上,历史学便是一门造福于全人类的社会经济学,便是一门为全人类提供经验资源的社会福利事业。其三,历史学把处于分散状态的人类经验整合起来,构造为一个有意义的整体,从而使之具有一种生命的敏感性。正是在历史著作里面而不是在其他别的什么地方,人类经验的总体结构才表现得如此直接和鲜明,而不受任何粗俗不堪的低级趣味的腐蚀和影响。

人类的经验固然是一个整体,但这并不意味着生命的价值仅仅存在于生命的某一阶段上。历史学对人类经验的整体性构造,其立足点与着眼点就在于将生命的意义赋予给生命自身的任何一个发展阶段。它认为,在生命历程的每一个阶段上,生命的敏感性都会像茫茫黑夜中闪耀的篝火一样照亮无际的天空与大地。在人类的经验之链上,耐心而细致地寻找和捕捉每一个生命的感应点,以便把这些感应点融铸成为一个无限延伸和无穷联系的经验整体,从而使经验焕发出新的生命之光。

历史学对人类经验的系统研究,有助于使我们克服那种占据了人们日常生活和日常意识的**庸俗经验主义**和**粗俗经验决定论**的观念和影响。在这里,经验已经上升为一种非常纯粹和透明的人性层面和生命境界。经验不再是实用的、功利的、政治的、道德的、教训的,而成为形而上的、文化的、精神的、心灵的、意识的。这样,经验就具有了一种生命的敏感性。**生命的敏感性是人类经验的核心**。既然历史学试图塑造人类经验的总体,那么就必须把蕴含在人类经验内部的生命敏感性完整地保存下来和毫无破坏地展示出来。历史学通过对人类经验的塑造,应该使人类对自身的生命本质具有更深刻的敏感性,应该使人类对自己的现实存在状态产生更强烈的生命感和生命意识。在这里,**被历史学展示出来的生命感和生命意识应该等同于历史学所必须具备的历史感和历史意识**。即使二者不完全相同,那二者也必然存在于同一个层次上。也就是说,在历史学对人类经验的塑造中,生命感和生命意识同历史感和历史意识应该属于同一范畴、同一层次。

七

历史不仅是生命，而且还是对生命的敏感性。而历史学则是努力保持这种对生命的敏感性。唤醒人类的生存意识，唤醒人类的生命敏感性，并不是历史学研究历史的一种手段，而是历史学研究历史的目的，甚至是最终的目的。历史并不是活人同死人或生者同死者开的一个无伤大雅的粗俗玩笑。历史是快要死的人与刚刚死去的人之间在灵魂中展开的一场关于生命意义的严肃讨论和对话。所以，写什么并不重要，写出什么也不重要，关键在于是否**写着**。因为，在这里，生命的敏感性已不是一种既定的结论和完成的事实，而是一种需要捕捉和把握的感觉和意象。它是一种未定之天。在不确定的广袤天宇自由自在独往独来地流动和漂泊。

生命在其自身的历程中往往产生两种可能性的形态，即碎化与僵化。把碎化的生命整合起来，把僵化的生命激活起来，是第三种历史努力尝试的事情。思考可以使人恢复活力，可以使人的生命敏感性得以确凿无疑地证实。生命的敏感性在于，我们不能把生命与死亡当作两种不同的东西来看待和处理。生命与死亡的关系与其说是一个事实，不如说是一个问题。是问题就必须思考。但思考又常常是无效的。因而，无济于事的思考就只能使问题依然处于一种割舍不断、悬而未决的"中立"位置和"零度"状态。

一方面，我们可以说，生命的敏感性作为最有力的死亡形式，足以使任何生命之柱都显得岌岌可危、摇摇欲坠。另一方面，我们则又必须说，生命从来就不曾死亡。生命中从来就没有过死亡。生命可以扭曲，可以窒息，可以有各种各样奇形怪状的变形，但就是不可能有死亡。所以，生命不是对死亡的回光返照，而是对生命自身的本质观照。

本质上，生命的敏感性并不是来源于对死亡的恐惧体验，而是来源于对生命本身的神圣热爱。生命的敏感性仅仅是一种生命本身的特性,它与任何非生命的东西无关,它仅仅产生于自身。在日常生活中,由于我们缺乏对生命的敏感性,故而便常常对无数损害生命尊严的现象麻木不仁和反应迟钝。我们不知道该如何保护自己的生命尊严和生命权利。最终,生命的敏感性变成了一只生锈的器皿,只有在强烈的敲打下才能发出一阵刺耳的声音。人们虽然活着,但人们却不知道生命为何物,不知道生命有何意义,不知道生命有何乐趣。于是,生命就成为一种与生活无关甚至是截然对立的东西。在日常生活中,我们几乎感觉不到生命的真实存在,而只有一种活着的平庸状态。

显然,这不符合逻辑。它既不符合生命的逻辑,也不符合生活的逻辑。最终,它不合乎情理。因为真实的生命和真正的生活绝不应该这样。所以,生命在生活中的不复存在,生命敏感性在生活中的消失,意味着生活肯定出了问题。这个问题的内涵是:**生命在生活中的虚无化和堕落化**,即生活中不再有真实的健康的生命。**生活杀死了生命。生活扼杀了生命。生活抹杀了生命。**这就要求我们必须在生活中重新肯定生命的存在,重新确定生命的尊严,重新获得生命的敏感性。说到底,生命的敏感性就是生命的自我保护意识。它要求生命对自身存在有一种自我保护能力,它要求生命必须善于区别自身与生活状态的不同,它要求生命不要沉沦于生活的平庸状态之中。所以,把生命从生活状态中拯救出来和提升起来,就构成了生命敏感性的基本内涵。

八

生命的敏感性是一种需要人们不断加以精心保护和擦拭的东西。对生命敏感性的精心维护,表明了历史学对人性的敬畏和对真理的热爱。毫无疑问,它应该成为我们理解历史学本质的一个基本出发点。

历史学的本质问题常常困绕着我们，使我们对历史本质的认识大都稀释成一种虚张声势的意识形态游戏。说实在的，**我们很难在丧失生命敏感性的前提下去郑重其事地谈论历史**。[①] 除非我们自欺欺人地将历史与生命截然分开，用成堆的史料和大把的概念去搪塞历史和糊弄生命。但到头来，除了借用历史的朽木来为我们自己的生命打造一个狭小的棺材之外，恐怕只能是毫无教益和收获。曾几何时，**我们先是在生命中失去了历史，继而又在历史中失去了生命**。于是，我们成了一无所有的无产者和等待权力赐舍的弃儿。历史与生命的双重丧失，使得我们日复一日地陷入于不可救药的堕落和不可自拔的沉沦。我们将心甘情愿与无可奈何二者不分彼此地一股脑揉合在一起，构造成我们现在那种身不由己而又毫无所思的支离破碎的经验荒漠。

所以，生命的敏感性在于尽力保护生命本体的绝对完整性、真实性和自由性而不受任何人、任何事物的野蛮伤害。并且，它对这种粗暴伤害充满着不可抑制的厌恶、憎恨、恐惧与忧虑。在常识冲突无法解决的情况下，它更愿意将死亡作为生命的最后避难所，而自杀则是进入这个避难所的通行证。当然，不到万不得已的最后一步，没有人会轻易使用这张通行证。因为如果我们自己不愿放弃的话，我们总能找到一种有效方式去呵护生命的敏感性。而历史研究无疑就是一个相当不错的选择。我相信，生命的敏感性肯定能在历史著作中得到全面、完整的恢复。历史著作对死人、死物的论述与探究恰恰为这种恢复的努力寻找到了一个必要契机。通过不厌其烦地淋漓尽致地展示死人与死物的存在与细节，历史著作便得以把生命的敏感性作为一种精神的本质和世界的意义而无条件地肯定下来。不言而喻，我们需要

---

① 狄尔泰也说，"只有通过这种关于生命客观化的观念，我们才能获得有关历史事件的本性的真知灼见。"（《历史中的意义》，中国城市出版社2002年版，第85页）尽管"生命客观化"与"生命敏感性"含义有别，但仍然能够标识出生命意识在理解历史过程中的深刻定向作用。

的正是这种形而上的肯定,因为它可能将我们引向一个更为纯粹和崇高的生存境界。思想——特别是富有思辨魅力的思想——在其中扮演了一个极为关键的角色。它使历史著作在热切关注生命的同时不至于把批判的欲望完全排除出去。如果这样,生命的敏感性就会堕落为死亡的黑洞。它吞噬的不仅仅是生命,而且还有无数的希望和良知。于是,这类历史著作最为擅长的就是向世人进行愚蠢的道德说教和赤裸裸的政治威胁。

我们的目的则是彻底摆脱这些,而致力于对第三种历史的创造。我们相信第三种历史是一场真正的深刻革命。它将改变史学史的方向,甚至命运。在某种意义上,史学史的性质和定义都要因此而重新确立。因为,第三种历史将全面恢复人在历史上所可能拥有的一切,将全面展示个人在历史上所可能拥有的一切价值。正因如此,把碎化的个体经验组合起来,重新建构为一个超越私人眼界的经验总体,使之具有生命的敏感性,乃是第三种历史的崇高追求。每一个具体的个人都可以从这种由第三种历史所重新建构起来的经验总体中敏锐地感知到自己所熟悉而又陌生的那部分独特的生活经验,以期在他的最内在、最隐秘、最微妙的心灵深处唤起一种高贵的生命体验和强烈的生命热情。这是一种唯人所有的生命力和生命的高贵感。在历史的广阔而又深邃的领域中,生命的高贵感始终是我们必须精心维护和保存的东西,它本质地涉及我们每一个人的永恒不灭的瞬时存在之根据与意义。

九

人类的历史已经有几十万年甚至是上百万年,每一种历史都蕴含有生命的精华,都凝聚着生命的意义。在历史中,生命的丰富性和多样性可能是无与伦比的。从而,研究历史就给了我们一个发现生命敏感性的最佳机遇。如果生命敏感性是生命的本质,那么我们就应该说这个本质恰恰也决定了历史研究的本质。从习惯上说,历史学研究的向来都是一些死东西(死人和死物)。但这并不是历史的过错,而是历史学的失误。因为这完全是因为历史学根本就没有摆正好自己的位置。所以,它构成了历史学的一个决策性失误。历史学根本不知道历史是什么,历史学恐怕也没有打算要真正弄清历史本身到底是什么。因为这对于历史学实在是太难了。历史学尚未做好这个准备,历史学家也还不具备有这种能力。为了方便起见,历史学家便想当然地把历史视为一种过去了的死东西。

这样,历史学的目的就比较简单了。历史学只不过是打算要恢复过去死东西的原貌和真相,或者再在这个基础上**强行赋予**历史事件以某种人为的主观意识,以此来获得某种**虚拟性**的历史意义。但无论怎样做,这一切都统统改变不了历史仍然是过去的死东西这一基本事实。这样一来,历史就永远与生命无关,历史就不再是一种生命样态的自然呈现,历史就不再具有激发人类激情和想象力乃至创造力的生命敏感性,历史就不再因自身内在的生命敏感性而去追求和捍卫人性、自由和真理这些超越的形而上的终极价值了。

正因如此,历史学才越发成为那种我们所极力贬斥的第二种历史。我们的目的是在第三种历史的立场上来重新构建一种更加理想和合乎人性需要的历史学体系。所以,我们必须把生命敏感性作为核心问题来予以关注和讨论。

在绝大多数情况下,历史学研究的对象总是死人。① 那么,一个根本性的问题随之就被提示出来,这就是:历史学能否从死人身上发现某种生命或是使死人具有某种生命呢? 如果不能,那么历史学的全

---

① 在不太多见的情况下,历史学也偶尔涉及一些虽然暂时没死但却是快要死的人。

部价值也不过是给死人多做几副棺材、多穿几件寿衣、多放几件陪葬品、多挖几个墓穴、多立几个坟头、多树几块墓碑、多写几篇悼文、多虚情假意地干嚎几声而已。除此之外,别无它用。在死人林立的世界里左右穿行,其辛勤劳作、疲于奔命的结果只能是与死人为伍,其收获也只能是被归类于死尸之列。如果你问一个貌似健康的历史学家最近忙些什么,他往往会表现出一种病态的自豪,"我最近又幸运地捡到了几具尸体。"在历史学家心目中,尸体显然比生命更有价值,更值得热爱和珍惜。虔诚地献身于死亡成为历史学家的生命观,为死亡而牺牲生命成为历史学家的宗教,亲吻尸体成为历史学家的入教仪式。无形的幽灵和有形的死尸与历史学家的一生形影不离。这真让人毛骨悚然。甚至想一想都感到恶心。可历史学家对此却毫无感觉。所以有时我想,历史学家恐怕就连正常的嗅觉器官都已可怕的退化。

这一切都必须予以改变。其力量就来自于第三种历史。第三种历史将以其特有的思想力量赋予历史学家以生命的敏感性。**生命敏感性要求历史学家必须把敬畏生命作为一种信念肯定下来**,以此去观照历史,去思考现实,去理解人性。

第九章　历史形态的文学观

必须把历史里的艺术家和历史里的工匠区分开来。这里也像在其他一切领域一样,存在着艺术家和工匠;有的人在一个范围里机械地劳作,没有整体的眼光,感受不到存在着一个整体;有的人则使卑下的部分崇高起来,他们惯于认为,部分只有在整体之中才能被真正了解。这两种人对待历史的做法和职责必定是完全不同的。

——卡莱尔

每个国家的历史都发端于一个男人或一个女子的心间。

——卡瑟

一

如果说第二种历史具有较多的"科学"色彩,那么第三种历史就包含有更多的"文学"因素。但这并不意味着第二种历史就是"科学"或第三种历史就是"文学"。事实上,历史学一直在"科学"与"文学"二者之间左右摇摆。这种摇摆并不是对称的、均衡的。有时它倾向于"科学",有时又倾向于"文学"。但第三种历史的正式产生则使"文学"在历史学中的地位得到了一种明确无误的可靠保证。从此,历史

187

学可以自信地援文入史,使用文学观念和眼光来观察和理解历史。

如果把文学在第三种历史的功能和作用仅仅理解为一种表述历史的载体、媒介和形式,那实在过于肤浅,甚至更是错误的。即使文学对于第三种历史来说是一种形式,这种"形式"也必须从文学角度去理解,即第三种历史的文学形式不仅是形式,而且更是内容;不光是表象,而且更是本质。所以,第三种历史的文学形式不仅具有文学性,而且更具有史学性。在这个意义上说,第三种历史正是奠基于文学形式这个本体论而得以建构起来的,即文学形式根本不是什么一般的写作形式或普通的表述形式,而是一种内在的本体形式和真正的思维形式。文学形式之于第三种历史完全具有它自身的本质意义。也就是说,**第三种历史的文学性就是文学本身的特性,第三种历史的形式就是艺术本身的形式**。文学在第三种历史中同文学在文学本身中具有完全相同的含义,形式在第三种历史中同形式在艺术中的含义完全相同。文学以一种纯粹本质的形态直接切入历史形态之中,从而本体地构成第三种历史。几乎可以说,第三种历史的可能性就在于它本身的文学性。文学之于第三种历史是一种真正的根据,形式之于第三种历史是一种真实的形态。我们必须从文学本身的意义上来理解第三种历史所具有的形式功能。形式在艺术中具有什么含义和价值,形式在第三种历史中就同样分毫不差地具有什么含义和价值。所以,文学形式在第三种历史中永远是一种思维、一种价值、一种意向、一种境界、一种目的、一种理念。

基于历史形态的文学观,艺术史、文学史、美术史皆为第二种历史。所以,第三种历史的根据并不在于它的内容,而在于它的形式;并不在于它写什么,而在于它怎么写。故而,形式决定内容乃是第三种历史的本质规定。第三种历史以一种更直接、更具体、更广阔、更真实、更生动的方式展示了历史本身所具有的那种深刻戏剧性。这种戏剧性的真正价值绝不仅仅是纯粹美学的或形式的,本质上它首先是人性的和生活的。所以,对于第三种历史所表现出来的那些丰富意象,我们绝不可轻率视之。因为本质上它包含有一种人性的无限深度。所以,如果把第三种历史中那些丰富意象视为产品的外观包装或外部装潢,那是极不恰当的。因为这些丰富意象并不是在作品完成之后才附加上去的人工花朵,而是在写作过程当中就已产生出来的奇特想象,它与作品一同完成,甚至它往往在作品最后完成之前就内在地奠定了作品的基本风格和总体形态。更有可能的是,有时这些丰富意象还在作品尚未正式写作之前就早已酝酿成熟,并含而不露地制约着作品的写作过程和运思方向。在这里,所谓构思和思索,其实就是对这些丰富意象的不断理解和多层把握。

我发现,**当人们学会并习惯于教科书式的思维时,他实际上就已无法正常思维了**。这种感受在第二种历史中表现得尤为强烈。所以,第三种历史就成为对教科书式思维的超越。甚至它很可能造成一种历史思维的革命。它对一系列原有的观念造成了冲击。比如想象、直觉、激情等。丰富的意象、华丽的文彩、形象的比喻、深刻的内涵、雄浑的气势,组合在一起把第三种历史的文本结构烘托得生动有力,坚如磐石。

在文本的意义上,不妨说,第三种历史为历史学家的写作提供了一种新的形式,为历史学家的存在塑造了一种新的形象。鲁滨逊曾充满信心地说:

> 历史学家始终是社会科学的批评家和带路人,他应该将一切社会科学的研究成果综合起来,用过去人类的实际生活来加以检验。……因为历史学家现在已经越来越明白他们的目的;他们的理想,比之诗人或戏剧家要崇高得多,更能令人感悟,而这个理想却要求历史学家具有日益提高的想象力和表达力。①

————————

① 《新史学》,商务印书馆1964年版,第50页。

与第二种历史完全排斥直觉、想象、无意识等非理性因素不同,第三种历史则对这些诗性因素以充分的肯定。无论是第三种历史的肯定还是第二种历史的否定,它都包含有两层意思:一是对历史本身所**自然包含着的**非理性因素的否定或肯定,二是对历史学家自己在研究历史过程中所**自觉表现出来的诗性因素**的肯定或否定。

这无疑是一种辩证的非理性观,所谓辩证的非理性观也就是**理性的非理性观**。即它不是以非理性的方式看待理性即全盘否定理性,而是以理性的方式看待非理性,即对非理性以合理的把握。但这并没有贬低非理性。我相信,正是这种理性的非理性观,才使得第三种历史能够把史学与文学有机地统一起来,从而构成一种历史形态的文学观。历史形态的文学观使得我们对史学与文学的关系有一个全新的认识。而这种认识将帮助我们对历史本身有一种更深刻的理解,对历史意义有一种更真切的把握。

在广义上,我们差不多可以把文学(艺术)——特别是那些规模宏大的具有史诗般的气势和内涵的长篇小说——看作是第三种历史。但这并不是为了抬高文学的历史地位,而是为了确定文学的历史价值。所以,如果将第三种历史看成是史学与文学的结合是不准确的,因为就其本身而言,第三种历史的出现仅仅意味着史学与文学之间的传统界限在现代观念和现代思潮的冲击下正在逐渐消失、模糊,广义上的现代主义使得史学与文学本质上成为一个不可分割的文化整体。史学与文学之间的那道存在了无数个世纪的"柏林墙"已经开始倒塌、崩溃。史学与文学的真正统一势在必然,只不过就现在来说,双方还暂时处于一种试探性的相互接近、靠拢的初始阶段。不过可以预料的是,随着双方彼此了解、融合程度的逐步加深,文学对历史学将产生不可估量的影响,历史学的观念和功能将越来越明显地受到文学的深刻制约和规范,同时,历史学也将对文学本质的演化和结构的转换产生革命性的推动作用。

史学与文学之间的相互吸引和宽容,并不意味着第三种历史对科学的排斥与拒绝。本质上,它对科学是接受和承认的。只不过,它对科学的接受与承认已不再继续停留在像第二种历史那种单纯模仿和机械照搬的贴标签和喊口号的概念化和公式化之粗俗阶段,而是已经进入到了一种消化其精华的成熟阶段。所以形式上,第三种历史并不讲究过度的**科学化**,但实质上,它却有着十分严格的**科学性**。**过度的科学化对历史学是一种威胁,严格的科学性对历史学则是一种保护**。第三种历史摈弃科学化而接纳科学性应该是一个明智的选择。

科学性距离理性并不太远。理性的疆域可能要更大一些。在理性的疆域里面,理性与非理性、科学性与艺术性并行不悖。理性能够容纳非理性,非理性却不能容纳理性。或许,这正是理性的高明之处。基于此,第三种历史并不因自己接纳科学性而无端排斥艺术性。第三种历史承认并肯定文学家、艺术家对历史均有着不容置疑的解释权。不过在以往,在第二种历史中,艺术家和文学家的这种历史解释权往往是遭到怀疑和否认的。

无论如何,第三种历史为文学家认识历史、思考历史、把握历史提供了一个广大的空间和宽阔的舞台。第三种历史高度评价文学家在认识历史中的不可替代的特殊价值和作用。第三种历史以最大的限度容纳了文学家的存在。第三种历史尊重文学家所应有的历史解释权。第三种历史欣赏文学家洞察历史的直觉能力和理解历史的独特方式。第三种历史向文学家打开了进入历史的最后一道大门。第三种历史真诚地希望文学家能够在历史形态中占有一席之地。所以,第三种历史责无旁贷地成为文学家走向历史的引路人。

二

历史学起源于艺术、起源于文学、起源于诗、起源于隐喻、起源于暗示。所以,文学在历史形态中的地位是本体性的,诗在历史学中的价值是本质性的。历史形态的文学观必须真正恢复文学在历史学中的确定性地位。因为它已经成为历史认识和历史解释的一种基本方式。在这里,我们需要考虑这样一个问题:在思考历史时,文学是否真的具有某种优先性?或者说,对于理解历史而言,文学是否比史学更为优越一些?

习惯上,人们都承认文学可以帮助人们认识历史,文学也能被用于研究历史(即文学作品作为一种特殊的史料)。也就是说,文学在认识历史时只有某种辅助功能,而不具有独立作用,更不具有本质作用。但在我看来,这种观点是可疑的。而我则更倾向于认为文学之于认识历史的功能绝不仅仅是辅助性的,而首先是独立性和本质性的。即文学单凭自身也完全能够做到有效地理解历史和思考历史。更重要的是,在理解历史和思考历史方面,文学较之于职业化和专门化的史学还拥有某种超越性的优势。因为我向来认为,在理解历史方面,**历史学并不具有任何特权**,相反,它更多的反倒是充满各种偏见。

在第二种历史中,有两个概念特别需要注意,一是"文学史",一是"历史文学"。当然,在这里,提出这两个概念只是为了赋予它一种新内涵和新解释,即一种历史形态的文学观。先说"文学史"。在第二种历史中,文学史是一个常见的学术门类。但在第三种历史中,它完全可能具有另外一种迥然不同的含义。这就是,文学史不是文学与历史二者浪漫性的自由结合,而是一种可能性,这是一种**超越文学并使文学成为可能的历史必然性**。其真实内涵在于,历史在这里仿佛已变得无关紧要,历史需要——甚至在某些情况下必须——通过文学来加以创造和发现。这就是说,不是历史创造文学,而是文学创造历史。基于这个规定,文学史的目的就不是去研究历史是如何创造文学的,而是去研究文学是如何创造历史的。即文学史绝对不应该舍本求末地关心创造文学的历史方式,而应该全神贯注地思考创造历史的文学方式。换言之,文学史的本质就在于表现并揭示了一种创造历史的文学样式和文学维度。而这种创造历史的文学样式和文学维度也恰恰就是一种构成历史的真正可能性。

再说"历史文学"。在第二种历史中,它有两层含义:一是指历史学家所具有的文学才能以及历史学家在写史时所运用的某种文学手法,一是指历史著作所包含的某些显而易见的文学因素以及历史著作所产生的直观文学效应。但它同理解历史所必须的思维方式和感觉方式无关。而这点却正是第三种历史所特意强调的。所以它本真地构成了我所说的"历史形态的文学观"。所谓历史形态的文学观,最根本的一点就是,它要求在理解历史时,必须具有一种真正的文学意识和文学眼光。它不是把文学看成是表述历史的外在方式和形象手段,而是把文学视为思考历史的内在素养和价值理念。

第三种历史提醒我们,对文学的本质和意义必须有一种新的理解和认识。这种新理解和新认识无疑将构成**第三种历史的文学观**。在本质上,它是一种真正的**新文学观**。新文学观的核心命题是:**文学即史学**。这就意味着,文学作品第一次成为历史意义的重要表现形式。从此以后,文学将堂而皇之地进入历史的殿堂而不受任何无缘无故的盘查和吹毛求疵的审问。文学成为历史大家族中的新的一员。它意味着,文学不再是一种浑浑沌沌的史料,而是一种实实在在的历史。文学的本体论地位在历史中首先得到了确认。文学的价值不再是一种孤立的碎片,而是一种联系的整体。**文学观已成为历史观的有机组成部分**。人们已不能撇开文学或无视文学的存在而去解释历史和评价历史了。文学开始具有一种解释历史的功能。尽管文学的这种历史解释功能在目前阶段还不太完善和健全,但它绝对是一个前景辉煌的伟大开端。因为,在第三种历史的总体形态中,文学所具有的这种历史解释功能已不是一种纯粹技术性的手段,而是一种真正结构性的方法。

这就是说,任何一种文学技巧和艺术形式对于写作历史都是适用的。比如,时间倒流和空间错位等意识流手法就完全可以用来表现历史。历史是开放的。历史向一切艺术形式全方位开放。但有一点必须注意,即我们不能把艺术手法在第三种历史中的运用和表现视为艺术方法向历史的挪用和延伸,而只能理解为艺术向历史回归的必由之路和艺术过渡为真理的合理尝试。**艺术本身并不是真理,只有在历史中,艺术才是真理**,艺术才有真理性可言。不与历史联系在一起,艺术就仅仅是一种抽象的物件,甚至它连形式也不是。因为"意味"已被历史"抽走"、"掏空"和"吸干"。艺术回归于历史,返回历史,正是艺术成为真理、获得真理性的本质标志。基于此,我们便能够理解为什么第三种历史要向艺术全方位地开放、为什么要竭尽全力地容纳和吸收艺术价值。这既表明了第三种历史越来越具有一种艺术特性和艺术品位,同时也表明艺术向历史的回归正在由可能变为现实。

当代一位伟大的文学家指示我们:

> 让历史家体会一下那些年代的气息吧:战线节节东移,德国人包围了列宁格勒,打到莫斯科城下,占领沃罗涅日,到达伏尔加河岸、高加索山麓。后方男人越来越少,每一个健康的男人身影都招来责难的目光。一切为了前线!为了阻挡希特勒,政府不惜付出任何代价。只有膘肥体胖、皮白肉嫩、闲着没事的劳改营军官们(还有他们在国家安全部门的兄弟)照旧留在后方的职位上。……越是深入西伯利亚和极北地带越可以放心。但要清醒地懂得:安逸的生活是不牢靠的。上面一声吆喝:"喂,那那些脸蛋红红的、手脚麻利的劳改干部们统统清出来!"一切都会完了。没有队列经验?可是思想觉悟高嘛!如果分配到民警、督战队还算幸运。弄不好,那就是编进军官营!投入斯大林格勒战役!一九四二年夏天,一些军官学校整个收摊,全体学员没有结业就被送上

火线。警卫队里年轻力壮的押解员已经全抽光了。

……

在这以前只是不幸而疲惫的劳改犯们通过互相夺取口中食的方式进行着生存竞争。而现在大权在握的契卡行动员也无耻地参加进来了。"今天该你死,我还要活到明天!!"但更好是用你这肮脏的畜牲的小命把我的死亡推得远远的!①

我相信,在任何一部二战史著作中,人们都不可能看到这种带血的恐怖文字。同时,我更相信,它比现有的任何一部二战史著作都要真实得多。不过,我想强调的是,文学作品的这种真实实质上已经成为历史意义上的绝对真理。这可以视为文学即史学的另外一层含义。

下面,我们不妨再来看一部具体的历史著作。它同样可以告诉我们,文学之于历史理解究竟有着怎样一种意义。我想,不论是谁,读到下面几段文字,都不会毫无所思、毫无印象地转身离去。这就意味着,历史形态的文学观对历史著作提出的要求是:第三种历史虽不必把自己写成文学作品,但一定要有文学作品的魅力。这就是,不是文学,胜是文学。

它有着自己内在的强烈特征。飘扬在尘土中的毛缨,黄铜的马具和缝缀起来的盔甲同时闪光,装有三角小旗的锐利的长矛,漂亮的骑兵,骑上马鞍准备出发抢劫和掠夺的一支贵族军队的嘈杂、骚动、喧嚣和浮华,后面跟随着无精打采的走痛了脚、披着羊皮、用木棍和长矛武装起来的老百姓。这就是古苏丹的军队。这就是封建的火焰和挑战。它们无数

---

① 索尔仁尼琴:《古拉格群岛》中册,第364—365页。

次地扑向一个又一个帝国的安闲的市场和有水的村庄。①

现在,要透过另一世界去回顾那些田园式的王国,重新去体验当时看见过它们的人的感受,这是困难的。但是这些感受是生动的,深刻的。②

全部建筑物,不论是在山谷中或圆石形的南非山丘上,都在这荒凉的土地上表现出一种庄严和生命力,以人以不可抗拒的深刻印象。③

带有铁箍锄尖的锤和燃烧木炭火炉的红光,是中世纪罗得西亚的重要背景,正如铁路之与十九世纪欧洲的发展一样。④

谁也不能否认,这些文字已深深地打上了历史的印记,故而能对人类心灵产生特殊的感应。这感应正是对人类发出的呼唤和邀请。它邀请人类与历史同在。在文本的意义上,它必须使人们对第三种历史有一个直观的感知。第三种历史试图告诉人们的是一种什么样的历史?这种历史与其他历史究竟有何不同?这些都是人们所关心的,也是人们对第三种历史之价值的初步确认。

第三种历史试图在作品与读者之间并进而在历史与人们之间构造成一种特定的氛围和意境。所谓"身临其境"就是这个意思。它是说,作品要将读者吸引到自己跟前,并同自己一道(按照自己提供的线索和指示的方向)进入一种特定的环境。这种环境在第三种历史看来就是历史。也就是说,第三种历史力图通过作品去沟通人们的心灵和精神,使人们的心灵与精神同自己的本质精神在同一时间达到一个共振点上,由此产生一个共同的旋律或频率,这样,作品与读者之间所共

---

① 巴兹尔·戴维逊:《古老非洲的再发现》,三联书店1985年版,第121页。
② 戴维逊:《古老非洲的再发现》,第123页。
③ 戴维逊:《古老非洲的再发现》,第357页。
④ 戴维逊:《古老非洲的再发现》,第375页。

同需要的特定氛围和境界就形成了。人们置身于其中,浑然忘我,像着了魔似的跟着作品一起手舞足蹈,直到自己整个身心都毫无保留地融入于那博大深沉的历史情态之中。所以,披露事实、展示过程、作出判断并不是第三种历史的一般目的,第三种历史的真正目的是构筑一种非凡的场面、一种令人过目不忘记忆犹新的景观,并以这种精心设置的①场景去吸引人们的注意力,使人们在阅读过程中能够以自己的心灵和思想去与作品取得一致、达成共识,这便产生和谐,而和谐就是氛围,就是境界。第三种历史基于这种和谐的氛围和境界就有可能使人们直接面对历史、直接进入历史,从而在一种较高的层次上去洞察历史的本质和真实。

除此之外,历史形态的文学观基于自己的独特视角,要求历史著作最好能够直接感受到并写出**历史的体温**。因为历史是一个充满生命活力和人性深度的有机体。所以历史的体温,可以用三个词来表示:**活气,活动,活力**。而这些肯定都是人人都能感受到的东西。人在生活中如何感受历史,同时也就在思维中如何判断历史。**生活感受构成历史思维的朴素逻辑**。如果我现在感觉不幸福,那我又怎么证明或相信历史的确是在进步? 也许有人说,历史进步并不完全等同于个人幸福。这话我也同意。可我不甘心的是,在最平常的意义上,所谓历史进步不也就是说今天比昨天过得好一点吗? 如果连这点也感觉不到,那历史进步还有什么意义呢? 事实上,**任何一个宏大的历史问题都能准确地还原为一种最细微的生活感受**。在这个意义上,**我非常愿意把普通人的正常生活感受比作判断历史问题是否"发烧"的体温计**。我发现,许多历史研究都喜欢自我陶醉于一种热得发昏的状态。它们全然不顾普通人的日常感受,而在那里肆意妄为的信口开河,净说些

---

①　所谓精心设置并不等于完全虚构和全盘杜撰,它只是表明了一种思想上的客观追求和客观性的价值取向。

不咸不淡、没边没沿、昏头昏脑的胡话。在普通人日常感受的天平上，如果称不出历史研究的真实分量，那么它必定非虚则伪，不是欺世，就是盗名。所以，写出历史的体温包含有两层意思，一方面，它要求写出历史上普通人的生活感受；另一方面，它要求依据普通人的日常感受去观察历史和评判历史研究。这是第三种历史对历史学家的至高要求。在下面，我们将有幸看到一个富于人性的历史学家正在小心翼翼地抵达这一深刻境界。

> 在这一系列变动的背后，麦罗埃和它的文明仍是一个奥秘。其所以称做奥秘，并不是因为对于曾经在这里存在过的高度发展并繁荣过好多世纪的文明表示怀疑，而是因为不了解这种文明的实质——它的日常生活，它和外界的联系，它的许多原来不属于非洲的思想的非洲式的奇特的综合，它的百分之百的非洲式的对婚姻的其他问题的看法。①

最值得注意的是，在这段话后面作者所作的一个相当关键和足以说明问题的注脚。

> 早在公元三世纪，一个叫做希利奥多鲁斯的希腊作者在一首长诗中提到，一个麦罗埃的公主爱上了一个漂亮的思腊斯人。这位贵族妇女虽然被称为埃塞俄比亚人，实际上却是麦罗埃人。这首诗是否讲了麦罗埃的生活？《剑桥古代史》有一段记载，但没有提出这样的问题，当然更谈不上对这个问题的解答了。②

这个注解进一步阐明了第三种历史与第二种历史之间的本质区别。它提示我们，作者最关心的是什么问题、最感兴趣的是什么问题。显然，第三种历史更为关心的是历史上的具体的人的真实生活，比如

---

① 戴维逊：《古老非洲的再发现》，第77页。
② 戴维逊：《古老非洲的再发现》，第78页。

爱情、婚姻、性、忧郁、伤感、烦恼、梦遗,还有衣服的款式、发型的变化、乳房的发育等等。① 正因如此,第三种历史较之于第二种历史更为重视文学作品的历史价值。实质上,这是一个根本性的观念转变。它在整个史学史上必将产生极其深远的影响。因为,传统的**历史学的文学观**无不都是把文学作品视为研究历史的特殊史料。典型的第二种历史的文学观对文学就是作如此处理的。在第二种历史的文学观念中,文学作品的唯一价值就是它的史料价值,而且这种史料价值还非常有限和片面,因为充其量它只能反映一些历史人物的心理活动和感情变化以及社会生活中的风土人情。而对于第二种历史来说,诸如这些心理、感情、风俗、习惯等因素则完全是无足轻重的细微末节,因为它对第二种历史所孜孜不倦地研究的那些宏观的政治制度、生产方式、阶级斗争、社会关系、历史规律等重大题材毫无用处。第二种历史不相信个人能够改变历史,不相信心理能够决定历史。第二种历史关心的都是些政治、经济、军事、外交、规律、生产力、必然性等,而在政治结构中和经济活动中以及必然性的历史规律面前,人的心理、情感、道德、个性以及习惯和风俗等因素统统都是可有可无的多余小数。对于政治制度的变迁、经济关系的变革以及百年大战的爆发,这些纯属于个人化的心理、情感、道德、性格、习惯等因素的作用与影响简直微不足道。所以,第二种历史的文学观并没有真正确立文学作品在历史形态中的真实地位和价值,只有第三种历史的文学观才第一次做到了这一点。

因此,第三种历史的文学观才是真正意义上的文学观。因为,文学作品在历史形态中的地位不再是低层次的和边缘性的,而是高层次的和中心性的;文学作品在历史形态中的价值不再是史料性的和文献

---

① 参见罗宾·布莱耶尔:《头发的历史》,百花文艺出版社 2003 年版;玛莉莲·亚隆:《乳房的历史》,华龄出版社 2001 年版。

性的,而是历史性的和思想性的;文学作品在历史形态中的功能不再是参考性的和补证性的,而是根据性的和主体性的。较之于第二种历史,文学作品可能更接近于历史真理。我们这么说,并不是简单地主张应该把历史当成文学来写或把历史作品写成文学作品,也不是愚蠢地要求历史学重新退回到传统的那种"文史不分"的陈旧格局之中。我的真实意思是,由于第三种历史的文学观在史学史上所产生的划时代的根本转向,我们显然很有必要去重新审视一下历史学与文学的传统关系是否合理与正当。事实上,我们完全应该以一种新的眼光去看待历史学与文学的关系,并对这种关系作出一番符合第三种历史需要的调整和规定。因为,历史学与文学之间的关系已经不容否认地发生了结构性的整体性的转换和变化,历史学与文学之间的那种传统的泾渭分明的单一界限现在已经变得模糊和不确定起来,原来那种横平竖直的严格封闭性的界限现在已为一种更富于曲折变化的更灵活更开放的界限所取代。历史学与文学不再互相对立,而是趋向于对话和互补。二者的关系变了。二者的界限消失了。双方产生了共同的需要和理想。于是,历史学与文学的统一结构形成了。这种统一结构的形成,将使文学对历史学的价值取向产生更为有力和积极的影响。至少有一点是明确无误和可以肯定的,那就是,文学在历史学中的地位变得更为重要和关键。文学不但是有别于史学的另外一种理解历史的有效方式,而且文学所拥有的历史价值绝不低于史学所拥有的历史价值。所以,第三种历史的文学观提出的要求之一就是希望文学家能为历史学家提供更多更深刻的人性感悟和思想启示,同时,它也要求历史学家必须向文学家认真学习更多的东西。

三

纪实文学究竟是文学还是历史?形式上看是文学,内容上看是历史。即纪实文学就是以文学的形式去表现历史的内容。但是,纪实文学区别于历史小说或历史戏剧的基本特征在于:纪实文学可以想象但绝不能虚构,它所描写的题材,从事件到人物,从结局到细节,从时间到空间,都必须是一点也不能走样或变形的。所以,纪实文学的本质在于历史性的纪实而不在于非历史性的虚构。① 与此相反,历史小说既可以想象也可以虚构,除了一个无关紧要的历史名称外,历史小说与其他类型的小说毫无二致。历史小说的本质是小说而不是历史。在历史小说中,历史是一种道具而不是一种结构,是一种修辞而不是一种主题,是一种背景而不是一种内容,是一种装潢而不是一种实体。

所以,纪实文学可以合理地成为历史新闻学的一种有效模式。把某些文学表现手法用于描述历史,可以更充分、更全面地揭示历史的各个层次和各种向度的复杂含义,使历史的意义更丰富、更深刻。纪实文学的灵活性,表现在它能把粗犷的风格和纤细的笔法,充满理性和激情地铺染成一种特殊的富有魅力的生动结构。而这一结构也正是呈现历史意义的最佳形式。

纪实文学的叙事模式的特点并不是它的事件,而是它的细节。最大限度的详细,是其追求的目标。**无限的细化**,是其独领风骚的鲜艳旗帜。因为纪实文学所描述的事件一般都与历史著作中的事件大体相同,无甚差异,唯一足以把纪实文学同历史著作明显区别开来的直观特征就是纪实文学中那些比比皆是色彩斑斓的创造性和文学性细节。这些细节大都是历史著作所无,而为纪实文学所有的。这些细节诚然都是某种想象的产物,但往往是合理的、必然的、可能的。而正是

① 美国作家杜鲁门·卡波地曾发明"非虚构小说"这一概念。他在 1965 年出版《冷血》,使用"内思与对白"来描写两名杀人者的真实故事,材料来自于在狱中与犯人的谈话录音。接着诺曼·梅勒在 1967 年出版了一本"报道美国民众在华盛顿发动反越战大游行进军国防部五角大楼的《黑夜的军队》,书的副题是《历史作为小说,小说作为历史》。"后来他在 1979 年又出版了《刽子手的歌》也是使用"非虚构小说"这种手法。(参见董鼎山:《自己的视角》,第 104、132 页)

这些非凡的细节才恰恰引起了人们的兴趣和职业历史学者的非议。这正像人们都愿意读太史公的《史记》,并深为其传奇般的历史氛围所感染和激动,但同时人们又怀疑那些最生动的细节是否完全符合历史真实。比如有人依据"使毒以其阴关桐轮而行"等等一些所谓"《金瓶梅》上都写不出的话",质问"太史公是在写历史呢? 还是在写小说呢?"①不过人们至少承认,史家以小说之笔写史,同样可以写出"好历史"。这就意味着,《史记》中那些极为传神的细节描写,虽非档案文献中所有,又非太史公所亲眼目睹,即便不排除其中有些道听途说之言,但绝大部分细节为太史公本人所想象和虚构则绝无疑问。而人们之所以一方面认定这是一种想象,同时一方面还愿意近乎无条件地相信它,就是因为太史公已使这些细节同巨大的历史事件融贯起来,并从平庸的文学渲染提升为一种深刻的历史观照。这样,普通的细节便成为独特的历史意象和珍贵的历史证据。

毫无疑问,第三种历史突出了细节的象征性和暗示性。但它本身仍具有一种深刻的整体结构。细节在第三种历史中获得了一种非凡的意义,甚至在某些时候,它还被有意无意地置于一种核心的地位,作者试图通过它或透过它而去暗示和象征某种更为重要和更为巨大的历史事件的无限性和困惑性。② 诚如尼采所说,"世界历史被系于鸽子脚上"。最小的细节支撑着最大的事件。这种极不对称和均衡的结构却并不显得格外滑稽,当然更说不上是一种恶作剧。因为这种表面上看去过于偶然的细节恰像打开必然趋势密码的最后一把钥匙,哪怕是稍有不慎,也都会一触即发,产生意料不到的连锁反应。于是,像原子核裂变一样,偶然细节这个可怕的肉眼根本看不见的中子却撞开了

---

① 唐德刚:《史学与文学》,华东师大出版社 1999 年版,第 27 页。
② 必须指出的是,它与新历史主义作为文学批评方法使用的"逸闻主义"(anecdotalism)具有某种亲和性。(参见张进:《新历史主义与历史诗学》,中国社会科学出版社 2004 年版,第 270—285 页)不过,二者实质仍有相当不同。

必然事变的大门。一刹那间,一切都发生了。灾难,痛苦,悲剧,死亡,毁灭。一切都在眼前发生。一切都发生在眼前。不管你是惊奇还是激动,不管你是恐惧还是兴奋。它都不露声色地向你走来,向你扑来。抓住你的手,发疯般地摇晃着你的身子,肆无忌惮地敲击着你的脑袋,甚至撕咬和狂吼,直至将你弄得魂飞魄散、心胆俱裂。你这时已不复为你。你感到自我正在丧失。你正在丧失自我。你已经没有自我。但你还是徒劳地做着最后的挣扎力图把握住那正在可怕地变得虚无和不知踪影的自我。毫无疑问,细节已经进入了你的灵魂之中,深深地吸引了你的全部注意力。你眼前飞舞着的全是密密麻麻的细节。无数的细节在空中翻动、盘旋、升降、融汇、结合、凝聚,终于形成一个若隐若现、若明若暗、既模糊又清晰的巨大结构。你感觉到了这个巨型结构的强大磁场效应。你的全部身心都开始受到震动。你被撞击得摇摇欲坠、难以自持。结构吸附了你、吞没了你。你感到结构就像一个无底洞,里面有一股强大的暗流正在把你死往里拖。你身不由己,毫无感觉。一切听天由命。

结构显然不同于细节。但如果说细节的力量就像一把刀子或锥子刺进了你的灵魂的话,那么结构就像一个黑洞一个裂谷把你整个陷了进去。尽管细节的力量不如结构那么巨大,但细节仍是不可缺少的。因为我们正是**从细节过渡到结构**的。**细节—结构**这种心态效应和审美体验正是第三种历史刻意描写细节的用意所在。不言而喻,细节的承受力是无限的,细节的包容量也是无限的。细节象征着无限,细节暗示着永恒。在细节的支撑下,整个结构被牢牢地托举在一种千钧一发的紧张状态。惊险但不致命。在一种惊心动魄的命运悬置中显示出第三种历史那特有的从容不迫的理性风度和个性魅力。细节就像千斤顶,虽然矮小,貌不惊人,但能量极大,近乎无限的巨大结构实实在在地压在了细节之上。细节并不给人一种轻松惬意的如释重负之感。相反,它让人几乎喘不过气来,被闷得透不过气来。第三种历史的思辨智慧和审美体验就在这时不失时机地透过我们的心灵之窗而成为我们思考和欣赏的真实世界并自然而然地成为我们人生经验的一部分。

四

纪实文学的崛起意味着历史研究的缺席。对此,历史学家理应感到耻辱。提出历史形态的文学观这个问题,就是要求人们充分重视文学对于理解历史所具有的某种本体论价值。这就意味着,**文学应该成为历史学中最具本质性的一个层面。**

有一个基本事实必须弄清:一方面,人们读纪实文学作品时,主要是把它当作历史来读,而不是当成文学来读。另一方面,人们在读纪实文学作品时,主要是想从中获得一种有别于一般历史教科书的更为真实和生动的历史知识和历史观念。就前一个方面而言,人们对纪实文学作品有一种**明确的历史价值期待**;就后一个方面而言,人们对纪实文学作品又有一种**更高的**(即有别于传统史书和流行史观的)**历史价值期待**。至于这些纪实文学作品是否确实达到了人们心目中所期待的这种标准,那自然可以质疑,也确实大可怀疑。人们有充分的理由和证据指责这些纪实文学作品歪曲了历史,但人们却不能说纪实文学不能用来写作历史和阐释历史。这两者显然不是一个问题。**即一个事物的正常缺陷不能成为否定这个事物固有价值的正当理由。**基于这个判断,我们可以说,现有的纪实文学作品不是合格的纪实文学,它距离真正的纪实文学的要求还有着巨大的差距。而这也正是我们亟需从理论上来对纪实文学作品加以深入分析的主要原因。其目的就是试图依据第三种历史的基本理念来揭示纪实文学的历史内涵,从而建构出一种历史形态的文学观。历史形态的文学观不是历史主义的文学观,不是要求从历史发展的角度来看待文学的演变(因为这只是一种学科性质的"文学史"眼光），也不是把文学视为历史的一部分，从而凸显文学存在的历史性，而是把文学与史学统一起来，以便构成一种理解历史的新眼光和新观念。所以，历史形态的文学观主要考虑的是，在理解历史时，文学究竟具有何种价值？也就是说，同历史学比较起来，对于理解历史而言，文学究竟有哪些特殊的优越性？文学是否比史学更适用于理解历史（而不是比史学更便于记述历史）？文学是否比史学更有助于阐释历史（而不是比史学更有利于描写历史）？当然，用文学手法和文学风格去写作历史，向来是受到人们欢迎的，同时也是受到史家鼓励的。但这不是我所关心的问题。因为**史书的文学化效应**只是一个接受美学的问题，而不是历史新闻学的问题。

在这里，我们会很自然地想起史学史上那个古老的难题，这就是郑惟忠向刘知几所提出来的那个有趣的问题：为什么古往今来都是文人多而史家少？当然，刘知几对此作出了一个颇有说服力的解答。①不过我感兴趣的完全是另外一种可能。因为在我看来，它完全可以转换成另外一个问题，即，**为什么自古以来读诗者多而读史者少**？因为我相信，正是读者的需要才刺激了诗文多而史书少。但这又是为什么呢？为什么人们都喜欢读诗而不喜欢读史呢？这是否意味着人们从本性上更喜欢幻想，而不喜欢真实？是否意味着人们从心理上更需要情感的慰藉，而不需要理性的磨炼？如果的确如此，那就只能说明我们所写的史书远离人的本性，那就只能说明我们的史书缺乏打动人的情感力量和震撼人的精神力量。由此看来，我们的史书的最大缺陷就是与人无关，就是缺乏对人的关心，就是缺乏对人内心世界的深刻揭

---

① 《旧唐书·刘子玄传》云："史才须有三长，世无其人，故史才少也。三长：谓才也，学也，识也。夫有学而无才，亦犹有良田百顷，黄金满籝，而使愚者营生，终不能致于货殖者矣。如有才而无学，亦犹思兼匠石，巧若公输，而家无楩柟斧斤，终不果成其宫室者矣。犹须好是正直，善恶必书，使骄主贼臣，所以知惧，此则为虎傅翼，善无可加，所向无敌者矣。脱苟非其才，不可叨居史任。自复古已来，能应斯目者，罕见其人。"

示,就是缺乏对人的灵魂的终极关怀。很难想象,如果不关心人,那么写史还有什么意义?文学是关心人的,所以读诗的人多。史学不关心人,所以读史的人少。既然不关心人,史学如何可能比文学更能够理解历史呢?这从反面证明,正因为文学关心人,故而文学就比史学更有助于理解历史,文学就比史学更能深刻和真切地理解历史。所以,文学所具有的理解历史的优越性就构成一种本体论的规定,而绝不单纯是一种肤浅的表述方式和修辞技巧。语言生动,用词典雅,这向来只是文学的小节,而绝非文学的实质。如果以此为理由去判断文学优越于史学,那实在错得不可以道理计。从根本上说,文学在理解历史方面所具有某种本体论的优越性,不在小节,而在实质;不在修辞,而在思想。

五

在第二种历史中,所谓"文笔"和"文采"指的是多增加一些形容词,多使用一些比喻等,即它主要指的是一种修辞技巧。在第三种历史中,对话语的要求完全是另外一种形态上的规定。它的内涵在于,从社会上吸收活的话语,从生活中借鉴新的语言,使历史像新闻一样永远是新的,永远呈现新的形态,使历史著作像新闻作品一样生机勃勃,引人入胜,情趣盎然,充满魅力。因为没有一个人会迂腐到认为新闻应该写得像历史那样生硬呆板、枯燥乏味。

第三种历史对口头语言持完全开放的态度。它充分吸收和借鉴任何能够准确、传神地描述历史的形形色色口语。在这点上,第三种历史同文学作品并没有什么不同。二者所达成的共识就是,生动活泼的口头语言有助于恢复历史的活力和生机,而那些陈腐生硬呆板的学究语言则只能窒息历史的生命。传统史学对待史书写作所主张的"雅训观"(比如刘知几、郑樵所说)只能是隔靴搔痒,言不及义。在这个意义上，我倒认为，历史著作不怕其俗，唯怕其雅。因为俗能存其真，而雅则失其真。合理地、巧妙地使用生活中的语言，非但不会降低历史著作的品位，反而会增加历史著作的价值。它不但保存了历史真相，而且呈现了历史真实。无论从哪个角度说，历史著作中直接使用现实生活中的语言，绝对都是好事，而不是坏事。它既是大俗，又是大雅。唯其大俗，故能大雅。所以，第三种历史对历史著作中的语言有一种特殊的理解。在某种意义上，它构成**第三种历史的语言观**。而第三种历史的语言观则又是第三种历史的文学观的一部分。正是基于此，第三种历史便几乎天然具有一种与众不同的语言风格。

第三种历史坚决杜绝任何伪善的说教。第三种历史里不允许出现任何愚蠢的八股风格和迂腐的八股语言。历史形态的文学观对历史著作的语言有着一种近乎苛刻的标准和要求。结实有力的语言成为第三种历史的直观标记。独特的话语形式成为第三种历史价值的一部分。而这些又往往与文学联系在一起。所以，文学便成为改造历史学的最强有力的工具。但这与所谓的"文采"或"文笔"无关。因为在这里，文学不但成为写作历史的重要手段，而且也成为解释历史的必要方式。因为，历史学家的史学观中始终存在着一个传统的死角和误区，这就是极度地轻视文学的价值。**究竟是文学更容易曲解历史，还是历史学更容易误解文学**？在我看来，这个问题的答案不言自明。

比较而言，第二种历史更注重事实的价值，第三种历史则更看重**语言的力量**。它力图将事实融入整个语言背景中来诠释它的深层意义，这便使第三种历史总是能够出乎意料地在一些貌似平常的地方发现一些不同寻常的含义，这便使第三种历史总是能够在许多不起眼的细节处发现某种重大问题。所以，细节常常酝酿出第三种历史的奇思妙想，并成为第三种历史的神来之笔。

在战后几个月，有个满脸皱纹的老樵夫，在麦克阿瑟的新总部第一大厦前停下来。他背上背着一大捆柴火。他先朝麦克阿瑟的军旗深深一鞠躬,转过身来又朝广场另一边的皇宫也深深一鞠躬。旁观的美国人既觉得有趣又不理解是什么意思,好像他就是不可思议的东方人的矛盾的生动体现。但是,看到他的日本人却理解他。他毫无保留地承认今天的"将军"的暂时权力,同时也尊敬大街另一侧所永恒存在的。①

这个细节肯定是真实的。但它又绝非一般性的事实。因为它于史无征,在史料里找不到相关的记载。它究竟是出于想象,还是基于观察? 这都无关紧要。重要的是,它深深地打动了我们。我们绝对相信,这的确就是实实在在的历史。绝不可能有比这更为真实的历史了。但同时,我们又确信,它之所以不是一般性的事实,乃在于它本身包含有一种深刻的历史意味。这种历史意味透过某种奇妙的语言而清晰地显现出来。比如,这段话给人们的暗示是:这种在传统与现代、过去与现在、历史与现实之间寻求理性和谐的努力并不仅仅是东方人的情调,同时也是全人类的情感。第三种历史就试图体现出这种情感。

第三种历史在大规模地创新语言方面,最突出的一点就是大面积地使用了对话。包括作者与历史的对话以及历史人物相互之间的对话。思辨的独白与激情的对话,构成了第三种历史的一种立体景观。多层次、多角度、多角色的对话,使第三种历史的话语包含有一种异常丰富的内涵和信息。这些内涵和信息在文本形式上都是一种意味深长的结构性暗示。因为它隐喻着一种总体方向,它显现着一种普遍命运。在第三种历史中,话语不是单一形态的独白,它充满大量触目惊心的对话。它就像是电视中的画外音、讲解词和悲剧中的合唱队的歌

208　　① 约翰·托兰:《日本帝国的衰亡》,新华出版社1982年版,第1143页。

唱,以及戏剧中人物的道白等等。它既有提示性,又有预言性,还有必不可少的实质内容和意向评论。

第三种历史追求**语言的中立化**和客观化,而不是追求语言的褒贬化和主观化。所以,第三种历史尽可能地有目的地大量使用一些中性的语言,而尽量删除那些褒贬性的语言,并减少其出现的次数和频率。这已成为第三种历史自觉追求的一种语言风格和语言效果。中性语言具有最丰富的内涵和最广泛的容量。**中性语言应该成为史学语言的主体**。史学语言应该建立在中性语言的基本结构之上。因为中性语言向整个世界开放,它是真正的世界语。因而,中性化的史学语言也必将向全部历史开放,成为容纳和承载历史信息最多的基本语言形式。不过,需要指出的是,第三种历史一方面追求文本语言的中性化,另一方面追求文本语言的个性化。其实,二者并不矛盾。虽然冲突在所难免。但从总体风格上讲,语言的个性化与中性化还是能够统一起来的。这仿佛类似于人们习惯上所说的历史学究竟是科学还是艺术之争。不过,在第三种历史中这个问题已转换成语言的中性化和个性化之张力。中性化意味着理性,个性化意味着情感。这二者都是历史学家所需要的。它的统一取决于历史学家本人的写史才能与文学天赋。

与之相反,第二种历史的语言既不是中性的,也不是个性的,而是褒贬性的。它的经典形态就是"《春秋》语言"。显而易见,它仅仅是中国历史文化的必然产物。"断烂朝报"式的《春秋》语言是最腐朽、最僵化的史学语言模式,它最不能反映历史事实真相,最缺乏历史真实性,并且包含有最少的历史信息。它以令人作呕的笔法义例、身位标记和名号等级喋喋不休地统治着人们的历史观念和历史著作。它挖空心思地在每一个字眼上都赋予一种莫名其妙似是而非的政治含义和道德含义,并强迫人们认同和接受。久而久之,人们已无法使用自己的语言去说明历史。统一化、规范化、标准化的《春秋》语言成为人们谈论历史的唯一语言形式。而这种统一化、规范化、标准化的实质却是一种不容置疑的绝对专制主义。它是一种强力抹杀一切异己之见的大一统权力体系。《春秋》语言即是一种权力话语。因为《春秋》是"天子之事"。没有天子之尊而写《春秋》,即为大逆不道、犯上作乱之举。所以,**当人们使用《春秋》语言去谈论历史时,便已放弃了言说历史的个人权利**。在人们谈论历史时,却听不到自己的声音。这样,人们对历史的言说就变得毫无意义了。因为人们说了也等于白说。表面上看,它不是不让人们说,它也让人们说,但它却不允许人们说出与它不同的话,它只允许人们说出与它相同的话。这样一来,人们的言说就变成了不说。人们对历史的言说只是在证明权力的尊贵,而不是在证明自己的尊严;只是在成全他人,而不是在成就自己。于是,在大一统的合唱声中,历史变得远离我们,甚至敌视我们和压制我们。这迫使人们质问:我在哪里? 我能否听到自己的声音?

不知人们是否意识到,在揭示历史意义时,必须使自己尽力抵达语言的本质。人们习惯说"文学是语言的艺术",可人们却忘记说"史学是语言的科学"。这是因为语言之于历史写作具有特殊的含义。如果永远在单一层面上使用某种公式化和模式化的语言,那么这种语言就会贬值,使用这种语言所描述的历史也会变得毫无价值。在这个意义上,语言问题便理所当然地成为历史学的核心问题。

所以,致力于发现和揭示语言的多维性、多向性、多层性、多义性,是第三种历史锲而不舍追求的目标。它对此从不掩饰或否认。它认为这正是在更高层次上来认知历史和把握历史的必然选择。

在这个意义上,第三种历史便不可避免地成为语言的战场和话语的舞台。最古典的与最现代的,最陈腐的与最新潮的,最过时的与最时髦的,最庸俗的与最高雅的,最粗糙的与最精致的,最下流的与最庄重的,最花哨的与最古板的,最平庸的与最独特的,最肤浅的与最深刻的,统统都能在第三种历史中轻而易举地大把大把地找到。第三种历史就如同展销古今语言和出售中外词汇的超级商场,五花八门、形形色色的语言应有尽有,最大程度地体现了语言的密集性和集约化。这是一场语言的战争,是一种语言的轰炸。在大批量、多层次的轮番轰炸中,语言达到了自己的目的,**语言实现了自己的意志**。语言的意志就是征服历史。这使得语言的威力以空前的方式爆发出来。而且,这种威力往往是破坏性的和摧毁性的。所以,语言的超密度使用往往只是对语言破坏力和摧毁力的残酷证明。而这种证明的直接结果就是历史的多层含义即历史内涵的多向性被语言空前地揭示出来和展示出来了。这样,第三种历史对语言提出的要求就是深化历史意义的内涵和扩展历史意义的向度,使历史意义在无限的时间和空间中成为真实永恒的本体。

六

第三种历史是诗化历史。浓郁的诗情画意是它的真正标志。诗的语言和意味是第三种历史的显著特征。在此意义上,不妨将第三种历史视为古老史诗传统的现代形式,是一种具有现代内涵的**新史诗**。[①]"史诗的历史学期望(总体性)""为一种新型历史学提供了哲学目标,这个目标从新形式的时间性本身的结构中发展而来。"[②]这里的时间性结构其实就是历史的创造性建构。它在新史诗中得以可能开放其本源的无限性。换言之,新史诗的目标是建构起一种真正意义的诗化历史。因为传统的史诗本身还并不就是真正的诗化历史。诗化历史既是对原始史诗的继承和发展,又是对史诗传统的批判与改造。

---

① 维柯在《新科学》里曾专门辟有一章"诗性历史的概要"。不过,维柯的目的是把诗处理为研究历史的材料、方法和视角。这和我的意图不同。

② 彼得·奥斯本:《时间的政治——现代性与先锋》,商务印书馆 2004 年版,第200 页。

第
二
种
历
史

西塞罗曾断言写史乃修辞学之事。而在他之前的亚里士多德却声称诗高于史,诗歌的价值大于历史的价值。理由有二:诗写可能发生之事,史写已经发生之事;诗写普遍之事,史写个别之事。所以,"写诗这种活动比写历史更富于哲学意味,更被严肃的对待。"①应该说,这种偏颇判断也自有其相应的历史凭据。这就是亚里士多德所依托的史诗之消失和史诗传统之衰落这一不可逆转的现实场景。基于此,他不得不把诗与史二者截然分开,贬史褒诗,抑史扬诗,尽可能地在史与诗二者之间划出鸿沟,确定界限,彻底割断二者之间的所有联系和纽带,使诗完全脱离史的纠缠与包围,把诗置于一种纯粹的氛围情态之中,为即将中断和已经中断的伟大文化传统保留一个纯粹的诗的世界,同时,亚里士多德为诗保留下的这块地盘同时也是为希腊文化保留下的一片纯粹的诗化空间。另一方面,亚里士多德对史与诗二者的价值高下作出如此直言不讳的偏颇判断,也不无深意地透示着**史的方向必然是趋向于诗的存在**,即史的最高境界只能是诗,史的最高形态只能是成为诗,只能是诗化,**史诗合一**乃是史的唯一趋势和归宿。其结果则是产生了一种类似于修辞艺术和诗歌艺术的被称作"历史艺术"的东西。"这种风格的写作以一系列始于15世纪的'艺术史'写作形式延续到近代,首先出现在意大利,然后蔓延到其他欧洲国家。"②可以说,直到近代早期,历史学始终是被当作"一门艺术"。而且这门艺术,"即历史艺术和创作艺术的结合已有两千年的历史了。"与此同时,一种新的传统也在缓慢生长。一些学者(波丹、盖拉德、培根等)逐渐相信历史学是"全部艺术和科学的源泉",是"各种艺术、科学百科全书的真正基础"。历史学不仅高于各种艺术,而且也高于各种科学。这种思潮使得瓦拉能够作出更加理论化的判断:"历史比诗

---

① 亚里士多德:《诗学》,人民文学出版社1962年版,第29页。
② 唐纳德·R.凯利:《多面的历史——从希罗多德到赫尔德的历史探询》,三联书店2003年版,第356页。

歌更加强壮,因为它更加真实。"所以亚里士多德用抽象或普遍这种标准来限定"历史"这种"具体的真理",本身就不妥当。①

西方文化学术史上这种"史""诗"分化离合此起彼伏的曲折脉络,很容易使我们联想到中国历史上所固有的"文史不分"的传统。尽管在中国历史上,"文"包含着"诗",但"文"却并不直接指向于"诗",也并不具体指向于"诗",更不完全指向于"诗"。正是由于这些诸多的"不直接指向"、"不具体指向"和"不完全指向"才使得中国历史上的"文史关系"的命题皎然有别于古希腊历史上的"史诗关系"的命题,也才深刻地造成了中西方的"文史"范畴与"史诗"范畴有着本质的不同内涵。"文史"与"史诗"的不同关键就在于这种"内涵"的不同,而不在于某种"形式"的差别。

不过相较而言,在中国历史上,"文史不分"更多地侧重于某种写史技巧,而"经史合一"则明显侧重于某种史学理念。所以,中国史学文化的传统价值观念就是追求"经史合一",此即"五经皆史"、"六经皆史"以及"经即史"之所谓也。与此相反,西方史学文化则追求一种"史诗合一"的价值形态。它们认为伟大的历史著作必定包含有一种伟大的诗意,必定是一篇伟大的诗。因为诗是表现悲剧和命运的,历史著作也是表现悲剧和命运的,一旦历史著作达到自己所表现的最终目的,那么它也就在价值形态上实现了以**直接表现**人类悲剧和命运为己任的诗的原则和要求,也就与诗合二为一地成为最崇高和最深刻的诗。这种**由史提升而成转化而来的诗**也就是史诗,即诗化历史。

"经史合一"使史学成为经学的附庸,"史诗合一"则使史书成为诗歌的载体。这是两种不同内涵和不同形式的不幸。这也是两种不同起点和不同归宿的不幸。总之,**这是两种不同命运的不幸**。

在史与诗的关系上,卡西尔认为,"诗歌不是对自然的单纯摹仿;

---

① 凯利:《多面的历史——从希罗多德到赫尔德的历史探询》,第357—370页。

历史不是对僵死事实或事件的叙述。历史学与诗歌乃是我们认识自我的一种研究方法,是建筑我们人类世界的一个必不可少的工具。"①在我看来,**人类世界本质上是一个人文世界**。所谓人文世界,它主要由两样因素组成,即史实与诗性。换言之,人文世界首先根植于一种深厚的传统,而这种传统又极易于使人产生一种丰沛的激情。黑格尔说得很干脆,"**解释**历史,就是要描绘在世界舞台上出现的人类的热情、天才和活力。"②在这个意义上,历史学家首先应该是一个艺术家。如果缺乏艺术家的天赋和气质,历史学家就很难与历史有一种情感和心灵上的共鸣和体认。而这对于一个试图真正理解历史而不仅仅是满足于摆弄史料的历史学家来说,无疑是一个致命的缺陷。

正像对于一个伟大的历史学家来说,艺术性总是一个必须认真对待的问题一样;对于一个天才的艺术家来说,历史性也是一个绝对不能忽视的问题。所以,历史学家与艺术家的合作应该成为一个普遍性的共识。在这点上,我觉得有的艺术家似乎比历史学家理解得更为深刻一些。至少,有的艺术家以自己的眼光去看待历史时,历史似乎换了个模样,甚至,历史仿佛被一只神奇的手施了魔法一般,竟然能够伴随着艺术家的歌声翩翩起舞。这确实是一幅令人感慨而又感动的画面。历史有灵性,也有生命。甚至,历史的生命还不是只有一次,而是可能有许多次。这是许多不朽的艺术家为我们提供的特有的历史感和历史意识。有时,我甚至会觉得,也许艺术家更适合于来写历史。

茨威格承认:"尽管歌德曾怀着敬意把历史称为'上帝的神秘作坊',但在这作坊里发生的,却是许多数不胜数无关紧要和习以为常的事。"但他同时也相信,"历史是真正的诗人和戏剧家,任何一个作家都甭想去超过它。"③至于说,"在一个历史学家进行忠实的纪实性解释

---

① 卡西尔:《人论》,上海译文出版社 1985 年版,第 262 页。
② 黑格尔:《历史哲学》"绪论"。黑体字原有。
③ 茨威格:《人类的群星闪耀时》,"序言",三联书店 1986 年版。

时,更多地运用'直觉'和'同情的想象'至少是重要的。"①这早已是普通的常识了。因为在这种说法中,直觉与想象已变成了一种修辞手段和表述技巧。诚如尼布尔所说:"我是一个历史家,因为我能把不相连贯的片断拼成一副完整的图画;我知道哪里遗失了材料,也知道怎样来填补它们。谁都不会相信竟能有这么多似乎已经遗失的东西能够得到恢复。"②

　　其实在我看来,直觉与想象绝不应仅仅局限于组织材料、修补史料的技巧层面,它远比这要深刻得多。它理应属于某种更本质的东西。它是激情和创造力。歌德曾为此作证:"我们从历史那里得到的最好东西就是它感发出的激情。"我更倾向于认为直觉是历史研究中十字路口的警察。我有时奇怪,为什么历史研究的职业化和学究气常常使人们丧失和遗忘了有关历史的那种最起码最本能的感觉呢? 可问题在于,这种感觉往往比史料的堆积更能使我们真切地意识到历史就在我们身边,就在我们眼前,就在我们当下,我们正在身临其境,我们正置身于其中,我们是历史最内在的一部分。所以,富有经验的历史学家便会告诉我们:"今天要把这个德国元首当时所造成的恐怖、仇恨、害怕的情绪再现出来,是不可能了。但是,没有一点这类感觉,要我们了解为什么科学家在新墨西哥州的沙漠里搞原子弹,也是很难的。"③就此而言,"跟着感觉走"并非笑谈,也不可轻忽。因为它不经意地道出了一种本质。这种本质就在于,**对历史的朴素情感其实就是凡人的日常感觉**。

　　所以,我们必须时刻提醒自己,在任何时候,我们都不能轻视普通人所有的正常历史感受。而这种历史感受则是对历史上的种种不幸与苦难的切肤之痛。**苦难既是历史的灵魂,也是历史学的精神**。不仅

---

① 艾恺:《最后的儒家》,江苏人民出版社 1993 年版,第 352 页。
② 古奇:《十九世纪历史学与历史学家》上册,第 99 页。
③ 威廉·曼彻斯特:《光荣与梦想》第 2 册,商务印书馆 1979 年版,第 453 页。

如此,我还想说,苦难是苦难者的艺术,苦难是苦难者的本质,苦难是苦难者的生命,苦难是苦难者的宗教,苦难是苦难者的信仰,苦难是苦难者的真理。苦难的民族,苦难的时代,使苦难具有了双重的深刻含义,由此便构筑成了我们心中永恒的十字架。无论是哲学还是艺术,也无论是美学还是宗教,都不能拯救人的苦难或减轻人的苦难,它们的目的只在于唤醒人的苦难意识,使人意识到苦难。在这方面,历史研究则有其独到之处,它使人记住苦难,回忆苦难,思索苦难。它**使苦难成为倒在圣杯里的苦酒**而永远散发出一种恐惧的魅力。第三种历史更是明确要求历史学家必须用自己的嘴唇去亲吻历史的伤口,必须用自己的舌头去舔干历史的每一滴血。唯其如此,我们才能通过历史文本而向人类提供一种历史警醒意识。这是一种背负十字架的工作。因为苦难乃是历史之舟的压舱石。它是风雨飘摇之中的历史之舟因拥有某种实质性分量而不致沉沦或倾覆的决定性因素。

费尔巴哈则说得更为彻底,他试图把问题推向极端。

> **没有限制、没有时间、没有痛苦的地方,也就没有性质、没有力量、没有精神、没有热情、没有爱。只有感到痛苦的实体才是必然的实体。**……没有痛苦的实体是一种没有**根据**的实体。只有能**感到痛苦的东西才**值得存在。只有**具有丰富的惨痛经验的实体才是神圣的实体。没有痛苦**的实体是一种**没有实体**的实体。没有痛苦的实体不是别的,仅仅是一种**无感觉、无物质**的实体。①

这完全符合费尔巴哈思想的一贯风格。我欣赏这点。

---

　　① 《费尔巴哈哲学著作选集》上卷,第110页。黑体字原有。

第十章 历史感与历史意识

缺乏历史感是所有哲学家的通病。……因此,从现在开始,需要**历史的哲学**①思考和思考中的谦虚美德。

——尼采

一种囊括全球和整个历史的观点,不可能对生活、政体、宗教或哲学的每一特定形式都作出绝对确切的解释。这样,一种历史感的出现比对体系纷争的泛泛考察更有效,它一劳永逸地打破了那种认为可以绝对可靠地运用任何一种哲学或通过各种概念的相互联系来令人信服地解释世界的想法。哲学不应从外部世界、而应从人自身去寻找宇宙内部运动的奥秘。现代人希望掌握的是人类生活的意义。历史上所有致力于理解宇宙秩序的哲学体系,显然都是同不断前进的生活相联系的;它是生活最重要也最有益的创造物之一。因此,历史感的逐渐出现,尽管对那些伟大的体系及其影响有巨大的破坏力,仍将有助于调和每一个哲学体系都声称掌握了普遍真理与所有体系混杂的历史事实之间的尖锐矛盾。

——狄尔泰

---

① 黑体字原有。

一

　　历史感是这样一种东西:它和现实生活结合的密切程度是通过它对历史本身的深刻揭示而得以证实和显现出来的。本质上,历史感并不存在于其他地方,而只存在于现实之中。现实曾经是第二种历史的死角,故而,第二种历史便先天地缺乏历史感。幸运的是,现实不仅进入了第三种历史的视域,而且还根本性地构成了第三种历史的视域本身和视域界限。这就是说,**历史感不可能超出现实而另有所见**。历史感不可能看见现实之外的东西。历史感只能见现实之所显。这样一来,第三种历史就凭借历史感对现实之洞见而得以可能深入到历史内部的幽暗层面。可以说,支撑第三种历史的主要力量已不是历史观,而是历史感。

　　在第三种历史中,历史感开始属于首要地位而具有了不容置疑的优先性,而一直在第二种历史中占据统治地位和支配地位的历史观则明显失去了往日的辉煌与光彩。历史感包含有两种意义:一是对历史本质的直觉性理解和洞察;二是对时间本质的想象性把握和体验。深刻的历史感决定了第三种历史不仅要考虑历史已经发生过什么,而且更要(甚至是优先性地考虑)历史正在发生什么和将要发生什么。正如保罗·肯尼迪在谈到《为21世纪作准备》这本书时所表示的,他的目的在于警示读者,"如果人类本世纪不共同努力,下个世纪将发生什么。"他告诉记者,"在刚开始写这本书时,我只是好奇地想知道目前的趋势将导致什么情况。后来我越来越担心全球经济,因为富国日益自动化,生产更廉价的货物,使廉价劳动力工作的余地越来越少。然后我开始担心人口压力,担心世界能否养活110亿人。这么多人口会不会耗尽全球的资源。"①显而易见,肯尼迪的思维与眼光已大大超出了

---

　　① 《为地球敲警钟》,《参考消息》1993年3月12日。

一般的过于职业化的第二种历史的狭窄局限与樊篱。

历史感与美感有许多共同之处。至少，历史感不单纯是一种生活经历或历史经验的产物，在更为本质的意义上，历史感首先是一种生命体验的产物。如果更彻底一点说，历史感差不多就是生命体验本身，既是对生命的体验，也是体验中的生命。正像美感并不局限于艺术作品一样，历史感也根本不局限于历史著作。以审美的眼光看待人生，同以历史的方式把握现实一样，遵循着相同的逻辑。所以，**历史感只能是一种活人的感受，而非死人的观念**。历史感同**个体生命的历史在场性**直接联系在一起。就其本质而言，历史感、历史意识同生命感、生命意识以及美感、审美意识这三者之间不应该存在有任何不可逾越的人为障碍，三者不仅应该是统一的，而且更应该成为一体的。三位一体就是这个意思。它也应该成为新的三位一体。

历史感一般是从对自身历史的**关注**开始的，在很大程度上，它是一种先天的心理直觉判断力，这是区别于普通的历史常识、历史知识、历史理论的根本所在。希特勒相信一个没有历史感的人，"就像一个没有耳朵或眼睛的人一样。"①更正确地说，历史感应该是心灵的眼睛，即是一种内视觉，是一种以内在的方式去洞见历史奥秘的神奇能力。

我们必须学会用自己的心灵去真切感受历史的精神、历史的真谛。缺乏历史感的人，历史对他来说永远是一种化石片断和古书残卷的肤浅形式。只有对历史具备一种深厚感受力的人，才能清醒地意识到自己的现实存在和生命价值。汤因比、斯宾格勒、克罗齐、蒙森、吉本、司马迁，就对历史怀抱有一种特殊意味的感受力。对汤因比来说，他在 1914 年能对世界产生一种和修昔底德在公元前 431 年对古希腊

①　转引艾伦·布洛克：《大独裁者希特勒》上册，北京出版社 1986 年版，第 399 页。

世界所产生的相同的历史感,有什么值得怀疑或惊奇呢? 这太自然不过了。

与此同时,我们却不无遗憾地看到,曾给汤因比以巨大震撼的斯宾格勒本人虽然有着惊人的历史感,但他对历史感本身的理解却令人大为失望。这确实让人奇怪。一方面是巨大的历史感,一方面则是对历史感本身的极大误解。这只能说明理解历史并不比创造历史更轻松、更容易。历史感本身是明确有力的,但人们对历史感的认识却歧义丛生。在我看来,斯宾格勒对修昔底德、波里比阿、塔西佗等古典历史学家的批评是不公正的。他完全误解了历史感这一概念的基本含义。他把"遥远的过去"看得比眼前的现实更重要、更有价值,更能体现历史学家的历史感,更能表现历史学家的著作才华。显然,斯宾格勒不仅彻底误解了历史感的含义,而且根本颠倒了历史感的含义。因为就其本质而言,历史感并不是过去的产物,而是现实的产物。历史感的本质不仅仅在于能够"透视若干世纪的历史",而且首先在于能够洞察最近这个世纪的历史。所以,历史感永远是最最现实的东西。现实是生命,是存在,是总体。历史感就是具有伟大生命力和现实意识的时代精神。

斯宾格勒竟然说:"优秀的古典历史著作都一成不变地是关于作者当时的政治事件的,而我们则恰恰相反,我们的历史名著无不是涉及遥远的过去的。"甚至断言,古典世界对"历史"这个词的理解以及有关"严肃的政治史和宗教史"的"史实",都受到了"亚历山大传奇文学"的"最强烈的影响"。故而"古典人的头脑从来没有想到过把历史当作故事和把历史当作文件有什么原则性的区别"。① 显然,斯宾格勒有意夸大了这种并不十分重要的所谓"原则性的区别"。实际上,这种"区别"也绝非什么"原则性的"。它只是斯宾格勒自己所臆造出来

---

　　① 斯宾格勒:《西方的没落》"导言",商务印书馆 1963 年版。

的。因为即使确立了这种区别,它也并不能使我们对历史本质、历史精神以及历史意义有更进一步的真实把握。我始终不相信:难道从历史故事中剥离出来的历史文件就一定能够使我们更加接近对历史本质、历史精神和历史意义的真正把握?

不仅如此,斯宾格勒还喋喋不休地埋怨说,"修昔底德连波斯战争也会感到棘手,希腊通史就更不必说了,至于埃及通史就根本不是他的身所能及的了。……和他同样是实际政治家的波里比阿和塔西陀也是这样。在波里比阿看来,甚至第一次布匿战争都是无法解释的,在塔西陀看来,甚至奥古斯都的统治时代也是无法解释的。"①诚然,我不否认,修昔底德可能并不了解波斯战争,波里比阿可能也不熟悉第一次布匿战争,塔西佗对奥古斯都统治时代的历史事件和历史细节的掌握可能远远不如我们,但所有这一切并不足以证明我们对历史本身之本质、精神和意义的理解就一定比修昔底德、波里比阿和塔西佗更正确、更深刻。既然这种证明无法成立,那么我们就没有任何理由去指责和蔑视修昔底德、波里比阿和塔西佗对波斯战争、第一次布匿战争以及奥古斯都统治时代的无知。因为,这种无知并不妨碍和限制他们对历史感的发挥和使用。

本质上,历史感并不是建立在博学的基础之上,渊博的历史知识和对过去事件的熟知并不必然产生历史感。历史感是历史学家自身生命的觉醒,是历史学家自身精神的飞跃,是历史学家自身思维的突变,是历史学家基于自身的人性体验而产生的想象力、洞察力和批判力的综合表现和形态。博学是值得骄傲的,但绝不是值得炫耀的唯一理由和全部资本,特别是在历史感的问题上,特别是在理解历史本质和意义上更是如此。在这方面,过分的博学不仅无济于事,而且往往还会将事情搞得一败涂地、不可收拾。因为,历史感首先是一种能力、

---

① 斯宾格勒:《西方的没落》"导言"。

221

天赋、直觉、想象、体验,而不是一种知识、学问、观念、习惯、技巧。这样的例子比比皆是,不胜枚举。过于博学的历史学家往往是最缺乏历史感的历史学家。过于博学的结果就是历史感的丧失。这与其说是史学史的一个事实和结论,不如说是史学史的一个教训和启示。诚然,史学史的这个教训和启示也恰恰是从它本身的事实和结论之中直接获得的。是与非,得与失,成与败,荣与辱,好与坏,罪与罚,等等不尽之言和言外之意皆系于此。

<h2 style="text-align:center">二</h2>

历史意识已成为粘合历史学与历史之间巨大裂缝的强力胶水。这是历史意识日益普及化和社会化的主要原因。历史意识的社会化使历史成为全社会关注的对象,使历史问题成为整个社会矛盾的焦点,使历史哲学成为全体社会的意识形态,使历史价值成为全社会思考的现实依据。同时,历史意识的社会化本质上也就是社会意识的历史化。它意味着,历史意识开始以社会化的方式支配着社会意识,进而以社会意识的形式去改变着社会存在。所以,历史意识绝不仅仅是一般的意识形式。本质上,历史意识乃是一个社会、一个民族、一个时代的自我意识。

历史意识要想成为社会意识,必须首先使自己真正社会化。所谓社会化,也就是使历史意识成为全社会成员的公共精神财富。社会的全体成员都可以将历史意识作为自己把握历史意义和整合现实经验的本质能力。因为意识本身就是一种能力。历史意识更是一种不证自明的把握历史的绝对能力。历史意识的社会化标志着理解历史的能力正在成为一种普遍的公众能力和深远的社会需要,这种公众能力和社会需要将不容置疑地改变整个现实的社会存在,并将在理解历史的基础上和过程中去积极地创造更加辉煌的文明和历史。

历史意识的社会化无疑是对历史观的僵硬模式的沉重打击。因为它使反思历史成为全社会的需要，并使每一个人都可能获得反思历史的基本能力。每个人都可以依据自己的历史意识去思考历史的本质和意义。这在之前——即第二种历史一统天下或占统治地位的时代——这种可能性还是难以想象的。充分社会化的历史意识使得任何一个人都能够凭借自己的社会经验去判断和分析正统历史观的是非得失。

历史意识的社会化还使人的经验更具有普遍意义。人不再把自己作为一个孤立的纯粹个体去看待历史，而是将自己看成一个与社会命运息息相关的历史解释者。在他身上，社会关系的总和得到一种具体的历史性体现，而且，这种历史性是以**总体性的历史意识的方式**切入他的社会关系总和之中的。

历史意识的社会化将对社会发展进程产生深远影响。它意味着，历史意识已经作为一种人们普遍遵循的基本价值和准则而被社会确立下来。它表明，历史意识已经成为一种新的社会价值和社会需要并为人们以一种新的方式所意识到，它警示人们必须重新向历史学习，必须学会认真地倾听历史的呼声。历史意识成为社会意识的基本形式，这是第三种历史得以可能的社会基础和社会需要。因为历史意识转化为社会意识，就意味着历史意识已经成为全社会的精神财富和精神价值而为人们所接受和认可。人们需要有一种历史意识来唤醒自己和警示自己不要过分沉溺于日常生活的繁琐事物之中而变得俗不可耐和鼠目寸光。历史意识给人们提供了一个远大的理想目标，最起码，它使人们获得了一种超越眼前平庸生活的信念和力量。

在日常生活中，历史意识比比皆是。只不过它几乎不为人们所自觉意识而已。比如，"遗址"、"故居"、"文物"、"古迹"……这些东西以及这些词语中难道不正蕴含有人们那种日常性的历史意识吗？这种历史意识之所以具有某种日常性，其实质恐怕还在于它内化有一种极其古老的"风水决定论"的心理结构。它引导人们有意无意地去寻找一种超验的神意因素,以此作为解释历史的终极原因。所以,我们不能轻率地说人们没有历史意识,只是人们的这种历史意识过于庸俗化,它以日常性的平面直观消解了历史性的内在深度。虽然日常生活和日常话语中的历史意识相当普遍,但它的低级趣味性却还有待于提炼和升华。但这种提炼和升华并不等于某种俗世的学术性或职业化,更不等于某种迂腐的学究气和冬烘气。伽达默尔说得非常干脆和有力,"人们若要把历史意识与过分学究气的观念或世界观的观念扯在一起,那么历史意识就什么也不是。"他进一步论证道:

> 历史意识并不是一种特别学究气的或以世界观为条件的方法论立场,毋宁说,它是我们的感官的精神性的一种装置,它预先规定了我们对艺术的眼光和感受。与此明显有关的是,即使这也是一种反映形式,我们也不要追求简单的再认识,这种再认识只是把我们自己的世界在一种永远固定的有效性中再次提供在我们眼前,而是要以不同的方式通过不同的侧面去反映我们自己历史的整个伟大传统,哪怕它是完全不同的另一种传统,哪怕它在造型上并没有决定西方历史,而是属于另一些世界,另一些文化。我们也正由此而能够形成我们的独特性。这是一种高级的反映,它是由我们大家一起带来的,是由当今的艺术家授与他们自己创造的作品的。如何才能实现这种革命的方式,为什么历史意识及其新的反映与从未放弃过的要求总是联系在一起,以至于我们所看到的一切,就摆在那里,直接向我们诉说,仿佛我们自己就是它本身似的,对此加以讨论显然属于哲学家的任务。①

---

① 伽达默尔:《美的现实性》,见《人类困境中的审美精神》,知识出版社1994年版。

这就是说,真正的历史意识应该具有审美性和思辨性。正因如此,艺术和哲学比历史学更具有历史意识就不是什么难以理解的事情了。而审美性与思辨性的共同特点又是超越性。所谓历史意识的超越性有两个含义:它不仅要超越历史学的职业局限,而且也要超越日常生活的平庸感官。所以,真正的历史意识绝非轻而易举之物。习惯上,人们把历史意识看作历史研究的固有内容自然是不正确的,同时,人们在日常生活中所自然表露出来的历史意识也是不健康的。比如,历史意识的一种日常表现就是,当一个"好人"犯罪时,人们会合情合理地认为他过去做过一些"好事"而希望减轻对他的处罚;反之,当一个"坏人"犯罪时,人们又会振振有词地以他过去做过"坏事"而主张加重对他的惩罚。这种截然相反的普遍现象不正是对历史意识的庸俗化的证明吗? 人们以亵渎的方式去对待历史意识,并把历史意识作为某种心理变态的辩护和伪装。

在历史意识的问题上,我们还必须注意防范虚假的历史意识的侵蚀。虚假的历史意识和伪历史主义在盲目尊崇历史的幌子下大肆兜售其独裁与野蛮的货色。其实,这种虚假的历史意识与伪历史主义非但丝毫无助于对历史的真实认识,反而对历史极尽糟踏歪曲之能事。

三

历史感和历史意识均是纯粹现实之产物,而非单纯历史(过去)之产物。但这两个词的字面含义却往往给人一种误解,似乎历史感和历史意识均是对历史的观照,而非对现实的把握。这种误解不仅由来已久,积非成是,而且根深蒂固,牢不可破。其主要原因在于没有把历史—现实理解为一种统一性的本体论建构。历史即现实是一个不容置疑的绝对基础。它具有鲜明的本质直观性。缺乏这种感悟和洞察,就会习以为常地把历史与现实弄成两截子的东西。

问题在于,一旦历史与现实被弄成两截子的东西(就如时间式的过去与现在之区分一样),那么,历史感与历史意识就永无诞生之日。因为历史感与历史意识同历史知识的最大区别就是:它绝对不能建立在历史—现实相分裂的基础上,而必须建立在历史—现实相统一的基础上。也就是说,历史—现实的分裂,既不能产生历史感,也不能产生历史意识。因为历史感和历史意识只能是对历史—现实的统一性把握。

在第三种历史中,历史感和历史意识作为一种咄咄逼人的绝对优势和压倒一切的强大力量而支配着整个文本的结构平衡和风格转换以及运思方向。在第三种历史中,历史观由台前退居幕后,历史理论的公式语言已不再有任何强制和规范的效力。历史观的的确确是没落了、衰微了。历史观不再有任何往日的神圣性和权威性。历史观的权力性本质已不复存在。历史观已不能主宰历史学的命运。历史观与历史学之间原有的那种上下等级关系已转换为一种平等的对话关系。由于历史观不再企图凭借权力—意识形态而对历史学的基本性质加以荒谬的非学术性定性,故而,历史学的可能性就变得空前广阔起来。历史学不再从属于历史观,更不再附属于某一家正统历史观,历史学仅仅属于自己。**历史学属于自己就等于是属于自由**。因为自由就意味着自我的独立存在。这对于任何事物都是一样的。所以,属于自己的历史学就是属于自由的历史学。这样,历史学因拥有自由而有了无限多的可能性。历史学可以尝试任何方法,可以使用任何理论,可以创造任何观念,目的只有一个,那就是:真正理解历史。

当我们认真思考这些基本问题时,我们必须充分意识到历史观的衰微给历史学所带来的积极而又深远的影响。历史观的理论话语独霸历史学的时代已经终结了。取而代之的是历史感的勃起和历史意识的伸张。历史感的洞察力和历史意识的敏感性在第三种历史的新文本中此起彼伏,呼之欲出。它的独特话语和新颖形式,不仅对人们的视觉造成了巨大的冲击力,而且也对人们的心灵产生了深刻的震撼。在阅读第二种历史时,人们一般只需要用眼睛去看。在阅读第三种历史时,人们不光要用眼看,而且还必须用心看。这一点甚至更重要。这就意味着,思考第三种历史时,绝不能光在字面上平行滑动,而必须真正深入到字面下边去艰难跋涉。不妨一喻,第二种历史是在滑行,而第三种历史则是在攀登。所以,写作第三种历史的困难性在于,它实际上是对历史学家创造力提出的一种至高要求。这种要求的本质在于,历史学家必须不断地进行各种写史实践,以便能够创造出一种真正有价值的新的写史方式和写史理念。

第三种历史把这种新的写史方式和写史理念定位于历史新闻学。历史感与时代感,纵深感与敏锐感,洞察力与穿透力。这三种对称形式的结合,正是历史新闻学所极力追求的目标和理想。

基于这种理念,历史感和历史意识永远不游离于或漂浮于历史知识和历史事实的表层和外观,而是彻底切入历史本身内部。自由之光借助于历史感的洞察力和历史意识的敏锐性而普照第三种历史的每一个具体文本。大尺度的历史感,大跨度的历史意识,这是第三种历史中的两个最直观最鲜明的特征。它不光改变着历史学家,也吸引了越来越多的文学家介入其中。因为文学家那局促偏狭的心灵也非常需要历史感和历史意识来予以拓展和充实。这正是导致纪实文学兴起的一个决定性因素。因为没有历史感的崛起和历史意识的扩张,纪实文学是不可能具有多少真实价值的。

而历史感和历史意识的背后,又存在着一种更为深厚的现实力量,这就是思想自由的驱动。正是由于思想自由的强烈驱动,历史新闻学的建构才得以可能,而历史新闻学也才有可能把学术自由同新闻自由统一在一个新的体系中,并加以深入思考。这一思考的结果,就是把历史感和历史意识作为第三种历史中的核心因素而加以规定。

第十一章　想象之可能

　　泰封,凶恶的泰封仇恨奥希利斯(你们已经知道,这是埃及的一个神),他把奥希利斯抓到手后,就把他撕成碎片。伊西斯,可怜的伊西斯是奥希利斯的妻子,她费了很大力气把这些碎片收拢在一起,把它们缝补缀连起来,终于将撕成碎块的丈夫又完全复原了。真的完全复原了吗? 啊,没有,还缺少主要的一处,这位可怜的女神再也没有能够找到这一处。可怜的伊西斯! 因此她不得不满足于用木头来代替,可是木头毕竟是木头,可怜的伊西斯!

——海涅

　　我希望我能够画出一些包含着人性的图画。

——凡高

一

　　在某种比较的意义上,可以将第二种历史和第三种历史作出如下区分:第二种历史是"科学形态"的历史,第三种历史是"艺术形态"的历史。基于这种结构性的区分,我们能够简明扼要地理解,想象为什么在第二种历史不占有或不可能占有较为重要的地位,甚至不能占有仿佛应该有的一席之地。因为作为"科学形态"的历史或追求"科学形态"的历史的第二种历史，它的内在构成形式是模式化的文本，它不需要任何创造性的想象，而只需要叙述性的分析。它尽可能地将想象抑制在**最低的水准上**。相反，第三种历史却在最大限度上为想象特别是**极限化想象**敞开了大门。所谓极限化想象就是把想象发挥到极致。在这个意义上，想象已经牢不可移地成为第三种历史的结构性因素。这是因为第三种历史本质上是一种"艺术形态"的历史或趋于"艺术形态"的历史。而想象对于任何艺术形态来说毫无疑问都是必不可少的至关紧要的决定性因素。没有想象就没有艺术，没有伟大的想象就没有伟大的艺术。这是众所周知的常识。但这个普通得几乎不能再普通的常识在历史学特别是我们所阐述的历史新闻学这个富于挑战性和开拓性的宏大主题中却无疑具有非同小可和异乎寻常的非常识性意义和内涵。

也就是说，基于历史新闻学的主题立场，基于第三种历史的命题角度，我们必须从非常识的甚至是陌生化的意义上去重新诠释和理解想象与艺术的关系。想象是艺术的本质。如果这仅仅是一个简单的艺术命题或美学命题的话，那么这个命题对于我们所努力探讨的主题来说也就不具有多么特殊重要的意义了，即便不能轻率地说它是毫无意义的话。因为我们所有的思考和论证都必须毫不松懈地紧紧围绕着第三种历史这个独特范畴来进行。基于我们的分析，可以认定，想象——创造性和思辨性的想象——对于第三种历史之所以成为可能的普遍基础来说实际上起到了一种前置性的规定和制约之作用。换言之，想象在"艺术形态"的第三种历史中的作用绝不亚于它在任何一种艺术形式中的作用。尽管想象所具有的这两种作用并不完全相同。然而，毋庸置疑，想象的深刻创造性无论对于纯粹的艺术还是对于作为非艺术的第三种历史都必不可少。

人们对想象有一种根深蒂固的误解,认为想象差不多是一种"无中生有"的魔术,某种事物越缺少、越匮乏、越稀有,就越容易进行想象,就越便于虚构。① 实际上,想象本质上是对事物之间关系的一种整体性把握,一种事物越丰富、越庞多、越广泛,就越容易被想象,就越有利于进行想象性把握。所以,对于历史事件来说,不管材料的多少,不管时间的远近,不管记载的详略,不管范围的大小,都可以而且也都必须进行想象性的理解和把握。有时,不容否认的是,历史的某些复杂本质常常有赖于想象性地揭示和发现。

想象不是对不存在的事物的虚构和杜撰,而是对已存在的事物之间联系的发现和建构。想象的功能在于建立起一种联系,而这种联系又常常是用其他途径和方式而难以揭示出来的。伽达默尔断言,想象具有一种"解释学的功能并使人能敏感地发现什么是有问题的,使人能提出真正的、有创造性的问题"。② 想象把创造性的直觉和批判性的思辨巧妙地糅合在一起,力图深入到经验世界的内部去真切地把握那种人们所亲身经历过的一幕幕历历在目的往事和变迁。就想象来说,它的对象既可以是一分钟之前发生的事情,也可以是一千年之前发生的事情。在想象本身的**直觉—思辨性总体结构**中,时间变得无足轻重,时间失去了其原有的直线性和单向性,而变得多维和弯曲起来,时间的封闭循环结构被打破,刚性和僵硬的时间观念被一种更具有弹性和活力的时间意识所取代,一千年与一秒钟成为同一个时间符号,一万年与一分钟被标画在同一个时间坐标点上,一小时与一个世纪具有相同的意义和价值。想象改变了时间的关系,调整了时间的秩序,确定了时间的范式,规定了时间的性质。所以,在想象活动中,时间成为想象的一部分,变成一种灵活有机的想象因素,成为想

---

① 其实,人们这是把想象与虚构这两种根本不同的东西和功能混而为一。
② 伽达默尔:《哲学解释学》,上海译文出版社1994年版,第12页。

象展开的一种不朽形式,成为想象深入历史内部的一种有效的突击力量。然而,我们必须注意区分这点,这就是,想象的时间并不完全等同于那种所谓主观的时间或心理的时间。因为本质上,在第三种历史范畴中,想象本身是作为一种对存在事物之间联系的总体建构方式而被把握和规定的,想象在对事物联系的总体建构中,完全是一种超乎一般传统客观意义的客观现实力量。正是由于想象本身所具有的特殊客观性,第三种历史才能成为人们经验世界的常客和心灵世界的主人。

第三种历史作为一种真正的写史实践,既不是一种单纯的文学想象和艺术创作,也不是一种简单的学术研究和史实叙述。本质上,它首先是一种伟大的综合。但毫无疑问的是,它将对想象提出一种新的要求。比较而言,创造性想象比合理性想象更能准确、传神地表达出我心目中所理解的那种意思和语言中所解释的那个含义。因为,在我看来,所谓"合理性想象"实质上等于什么也没有"想",什么也不能"想"。即在这种所谓"合理性"的限制下,任何想象都将变成一种有待取消的不合时宜的虚妄和荒诞的东西。换言之,"合理性想象"本身是一个悖论。因为"合理性"本身必将使"想象"**变得**极不合理,同样,"想象"本身也必将使"合理性"**显得**极不合理。"创造性想象"则不然。"创造性"本身使"想象"更富有创造性,同时,"想象"本身也使"创造性"更具创造力。

想象力之于历史学有着特殊和复杂的含义。对于这种含义的特殊性和复杂性,柯林武德有过精当阐述。

> 历史想象力严格说来并不是装饰性的而是结构性的。没有它,历史学家也就没有什么叙述要装饰的。想象力这种"盲目的但不可缺少的能力",没有了它(就像康德所表明的)我们就永远不可能知觉我们周围的世界,它也同样是历史学所不可缺少的;这就是历史的构造的全部工作所进行的

活动,它不是作为幻想在随心所欲地活动着,而是以其先验的形式在活动着。①

看来,重视想象问题对于历史学家的自信心并不足以构成致命一击。因为历史学家确实需要想象。而且,这种需要首先不是为了取悦世人的阅读心理而使史书具有一种打动人、感染人的艺术魅力和文学效应(当然这也很重要),而是基于思考历史的需要。这就是说,想象的功能并不仅仅在于表述历史的形式方面,而首先在于理解历史的思维方面。所以,想象不是一种技巧,而是一种实质。这种实质就是,想象把破碎的历史收拢过来,聚为整体,置入眼前,详加审视。仿佛有一种无形的引力,将沉睡的历史唤醒过来。一种朦胧的情感出现了。它笼罩着整个历史。一种喜悦的光辉投向历史。历史变得生动起来。在想象性的目光中,**历史不是复活,而是转世。历史呈现为另一种形态,但仍然还是历史**。历史如故,情感依旧。与此同时,变化照常进行。如故的历史不影响发生的变化。这种高度的和谐是想象力的源泉所在。否则的话,想象力何以会发生呢? 想象力何以非得要钟情于历史不可呢?

二

想象力不能创造历史,但却能创造历史观念。想象力不能复活历史,但却能激活历史思维。想象力一旦切入历史思维,历史思维就会立刻变得异常生动,由此而来,历史似乎也被赋予了一种内在的生命。所以在某种意义上,那些具有伟大想象力的历史学家,他所做的事情就不仅仅是在写作历史,而干脆就是在创作历史。于是,在他们笔下,历史就成为一幕幕接连不断的喜剧和悲剧。甚至,历史学家不但是历

232　　① 柯林武德:《历史的观念》,第 273—274 页。

史悲剧的作者,而且还是历史悲剧的导演,最后还是历史悲剧的剧中人。他不但要写出历史悲剧,而且还要演出历史悲剧。历史学家要让世世代代的人们都能亲眼目睹历史悲剧的永恒,要让所有人都能亲身体会历史悲剧的震撼。

波利比阿曾把他那时的一些历史学家称之为"悲剧作家",因为他们有意追求戏剧效果。在研究修昔底德的著作中,有一位作者强调了修昔底德的历史和当时希腊戏剧的可比性,特别是在描述事件的突兀性方面。在 16 和 17 世纪的艺术史的研究中,历史学家曾被比作为史诗的作者,用以突出他们用文字描述战役、人物性格和演说的重要。……怀特描述了历史写作的戏剧化,并将历史著作的模式分为喜剧、悲剧、爱情剧和讽刺剧。①

其实,我真正想说的是,历史事变的戏剧因素和悲剧成分并不足以充分说明想象在历史思维中的真实作用。尽管这方面的材料很多。比如,自负的伏尔泰就说过,"一个人写历史应当像写悲剧那样。"②卡莱尔则以更为醒目的方式有力地印证了这一点。史学史家评论说:

通过一种高度的创造性的想象力量,他竟使读者对他书中景象的感受和他本人同样真实。……读者对他的一些伟大场景的描写将永远留下不可磨灭的印象。袭击巴斯底狱,向凡尔赛进军,联盟节庆典,向瓦伦逃亡,法王的审讯与处死,吉伦特派与丹敦,夏洛特·科代的短暂一生的悲剧,罗伯斯庇尔的倾覆——这些景象都是我们毕生难忘的。在描写恐怖与希望、炽烈热情与兽性狂暴等气氛的渲染力量方面,米什莱而外,再没有任何作家比得上卡莱尔。③

---

① 彼得·伯克:《西方历史思想的十大特点》,《史学理论研究》1997 年第 1 期。
② 转引汤普森:《历史著作史》下卷,第四分册,第 89 页。
③ 古奇:《十九世纪历史学与历史学家》下册,第 526—527 页。

所谓"许多历史家所描绘的形象不过像塞满着砻糠的布娃娃,但卡莱尔的人物则异常真实,用针来刺要流血的",①正是想象的创造和赋予。

从表面上看,史书的文学效应和艺术魅力主要是一种写作才能的体现,但实际上,写作才能却是想象力的直接表现。因为文学本质上是一个想象力的问题。没有想象力就产生不了文学。所以,历史著作的文学效应绝不能只从文学本身去寻找特殊原因,而应该超越文学,深入到文学背后去寻找一种更内在的机制,这就是想象力。**想象力既使文学成其为文学,同时也使文学成其为史学**。因为我并不相信想象力只能为文学所独有(这正像我从不把历史感看成是历史学的独家功夫一样),似乎只有文学才能享有想象力,而史学则与想象力纯然无关。这种说法经不起检验。首先,它经不起史学史的检验;其次,它经不起经典历史著作的检验;最后,也是最重要的,它经不起第三种历史的检验。因为第三种历史以一种史无前例的方式把想象力凸显为一种制约历史思维和历史写作的总体结构。一旦失去这个结构,历史文本就不复为一个有机的整体。所以,历史文本的体系性有赖于想象力的内在支撑。就此而言,想象力之于历史文本的组合和成型便具有某种深刻的本体论功能。②

想象总是从遥远的事物中发生,然后迅速地扩展到现在。但这并不意味着想象就是现在的产物。尽管想象使过去的东西充满非凡的活力和神奇的魅力,但它并不能把过去直观地移植到现在。现在永远都是想象的墓地。墓地并不是目的地。但二者的共同本质在于,它们却都足以使任何丰富的想象力在此处彻底终结与停止。

---

① 古奇:《十九世纪历史学与历史学家》下册,第527页。
② 无论是康德的"审美判断批判",还是狄尔泰的"历史理性批判",都是把想象力作为认识论范畴来使用的。(参见马克瑞尔:《狄尔泰传》,第225页)这与我对想象力的本体论定位根本有别。

这就是说,想象力是一种超越现在而沟通过去与未来的新视野。在想象力的综合下,过去、现在、未来连为一体。一切都变得合理起来。于是,历史就变得可理解了。所以,没有一点起码的想象力,要想理解历史那是根本不可能的。在这个意义上,想象力仿佛为理解历史奠定了一个先验的基础。所谓先验,是因为想象力并不依据知识和经验而发生。它是人的一种内在素质和禀赋。在想象力这种先验的基础之上,历史便与人的最内在的要求和欲望直接联系起来了。这使得历史成为人本身最本真的一部分。仿佛成为人的皮肤,人的骨骼,人的血肉,人的灵魂,人的感觉,人的意识等等。

在想象力的魔法驱使下,历史的种种可能性被一一唤醒过来,呼唤出来,列队成行,千姿百态。一时间,想象力变成了历史的创造力和生命力。仿佛想象创造出历史。诚然,如果说想象能创造历史的话,这肯定是一种最疯狂的想象。问题是,我们只想要想象,而不想要疯狂。折中的策略就是,我们必须把它理解为不完全是一种想象。它一定还有更内在的因素。因为想象的加入总要使历史发生一些变化。说到底,历史是想象力的天然舞台,而想象力的充分施展则无疑使历史的空间大为扩张。所以,我们必须明白,想象力并不创造历史空间,它仅仅使历史空间发生各种有趣和生动的变形,从而使历史空间变得更为充实、丰满和意味无穷。在这一过程中,原有的历史空间仿佛变大了,变深了,变明亮了,总之,变得不一样了。在斯宾格勒眼里,“历史则是另一种形状,”人类的想象“就是根据这种形状,去理解世界的活的生存对他自己生活的关系,因此他就使它显得更为真实”。[1] 可见,想象力具有一种对历史进行某种造型或塑形的能力。想象力赋予了人们看待历史的新眼光和新视野,在这种新眼光和新视野中,历史与现实的所有细微差别都已无关紧要,无足轻重,取而代之的是一种

---

[1] 斯宾格勒:《西方的没落》“导言”。

前所未有的历史与现实的统一性观念。所以,**想象力具有一种塑造历史观念的功能**。这种功能将最大限度地消解历史的自然性,而肯定历史的心理性。这就是说,我们所谓的历史并不是**一般**意义上的历史,而是那些具有**心理**意义的历史。

黑格尔这样定义想象力:

> 想象力在碰见一种对象(一个感性事物、一个确定的情境或一个普遍意义)时,在就这种对象进行工作之中,显示出一种能力,能把外表上相隔很远的东西结合在一起,摄取最丰富多彩的东西来为这独一的内容服务,并且通过心灵的工作,把一个五光十色的现象世界联系到既定的题材上去,这种塑造形象,通过巧妙的联系和配合把一些不伦不类的东西联结在一起的能力就是一般的想象力。①

在我看来,想象力只能是一般的,除此之外,似乎并不存在什么特殊的想象力。所以,历史想象力就是一般的想象力,历史想象力就是想象力本身。这正像历史思维就是思维本身,历史认识就是认识本身一样。说实在的,除了历史,我不知道还有什么能够产生想象,还有什么需要想象,还有什么值得想象。我始终相信,**历史是想象力的源泉,而生活则不是**。因为生活是一种日常化的过程,它根本不需要想象。但必须指出的是,历史之所以能产生想象,绝不是因为历史已经消失在过去而不复存在,从而给人们胡思乱想、想入非非提供了便利和可能。恰恰相反,历史之所以能够产生想象,仅仅是因为历史本身作为现实永远是一种不确定的东西,正是因为这种不确定性,才为想象力创造了一个无限广阔的空间。而日常生活的平庸性将彻底根绝任何想象力的萌发。

所以本质上,历史学家对想象力有一种近乎本能的需要。遗憾的

236　　① 黑格尔:《美学》第2卷,商务印书馆1979年版,第136页。

是,历史学家自己对这个问题始终缺乏清醒的认识,相反,倒是作为历史学家邻居的社会学家对这个问题体会得更为深切一些。

凭着社会学想象力,人们希望把握世界上正进行着的种种事情,人们也希望了解在他们之中将要发生的种种事情(他们自己是作为事件和历史在社会之中的细小的交叉点而存在的)。在很大程度上可以说,当代人们的自我意识要求人们跳出自己的范围,即使不作为永久的无关者也起码要以局外人的身份集中眼光、专心致志地认识社会的依存关系,认识历史的变革动力。社会学想象力是这种自我意识最有成效的一种形式。人们,如果其思想只涉猎过一系列有限的生活区域,一旦运用了社会学想象力,他们往往会产生像是在一间只有他们自己才熟识的房屋里突然醒过来的感觉。……他们又重新唤起了对新鲜事物产生惊异之感的能力。①

三

想象力是历史学家的童心。因而,想象力体现了历史学家人性中最为纯粹的一面。同时,历史学家凭借想象力则能够触摸到历史中最温馨的一面。对历史的温情与敬意不能凭空而至,它与历史学家的想象力联系在一起。在我看来,一个没有想象力的历史学家岂止是不可爱,简直就是面目可憎。因为他已经衰老到无力想象历史了。

从一个无限的整体到无数的细节,这之间几乎是一个彻底的空白。这一空白便是想象力的乐园。历史学家需要用一生的代价来填

---

① 赖特·米尔斯、塔尔考特·帕森斯等:《社会学与社会组织》,浙江人民出版社1986年版,第9页。

補它。在使用想象力方面,历史学家仿佛是一个辛勤的园丁。他会充满爱心地耕耘、播种和收获。他会种植各种各样美丽的花朵。用想象力写出来的历史著作,既可以让人阅读,又可以供人欣赏,还可以叫人品尝。它具有多重效果。缺乏想象力的历史著作,只能看,不能摸,更不能吃。它永远是一种单一性的干瘪文本。想象力是历史著作最好的营养。它使历史著作变得丰满诱人,可感可摸,而不是虚无缥缈,弱不禁风。想象力使历史著作变得结实、性感,充满刺激性。想象力使历史著作在人们心目中具有一种实实在在的分量。最重要的是,想象力使历史著作具有一种厚度。这厚度由多重因素组成。它使历史看起来似乎不像是由一页一页的纸张写成的,而像是由一块一块的砖头垒成的。这样,历史著作就又了一种罕见的质地和硬度。读这样的历史著作,必须有足够的心理承受能力和坚强的神经,还必须有健康的胃和尖利的牙。非如此就不足于真正消化它。

想象力使历史著作具有一种可怕的爆炸性。因为它包含有一种内在的力量。它一旦爆发出来,足可以置人于死地。这样的历史著作是可以用来打人的,甚至可以用来杀人。这就是说,想象力本质上具有毁灭性。历史著作凭借想象力而去放肆地毁灭着历史上一切伪善的价值。想象力并不去刻意制造一些虚幻的偶然性,相反,在大多数时候,想象力更喜欢把历史悲剧表现为一种特殊的必然性。正因如此,想象力便常常使人产生一种痛入骨髓的绝望感。所谓绝望既是对历史的绝望,又是对想象力本身的绝望。因为想象永远大不过历史。只有想不到的,而没有不可能的。这在许多时候都是一个历史真理。因为历史的可能性绝对大于想象的可能性。想象只是一个小世界,而历史则是一个大世界。想象的终点往往是历史的起点。所以,**不是想象启示历史,而是历史启发想象**;不是想象激发历史,而是历史激活想象。

但在历史面前,想象却像一个永远也长不大的孩子。永远是那么

238

无奈、无助和无力。历史是那么的强大,而想象却又是如此的弱小。我担心,想象很可能永远也走不出历史的摇篮。即使最激动人心的爱情也不能给想象力插上神奇的翅膀,使之飞出历史的视野之外。"谨奉以琅玕一,致问春君,幸毋相忘。"一封出自于居延汉简的二千年前的情书却足以给人提供最大的想象空间,使人想的很多很多。

> 时光流逝了二十个世纪,两千年前的烽燧早已夷为沙土,当时那位在如霜的月光下倚着雉堞,默望着似雪的沙原,静听着悲凉的笛声,为了情人而深夜不眠的不知名的男子,他的身子骨已经在大自然不知轮回了多少次。可是这一片用十四个字(是墨写的还是血写的呢)热烈恳求"春君幸毋相忘"的情书,历经两千年的烈日严霜、飞沙走石,却仍能以美的形态和内涵,表现出那番血纷纷白刃也割断不了,如刀的风沙也无法吹冷的感情,使得百代而下的我们的心亦不能不悸动,从中领受到一份伟大的美和庄严。[1]

到此为止,我们似乎再也深入不下去了。想象力就像是被历史的岩石磨平了的钻头,再也打不进更深的历史断层了。只能消耗在这一层次上依靠着思维的高速运转而迸发出有限的想象力的火花。尽管如此,想象力仍然是有用的。它毕竟使我们真切地感受到了历史的体温。历史不是冰冷的尸体,而是温暖的躯体。历史的皮肤也许很粗糙,但历史的心灵却绝对细腻。问题是,我们能否通过触摸历史粗糙的皮肤而感受到历史细腻的心灵? 这的确是一个问题。这便涉及想象的有限性。想象尽管有限,但它却是可能的。指出这一点并没有多少意思。我所思考的是,想象的可能性究竟有多大? 也就是说,我们该如何确立想象力的一般限度?

---

[1] 钟叔河:《一封两千年前的情书》,《天火——〈书屋〉佳作精选》(下),岳麓书社2000年版。

239

第十一章 想象之可能

第二种历史

在这里,我想借助法律上的一对概念来尝试着说明这一问题。这就是,"有罪推定"和"无罪推定"。第二种历史和第三种历史对待想象的态度和观念大体可以以此来界定。也就是说,第二种历史是以"有罪推定"的方式来看待想象的,第三种历史是以"无罪推定"的方式来看待想象的。在第二种历史看来,在找到足够的证据之前,所有的想象都是有害的。即,**除非有足够的证据证明想象是合理的,否则对历史的任何想象都将被视为不合理的**。显然,这是一个自相矛盾的说法。正因为证据不够才需要想象,如果证据充分又何必想象?相反,在第三种历史看来,在找到足够的证据之前,所有的想象都是**有益的**。即,**除非有足够的证据证明想象是不合理的,否则对历史的任何想象都将被视为合理的**。换言之,对第二种历史来说,如果没有充分的证据**证明**,任何想象都是不需要的,任何想象都是虚假的,任何想象都是错误的,任何想象都不可能成立。而对第三种历史来说,如果没有充分的证据**证伪**,任何想象都是需要的,任何想象都是真实的,任何想象都是正确的,任何想象都可能成立。这就是说,第二种历史把想象之可能性看得**无限的小**,第三种历史则把想象之可能性看得**无限的大**。这显然是两种截然对立的观点。第二种历史认为,除非与现有的史料**完全一致**,否则任何想象都不能被认可和接受,并被视为真实的和可信的。第三种历史则认为,除非与现有的史料**明显不一致**,否则任何想象都必须被认可和接受,并被视为真实的和可信的。

这一区分是根本性的。因为它使想象在历史学中由非法而变为合法。不仅如此,更重要的是,它赋予了想象以一种更为**彻底的**合法性,它使想象在历史学中的地位有了一种绝对的保证。基于这种合法性保证,想象将获得一种前所未有的权威和力量。这种权威和力量不仅使历史学变得更加生动,而且也使历史变得更加感人。第三种历史正是立足于这两个基本点来观照想象力的。它意味着,**想象在历史学中的作用是难以想象的,想象在历史学中的界限是近似无限的**。

第十二章 历史学家在历史文本
中的角色变迁

上帝不能改变过去,而历史学家能办到。也许是因为在
这方面历史学家对上帝有些用处,所以上帝才容忍他们的
存在。

——塞缪尔

历史学家不是被造就的,而是天生的;他不可能被培养,
他必须自己教育自己。

——蒙森

一

阅读第三种历史的文本时,我们经常会产生一种完全迥异于阅
读第二种历史文本时的深刻感受,这就是**作者的在场**和作者的存
在。我们总能非常强烈地感觉到有一个作者的真实存在。而这种
感觉则是阅读第二种历史文本时绝对感觉不到的。一个作者,一个
实实在在的作者,一个可感可摸的作者,一个独具个性和魅力的作
者,像一个幽灵,像一个魔影,始终若隐若现地时常出没于第三种历
史的文本的字里行间。与我们相伴,与我们同行。既像是我们的向

导,又像是我们的伙伴。它时而不管不问地长篇大论地喋喋不休,时而毫无理由地隐居幕后沉默不语。但作者始终存在。有趣的是,我们不但能感觉到作者的存在,而且还需要作者的这种存在。原因在于,第三种历史的文本**不仅由他所得以建构,而且为他所如此建构**。作者不再无条件地屈从于文本。作者与文本的关系是一种**平等的**关系。这种平等关系为作者在文本的世界里纵横驰骋挥洒自如提供了基础。作者那锋芒毕露的个性,汪洋恣意的才气,一针见血的分析,奥妙无穷的心态,之所以能够完整、自由、直接、真实地袒露在第三种历史中,根本原因就在于作者与文本之间所建立起来的那种平等关系。第三种历史使作者成为一个有价值的"活人",而不是一具无所谓的尸体;成为一个必不可少的角色,而不是一个可有可无的道具。

迄今为止,史学史基本上就是一部第二种历史的历史。而作者的身份地位至今也没有得到明确认定,而始终处于一种不明不白含糊其词的**非角色性状态**。作者还没有找到一个真正归属于自己并能确认自己人格和价值的真实角色。原因不在于作者自己不去寻找,而在于第二种历史限制了作者去进行寻找。故而,作者的角色始终是一个假设,作者的存在一直被不正常地悬搁着。现在,伴随着第三种历史的异军突起,作者问题便不可避免地被提到了议事日程上来。第三种历史需要作者。第三种历史不能没有作者。历史学家唯有到了第三种历史的阶段才正式诞生,历史学家唯独在第三种历史中才得以现实存在。这正是第三种历史的本质所在。即便没有作者,它也要创造出一个作者,它也能创造出一个作者。

作者就这样被第三种历史创造出来了。作者领着我们穿过时间隧道,来到一片无垠的历史开阔地。种种尘埃和迷雾,在这时都变得烟消云散。借助于作者的精心指点,我们开始领略到宇宙的深邃、太阳的辉煌、人性的伟大、灵魂的神秘。文本就像是一艘扬帆远航的船,作者就像是一个雄心勃勃去探险的船长，我们则像是船员或乘客，被紧紧塞到这条人满为患的船上。拥挤不堪的船在狂风巨浪中被反复无常地颠簸着、摔打着、撞击着，提心吊胆、战战兢兢的人们没有一个不恐惧自己随时都会葬身海底而永无到达未知新大陆的渺茫希望。勇敢的船长鼓励着人们，终于到达彼岸。不管彼岸是不是大家原来打算要去的地方，也不管彼岸是不是船长允诺人们所要去的地方。但大家仍然真诚地感谢这位非凡的船长。因为他使人们经历了一次冒险，一次征服，一次超越，一次无与伦比的体验，一次无以复加的传奇。这种传奇性和探险性以及由此而产生的神秘感绝不是任何一个人在其平庸乏味的一生中随时随地都有可能获得的。它可想而不可遇。可遇而不可求。可求而不可知。总之，它是一次通向神圣之路的超凡体验。船长给予水手的精神内涵也正是作者给予读者的精神内涵。或许作者是不成功的，或许作者没有达到他的目的，或许作者没有能够完全满足读者的要求。这些都是极为正常的现象。但这种正常性本身却不能证明作者所构造出来的第三种历史的文本是没有价值的。**第三种历史创造了作者，作者创造了文本。**这种内在关系就决定了作者的任何努力都绝不会是枉费心机的徒劳之举。它的全部意义必须放到第三种历史所提供总体背景下去加以全面理解。无论如何，我们应该感谢这种努力。因为这种努力显示了第三种历史在切入每个人的具体经验和特定心态时所必然产生的复杂纠葛和深刻反应。毕竟，第三种历史为人们提供了一种新的可能，这种新的可能是一种关于直接理解我们每一个生活在现实的具体时代之中的充满历史感和历史意识的人自己的历史之可能性。第三种历史为作者直接进入到读者内心世界打开了一条通道。但这条通向心灵世界的圣路却不是笔直的，而是一条曲折蜿蜒的如同克里特迷宫般的死亡之路。

从历史新闻学的角度看,第三种历史与一般历史作品的最大也是最显著的区别在于:研究者在一般历史作品中是无形的、隐匿的、看不见的,而在第三种历史中则是有形的、显现的、看得见的。即作为研究主体的"我"凭借历史新闻学这种新的历史思考形式而成为有形的"我"、显现的"我"、看得见的"我"、感觉得到的"我"。而"我"的出现、露面、亮相和出场便无疑为历史写作和历史思考开辟了新的更大的可能性前景。其意义不容轻视和低估。思考主体在思考对象中正式现身具有非同小可的启示性价值。它表明"我"与"它"的真正结合已经成为可能,它表明主体与客体的沟通已经有了**文本上的现实性**。这样,历史文本就具有了与传统体例和经典体裁迥然不同的全新规模和宏大结构。新的历史文本是一个新的文本整体。不同的历史作品具有不同的文体形式。由于"我"以有形的、显现的、看得见的、摸得着的形式直接出现在"它"中,"它"就立刻"活"了起来,变得生气勃勃、妙趣横生、灵感四射、热情洋溢。"我"脱去了那种古典的隐形外衣,由传统的"隐形人"变成了现实的"我自己"。一度消失和隐匿起来的"我"重新回到了生活和现实中间。原先曾经被旧史书体例和旧史书体裁遮蔽和埋没起来而置身于黑暗状态中的"我"终于走进光明,重见天日。茫然和蒙昧之感一扫而光。"我"从历史作品的后台第一次无所畏惧地走到历史作品的前台。"我"从历史作品的文字之外第一次信心十足地走进历史作品的字里行间。这并不是一种自我表现或自我表演,而是一种自我创造和自我证实。"我"的出现并没有使历史作品的文本秩序产生无法控制的普遍混乱,并没有使历史作品的内在主题感到一种遭到严重削弱的紧张和不安,"我"并没有喧宾夺主,"我"并没有威胁到历史作品的正常存在和自由展开。相反,正是由于"我"

的存在和自由才保证了作品的存在与自由。

当然，不可否认，"我"突出了我自己，"我"强调了我自己，"我"认可了我自己，"我"表明了我自己。否则的话，"我"何必要多此一举地频频亮相和出场呢？但这一切并不能说明什么。因为，"我"的出现才真正恢复了历史文本本身所固有的原始秩序，才彻底调整了**历史文本间**的处于明显失衡状态的倾斜结构，才深刻地改变了显现历史意义的写作形式和思考形式，才赋予了历史以一种新的意义和形式。总之，"我"出现于历史文本中便毋庸置疑地确定了研究者与研究对象之间的本体论关系。"我"不再是为了要单纯地认识"它"而去接近"它"，而且更重要地是为了要与"它"同在而去把握它。把握就是本体的显现，就是本体论的生存观，就是本体论的生存事实和生存现象。这样，"我"的所思所想无不都与"它"直接相关。"它"中有"我"，"我"中有"它"。在"它"身上你看到了"我"的影子，同时在"我"身上你也可以看到"它"的形象。"我"与"它"所构成的这种密不可分的总体统一性，使得"我"在"它"中间就绝对不是一个无意义的多余的局外人和旁观者，而是一个有意义的必不可少的当事人和参与者。于是，"我"成为"它"得以存在的一个坐标、圆点、尺度和参照系。"我"不能没有"它"，但"它"也绝对离不开"我"。"我"与"它"心心相印，相依为命。

在第三种历史中，"我"不再是文本中面目模糊的无名氏，不再羞羞答答躲躲闪闪地藏在文本背后默不作声嘀嘀咕咕，不再隐姓埋名地尽量掩饰自我的真相、抹杀自己的个性、否认自己的存在，而成为有名有姓的主体角色，成为中气十足、自信满满、光明正大的思想者和批判者。所以，"我"在历史著作中不惧"有我"，而耻"无我"。"有我"并非主观，"无我"也并非客观。在大多数情况下，"有我"是一种对历史负责任的表现，故而，它必然是更大的客观。"有我"即"有心"。有心才有史。心中有史，意味着作为心灵的对应物，历史在人心中所具有的特殊分量。在**心与史**的相互感应中，"我"被空前地凸显出来。"无我"即"无心"。"无心"即"无史"。"我"能感觉到我的心灵的存在,也能在我的心灵中感觉到历史的存在。正是在这种深刻感应中,"我"在历史文本中便成为必然。

在某种意义上,"我"在文本中间的地位与作用就像是一场戏剧的报幕人或一台晚会的主持人。"我"的在场并不意味着"我"是中心,是主角,但毫无疑问,"我"是其中必不可少的主要角色之一。由于"我"的存在,整个演出的进程、节奏、高潮便都包含有一种理智的预期,并具有了一种谋划性和可控制性。所以,"我"的出场绝不是一种礼仪上的标志和象征,而是一种结构上的调整和改变。这种结构上的调整和改变就是历史学家由"旁观"转变为"投入"。由"旁观者"置换为"投入者",这是历史学家**身份**发生的最大变化,也是第二种历史和第三种历史对历史学家**行为**提出的不同要求。**身份决定语言,行为产生话语。**于是,一大批具有鲜明个性风格的充满热烈激情的新史学话语就源源不断地从历史学家笔下不可抑制地喷涌而出。"我"意味着文本的语言必须打上我的标记。"我"意味着我的存在不是在文本之外。所以,"我"与文本的关系是一种本体论的关系。这就是说,历史学家在历史文本中的角色变迁本质上是一个**关系到历史学家在现实生活中的生存论事实**。

三

第三种历史中,作者与历史的关系具有一种"血缘性"。这里的"血缘"有多重含义,但它绝不是日常或习俗意义上的那个意思。所谓"血缘"既是心灵的,又是现实的;既是精神的,又是人性的。"血缘"一词在此可以分为两部分:血统与缘分。也就是说,作者与历史的关系既包含有一种割舍不断的血缘性,同时又包含有一种只可意会不可言传的神秘缘分。即,**历史学家与历史有缘**。而且,这种"缘"并不单纯局限于狭隘的职业范畴,并不是因为历史学家是研究历史的,故而才与历史有"缘"。相反,我们必须认为,正是因为历史学家与历史有"缘",他才可能去研究历史。所以,"缘"在这里是一种天然的东西、自然的东西,或者是一种形而上的先天之物和**先验情结**(或先验情怀)。既然历史学家与历史之间有一种天生的缘分,那么历史学家对历史的理解和把握就必定迥异于常人。因为他把自己的爱与情、个性与体验都注入了理解之中,他对历史所作的全部理解无不包含有一种博大的爱和独特的思。正是基于此,他才有可能不仅超出于常人,而且超越了第二种历史中的那些**非角色化**的历史学家。所谓非角色化的历史学家,其意思是说,历史学家在第二种历史中根本不是一个真正的有价值有性格有意味的角色,当然,第二种历史也根本不可能使历史学家成为一个真正的有价值有意味有性格的角色。这样,在第二种历史的文本与话语的窒息与压抑下,历史学家被迫沉沦于深渊,在黑暗的无意识世界像幽灵一般四处飘荡,而始终无法把自己的真实思想移入到现实存在的文本和话语之中供人阅读和理解,他只能把属于自己的东西永无尽期地搁置在第二种历史的文本和话语之外去等待廉价的收购和拍卖。这显然不是那种正常意义上的"名山志向"。不过,我倒相信,真正意义上的历史学家的"名山志向"只能是对史学史正常秩序的颠覆和挑战。

　　同第二种历史的那些纯粹学院式的职业历史学家比较起来,第三种历史的作者几乎都是些非科班出身的业余角色。但他们的存在和崛起却给习惯于固步自封和满足于得过且过的职业历史学家造成了不容低估的有力冲击。其意义在于,第三种历史的**作者**打破了第二种历史的**学者**对历史的传统垄断。因为迄今为止,所谓历史差不多都是被第二种历史的专家学者所包办垄断的历史。他们竭尽全力垄断着历史的解释权。他们挖空心思地制造出种种限制他人解释历史的荒谬借口和非法理由。他们的目的就是剥夺他人对历史的正当解释权。他们认为只有他们才具备解释历史的法定权力和学术资格。而别人所作的历史解释无不都是既不合理又不合法的侵权行为。他们认为解释历史是他们的职业特权和天然权力,别人所作的历史解释必然是对他们权力和特权的剥夺和冒犯。

第三种历史是对第二种历史的无限权力的理性限制和重新规定。第二种历史滥用自己的历史解释权,自鸣得意地制造和杜撰着数不胜数的是是非非,并禁止别人进入其中去加以批判性的审查和核实。由第二种历史训练出来的历史学家大都自我感觉良好,虚荣心极强,自视甚高,神经过敏而又极度脆弱,容不得别人的丝毫批评和怀疑,他们整日生活在一种自以为是的空虚假象之中,抱残守缺,泥古不化,排斥异端,唯我独尊。这种不思进取安于现状的夜郎自大观念,使他们本能地排斥和拒绝一切外来的、异己的东西。

第三种历史解放了历史,开放了被第二种历史一手掩盖和封锁起来的历史真相和历史信息。第三种历史的作者犹如向世人传达历史信息的天使赫尔墨斯,以新颖的形式,震撼的话语,敏锐的感觉,无穷的精力,为人们传递着无数令人神往和沉思的历史奥秘。第三种历史深入到历史奥秘内部,最大程度地展示了历史细节的丰富性和历史过程的复杂性。而这种历史细节的丰富性和历史过程的复杂性也正是第三种历史的作者最能得心应手地发挥自己才华的地方。

引人注目的是,第三种历史的作者几乎都不是职业的或传统的历史学家,而是业余的或正规的**准历史学家**。他们由这样几种人组成:记者、作家、编辑、评论家和政论家。正是这种身份构成了他们的准历史学家角色。也正因为他们的准历史学家角色,使得他们更偏爱和倾心于对历史感的把握和对历史意识的体验,而不大热衷或关心对历史观的解说和对历史理论的证明。但这并不等于说他们丝毫没有他们的历史观和历史哲学。相反,他们不但有自己的历史观和历史哲学,而且有相当新颖的历史观和历史哲学。他们的历史观和历史哲学不但独特,而且相当深刻。

显然,我所说的"准历史学家"这个概念没有丝毫的贬义。所谓

"准历史学家"并不是说比通常所说的专门历史学家低一等级或低一层次,仿佛是"不成熟的"、"不完全的"、"不正规的"、"非正式的"历史学家的意思。不是这样。固然,准历史学家是相对于历史学家而言的,但这种相对性却绝对没有任何扬此抑彼或扬彼抑此的意味,它只是为了区别起见而给那些非职业的历史学家所暂时拟定的一个不甚准确的名称。如果"准历史学家"这个称呼确实包含有某种特定的意义和指向的话,那么,也仅仅是指它比一般所说的"历史学家"更具有独特的价值和魅力。至少我是这样界定它的。

四

理解是一种能力,解释是一种权力。这就是理解与解释之间的本质区别。对任何一个具体文本,我们都只能说,我们既有理解它的能力,又有解释它的权力,但却不能反过来说,我们既有理解的权力,又有解释的能力。因为,究其实质而言,解释并不涉及能力,而仅仅关系到权力。对历史学家来说,他的基本权力就是历史解释权。[①] 应该说,在正常条件下,历史学家有权研究历史,这差不多是一个天经地义的常识。但我们不应该把这个事情看得过于拘泥。我们还有必要进一步考虑:**公民个人是否有权写史?**[②] 或公民个人是否有写史的正常权利? 但诚如席勒所说:"在写世界历史的不是神灵,而是权力受限制

---

① 对普通公民来说,无论是官方写史还是史家写史都是一种权力。但这并非是说史家全都是官方中人,或皆为官方所操纵和控制。而是特别强调了它的职业属性和工作责任。但**公民写史**则超出了这个范畴,而成为一种真正的政治权利。史家写史的权力性和公民写史的权利性,二者的区别既微妙又深刻。

② 历史写作与历史研究的区别也是微妙而深刻的。它首先取决于这样一个必然事实,即写史者并不一定是一个职业历史研究者。这种身份差异在许多时候都会引发出一系列直接导致观念迥殊和心态迥异的根本性特征。在二者的冲突和互动中,一种新的历史文本可能被创造出来。于是,理解历史的可能性与历史的解释权会因之而空前扩大。所谓思想自由就是从这种境遇中生成的。

249

第十二章 历史学家在历史文本中的角色变迁

的人,这也是一种遗憾啊!"①这的确是一种遗憾,而且是一种致命的遗憾。因为人是一个权力的动物。所以说到底,这是人性的缺憾。

历史新闻学认为,优先解释历史的权力不是哪一个人可以随心所欲地赏赐给他人的轻浮头衔或馈赠于他人的廉价礼品。它是一种至高无上的思想权力。我们既不能随便剥夺某个人的历史解释权,也不能任意分封和钦定给某个人以优先解释历史的权力和唯一解释历史的权力。所以,我们必须重新认识权力在解释历史中的特殊作用和机制问题。

在这方面,我们必须重视西方史学家的意见。

由于历史已经成为广大人民的教育基础,成为研究和解释公共事务的良好手段,历史的编纂也就成为公共的事业、至少是具有社会价值的事业。这就意味着,历史学家们作为公仆就有权查阅他们所要使用的资料。

历史学家与政府之间的关系是多方面的,有时政府代替历史学家提出查阅资料的要求,但在大多数场合下是历史学家向政府提出这一要求。根据历史编纂的性质,几乎必然产生这样的后果:一切拼命争夺权势或企图控制舆论的人,必然想要历史学家为他们服务。……所有的阶级都欣赏艺术品和历史文物,因此,查阅历史资料的要求就成为公众想要欣赏一向被所有者拒绝或限制观赏的那些东西的普遍要求的一部分……

因此,政府机关调查、蒐集和利用有关自己工作的历史资料的愿望就会激起一般公众为自己的目的去查阅那些资料的愿望。这又与公众想要了解政府的议事记录的要求之间只有一段很小的距离。在那些想要发掘埋藏着的信息宝库的新闻记者和民选代表与想要在工作中不受干扰的政府

---

① 《康·卡罗斯》,转引《从文艺复兴到十九世纪资产阶级文学家艺术家有关人道主义人性论言论选辑》,第499页。

工作人员之间,永远有一拉一推的扯皮现象。……思想自由像任何其他的自由一样,是含有责任的。对于一位政治家、一名官员、或者一个私人来说,保密有时是一种权利,有时则是一种义务。历史学家是用他们的论断来为社会服务的。尽人皆知,他们不能放弃自己的责任,像复印机那样工作,而让别人,让他们的读者根据他们复印出来的东西去作判断。①

一位俄国历史学家在对 21 世纪历史研究的种种可能性作出预测和分析时,曾明确指出:

> 21 世纪将大大扩展历史研究的史料基础,首先是靠克服对档案的"浑沌未凿的"态度,而档案有很大一部分仍然不对研究者开放,没有解密,或成为为数不多的一批特别靠拢当局的人士的财产。档案将不再是买卖对象,将服务于科学的利益。只有自由地开放档案而不管其属性,自然是在严格遵循现行立法以及需要完善的立法的基础上,才能使所有的研究者处于平等的法律地位,也才能提高历史研究的学术水平,尤其是在近代现代史领域内。②

虽然在通常的历史研究实践中,史料问题并不是最敏感的,但封锁史料以及垄断对史料的解释却是所有历史问题中最具爆炸性的问题。而这一切又都本真地涉及历史解释权的问题。所以,面对历史,我们首先需要的是完整地获得原本属于我们自己的历史解释权,唯有在获得历史解释权之后,我们才可能去真正理解历史,我们才可能具备理解历史的真实能力。在某种意义上,解释历史的权力较之于理解历史的能力对于我们的现实生存状态来说更具有决定性的价值。

---

① 《新编剑桥世界近代史》"总导言:史学与近代史学家",中国社会科学出版社1988 年版。

② 伊斯肯德罗夫:《21 世纪的历史科学》,《现代外国哲学社会科学文摘》,1996年第 11 期。

五

历史新闻学不仅对史学性质作了新的定位,而且对史学权利作了新的规定,其思路是分析历史研究的公民权或写史的私人性①问题。

---

① 所谓"写史的私人性"并不等同于古人所说的"私史"或"野史"。从古到今,人们对私史和野史的评价都不高。理由主要有二:一是说它高下由己,主观膨胀;一是说它史料缺乏,文献不足征。其实,这两种现象在任何一类史书中都可能存在。但人们之所以特别强调私史和野史在这方面的缺陷,原因在于,由于古代缺乏真正意义上的有机的学术共同体,故而,人们只能设想依靠官府的行政手段即繁密的修史程序和严格的史馆制度来约束和限制史官们那些随时都可能产生的种种不负责任的恶意诽谤和毫无根据的任意褒贬。但史学史证明,这种设想和努力是相当失败的。因为官史和正史的杜撰、造假、说谎和欺骗比比皆是,较之于私史和野史毫不逊色,甚至有过之而无不及。因为由于地位和性质使然,那些似乎更有来头和权威的官史和正史所具有的虚假性和欺骗性,无论是在规模上还是在范围上,对社会和后世所造成的恶劣后果,其综合影响力更为巨大和深远。它完全符合"窃钩者诛窃国者侯"的庄子逻辑。说大谎者真,说小谎者假。趋利避害的人性本能与积非成是的心理习惯,使得人们似乎有着无穷的精力去做那些辨小伪而证大伪的事情。在这个过程中,如果我们首先放弃了说谎这一前提(比如在西人眼里,希罗多德既是历史之父,同时也是谎言之父),那么官史与私史的是非公案不过就是一桩现代版的"大骗子骗小骗子的故事"。我们满足于被大骗子骗,而愤怒于被小骗子骗。这是否意味着一种更加卑劣的人性呢?
至于史料方面同样经不起推敲。官方的确垄断和占有近乎全部的最有价值的档案和文献(这点越是在古代早期就表现得越是明显),但问题在于,官方并没有充分、合理、有效地使用这些档案和文献,使之成为真实可信的史书,反而常常采取一种自私和投机的方式,对珍贵的档案和文献大肆删毁、破坏和篡改。所以,官史和正史对档案和文献的利用率远不到正常利用率的十分之一。这就是说,官史和正史的代价就是官方对档案和文献的恶伐滥采。换言之,**官方对档案和文献的政治性破坏远大于对档案和文献的学术性利用,官方对档案和文献的破坏性使用远大于对档案和文献的合理性使用**。我相信,人们如果适当考虑到这两点,对官史和正史的评价可能就不会像以往那样过于乐观和自信。与此同时,人们对私史和野史的评价可能也会有所不同。但这种不同和我所说的"写史的私人性"并无什么必然联系。不过为了避免某种潜在的误解和可能的附会,我还有必要指出,所谓"写史的私人性"完全能够避免人们对古代私史和野史所提出的那两个似是而非的指责。因为就第一点而言,在现代条件下,完全可以在学术共同体内部得到解决(尽管具体解决起来可能并不那么轻松和容易。这也许是因为某些显而易见的操作问题。不过这也很正常)。即依靠史学界自身的理性力量和淘汰机制,通过史学界的相互约束和监督以及史家的自律来规范和克服种种不良行为。具体言之,就是使用史学批评的手段来消除某些史家的恶习。至于第二点,则正是我们这里所要着重分析并试图加以解决的问题。

这一问题的实质是史学与公民之间的正常关系是什么。在我看来,这种关系不但是真实的,而且还是本质的。所谓真实与本质,并不单单是指历史研究必须具有公共性和公众意识,以及公众必须具有历史意识,而且首先是指历史研究根本就是一种公民的基本权利。写史作为一种纯粹的个人行为,唯一有权力否定他的仅仅是他自己。这意味着,不论我是不是历史学家,我都可以以一个公民的身份去研究历史。或者我不想以历史学家的身份而只想以公民个人的身份去写史。①那么,这二者之间究竟有何区别呢?显然,这二者既非专业与业余之分,也非精英与群众之别。而是每个普通公民都正当享有的宪法权利和政治权利。所以,写史是普通公民所必须享有的对历史知情权的一种合法形式。这就意味着,任何一个公民都可以按照自己的兴趣和观点去搜集史料和写作历史。

从根本上说,公民的历史知情权取决于两点:历史的公共性与历史知识的公共性;或,作为公共财富的历史与作为公共价值的历史知识。这就同时意味着两件相关的事情:历史的发展意味着公共财富的积累,历史知识的增长意味着公共价值的扩展。质言之,历史是公共事务,历史学是关于公共事务的知识。作为公民,作为公民的历史学家,他不受任何限制地了解公共事务,获取对公共事务的知识,这本身就是其存在的天然权利和这种权利的应有之义。历史作为一个国家、一个民族乃至整个人类的集体经验,这种集体经验就是真正的公共事务。了解这种公共事务,乃是每个公民生存所必需,即便我们不愿说是为了生活得更好。至少有一点可以确认,更多地拥有这种公共知识,肯定能够有助于我们对公共事务的改善。

在古代,中国的写史制度自然是高度发达的。比如从周代开始就

---

① 不要搞错,我这里无意于贬低历史学科班出身所获得的学术训练对历史写作所具有的一般重要性。

设立的各种史官，而且这些史官的职掌划分得极为详细。据《周礼》记载有"大史"、"小史"、"内史"、"外史"等，据《礼记》记载有"左史"、"右史"。到了唐代，写史制度更是发展到一个前所未有的新的阶段，设立了机构更为复杂、规模更为庞大的国史馆。专职史官和兼职史官的人数也急剧增长。由此可见，写史制度保障在中国古代确乎发展得相当完备和成熟。①

只不过这种写史制度保障和我们说的压根不是一回事。因为这种写史的制度保障仅仅是用来保证政府对写史的全面垄断，而根本不是用来保护民众写史的合法权利。这样一来，从观点到史料，从语言到体裁，均成为这种写史制度所垄断的必要内容。而民众的个人写史反而成为不合法的危险举动。以至于今天，人们还在振振有词地论证官府修史优越于民间私人写史。主要理由就在于官府掌握有丰富的史料，而民间私人写史则容易倾向于简单地发泄私愤。岂不知，官史之所以优越于私史在绝对程度上完全是依赖于凭借专制权力而对史料的非法垄断。如果官史不再有权垄断史料，那么官史还能优越于私史吗？此其一。其二，即以人们所常说的私史多有私愤而言，在我看来，这也完全是因为私史见不到更多的史料使然。如果私史能够见到更多更全面和真实的史料，它还会一如既往地发泄私愤吗？显然，这两种不幸的结果都是产生于一个共同的原因，即专制权力对史料的非法垄断。这就意味着，一旦开放史料，那么官史就不可能继续优越于私史，同时，私史也就不必要再发泄私愤。这是因为，史料的公开具有双重效用：一方面取消了官史优越性的权力资本，另一方面取消了私史发泄私愤的道德理由。所以，开放史料的功能绝对是双重性的。**它既限制了官史的狂妄，又限制了私史的虚妄**。官史因权力而狂妄，私

---

① 尽管一些史学史著作（比如金毓黻《中国史学史》）对此有所铺陈，但显然过于简略。我希望有人能从这个角度对中国帝制时代官方编史制度作一个完整系统的研究。

史因道德而虚妄。但其根源却是一种既简单又复杂的制度弊端。

也正因如此,不论在中国古代官史与私史的是非利弊如何,它们都不重要。如果把官史比作气球,那么私史就是针尖。所以问题不是一个针尖上能站多少天使,而是一个针尖能扎破多少气球。但这也不是一个真正的问题。真正的问题是,人们是否已意识到历史研究所具有的公共权利性质?基于这个考量,我们才能超越于对官史与私史优劣长短的无谓纠缠,从而扩展出我们的公共权利平台,并根据现实的需要,建立一种新的写史机制,用制度的形式去有效保障每一个普通公民的正当写史权利。

其实,在中国古代,写史一直被人们看成是一件很神圣的事情,以至于常常被提高到"立法"的吓人高度来加以强调,似乎写史就是为国家立法。因为它要求皇帝、百官和士人都必须认真接受和记住史书中所传达出来的经验教训。所以,写史在某种程度上就是为了给朝廷提供出一个有效的治国策略。而这一治国策略便常常被人们称作"史鉴"。显然,无论是为国立法还是治国策略,写史所担当的使命都不可小觑。这无疑是一种显赫的政治权力。当然,这一政治权力只能为官方所有。它和我这里所说的作为公民政治权利的历史研究之间绝对不是一回事。但我想说的是,虽然作为官方权力的写史和作为公民权利的写史不能同日而语,但二者的共同点在于,它们都必须具有一种现实的制度保障,即二者都必须成为一种真正的制度。

六

我们已经证明,理解历史的可能性不再取决于一种虚构的能力,而取决于一种实在的权力。这种权力在**宪法意义**上则属于一种普遍的政治权利。它不可剥夺地属于每个普通人所有。故而,它也就合乎逻辑地成为第三种历史将普通人作为自己对象之一的真实理由。从理论上讲,唯物史观也是相当重视普通人的历史作用的。因为它的基本命题之一就是"人民群众是历史的主人"和"人民群众是历史的创造者"。但事实上,由于第二种历史这种固有的文本形式("体例")和话语结构("笔法")①的深刻限制,便使得它根本无法直接触及到历史上那些成千上万的真实的普通人的具体存在和现实命运。普通人的生活、语言、心态、想法、愤怒、疾病、呻吟、忧伤等等一举一动始终不能进入到第二种历史的文本框架和话语模式之中。由第二种历史本身所产生出来的一种先天性的排斥倾向和阻碍力量就顽固地限制了普通人的生存境遇能够合法地成为一种"历史"的和"历史科学"的真实考察对象。僵硬的话语抹平了这一切。大而无当的文本框架遗漏了这一切。于是,这一切便只能从头开始。**所谓从头开始,就是从第三种历史开始**。因为第三种历史并不是第二种历史之"后"的一种历史文本和历史话语,相反,它恰恰却是第二种历史之"前"的一种历史文本和历史话语。而且,这种"之前"并不是一种时间顺序上的线性规定,而是一种逻辑结构上的综合否定。它表明一种历史形态的必然性。当历史形态被理解为现实关系本身时,第三种历史便势在必行地成为"先于"第二种历史而进入历史内部世界的新文本和新话语。也就是说,由于历史和现实的本体论统一,第三种历史**就在第二种历史"之前"**获得了把握历史的可能性,**也就在第二种历史"之前"**拥有了重新解释历史的优先权,即优先解释历史的权力。

在此之前,解释历史的优先权一直被第二种历史不可分割地垄断着和独占着。而现在,情况发生了变化。解释历史的优先权产生了转移,转移到了第三种历史手里。当然,解释历史的优先权的转移并不意味着历史解释权的全部丧失。第二种历史仍然拥有法定的不容剥

---

① 在中国传统史学文化中,能够与"文本"和"话语"这两个概念相类似和接近的术语就是"体例"和"笔法"。

夺的解释历史的权力。只不过,第二种历史所拥有的这种历史解释权不再是一种优先解释历史的权力。换言之,第二种历史现在依然可以合法地行使自己的正常权力去解释历史,但它对历史的解释却再也不能像以前那样被不打折扣地想当然地视为绝对优先的和唯一的。所谓优先的,就是说,只有在第二种历史首先对历史作出一番解释之后,别人才能按照它对历史所作的解释口径去加以重复、发挥、说明、论证、补充、注释,别人只能在第二种历史对历史作出解释之后再去亦步亦趋地、煞有其事地、照葫芦画瓢地、鹦鹉学舌般地对历史重复解释一番。如果别人试图打破这个惯例和规矩,那就是僭越,那就是对第二种历史所拥有和行使的历史解释权提出狂妄的挑战。而这是绝对不能容忍的。所谓唯一的,就是说,只有第二种历史有解释历史的权力,只有第二种历史所作的历史解释才是合法的和合理的以及科学的,其他任何人都没有解释历史的权力,其他任何人对历史所作的解释都是非法的、虚妄的、错误的、荒谬的、不合理的、不可信的。

按照历史新闻学的观点,优先解释历史的权力只能属于第三种历史,而唯一解释历史的权力则已不复存在。因为,历史新闻学认为,在现代条件下,没有任何一种解释历史的方式是唯一的、绝对的、最终的、尽善尽美的,任何一种解释历史的方式都有其内在的合理性、有效性、真实性、可信性。历史新闻学不打算再把第三种历史看成是对第二种历史的简单颠倒,看成是对第二种历史的笨拙翻版,看成是第二种历史的第二,看成是第二种历史之后,看成是第二种历史的复制,看成是第二种历史垄断性质的继续和变形,看成是第二种历史大一统功能的死灰复燃。不,历史新闻学坚决反对这些。历史新闻学不能愚蠢地重蹈覆辙。

七

从历史新闻学的角度看,历史无一处不新。历史新闻学所展示出来的景观是历史的新颖性而不是历史的陈旧性。一旦新闻意识进入到历史学家的头脑之中并为他所深思熟虑地加以接受,那么,历史学家就会像新闻记者一样或者比新闻记者还要出色地运用自己那训练有素的敏感的心灵去捕捉各种激动人心的现实生活和历史冲突。现实不仅属于新闻,而且也属于史学。现实不仅是新闻的对象和范畴,而且也是史学的对象和范畴。在历史新闻学的立场上,历史学家完全有资格有理由有能力去关心现实、去思考现实、去评判现实。这是历史新闻学赋予历史学家的神圣权利。

在第二种历史中,历史学家与新闻记者几无任何共同之处。历史学家的圈子是学院,新闻记者的领地是社会;历史学家是历史事件的回忆者,新闻记者是历史事件的观察者;历史学家是历史遗产的继承者,新闻记者是历史财富的创造者;历史学家是历史进程的局外人,新闻记者是历史进程的当事人。一般说来,新闻记者所写的东西大都属于当代史领域的题材,而历史学家所写的东西大都属于前当代史领域的内容。正因如此,历史学家便非常缺乏新闻记者所具备的那种敏锐、直觉和激情。

在第三种历史中,历史学家与新闻记者的结合成为可能。这种可能性在于,历史学家对现实事物开始有了正当发言权,而新闻记者对现实问题的分析也初步具备了一种纵深的历史眼光。历史学家已意识到,必须向新闻记者学习。历史学家应该使人们懂得,真正的历史事件永远具有新闻价值。所以,历史事件的每一个细小的环节都是历史学家热切关注的对象。尽可能地挖掘每一个历史细节的象征意义,并把它精心编织进一个更大的历史场景之中,从而展示出历史的丰富内涵。第三种历史可以帮助历史学家在有限的史料空间拓展出无限的意义世界。这时,历史学家就已经不仅仅是在解说历史,而且还是在创造历史。这种密不可分的过程生动地包容着历史学家,使他写作的第三种历史得以成为一种最具个性和想象力的宏伟作品。

对于历史学家来说,第三种历史希望把他改造成为勇于创造历史和善于理解历史的现代人和"超人"。历史学家必须做好最为充分的准备去迎接这一伟大时刻的到来。历史学家必须下最彻底最坚定的决心去改变、调整以及提高自己的整个知识结构、心理素质、精神状态和思维能力。只有这样做,历史学家才有可能从根本上抛开自己原来那种由数千年的史学史传统凝淀而成的唯唯诺诺、人云亦云、固步自封、泥古不化、排斥异端、鼠目寸光的文化劣根性,从而达到一种真正的现代人和"超人"的崇高境界。

正是在第三种历史中,真正的历史学家诞生了,真正意义上的历史学家成为可能。不妨说,只有在第三种历史中,真正的历史学家才可能存在。或,真正的历史学家仅仅存在于第三种历史中。第三种历史是一种伟大的历史文本。它具有双重功能。一方面,它教导历史学家去更好地关注普通人的实际生活和真实感受,它教导历史学家真正深入到普通人的内心世界和心灵深处,它教导历史学家善于从普通人身上发现人性的光辉并努力去呵护这种人性;另一方面,它试图引导普通人获得足够的历史意识和健全的历史洞察力,它试图引导普通人走进历史深处,它试图引导普通人成为历史学家,它试图引导普通人消除对历史学家的陌生和敌意,它试图引导普通人形成批评和审视历史研究的能力和素质。

所以,第三种历史的这双重功能意味着它在自觉地抹去普通人与历史学家之间的人为界限,使双方成为可沟通与可理解的平等伙伴。第三种历史的目的之一就是促使普通人与历史学家相互接近。这样,历史学家就获得了一种新的定位。在第三种历史中,历史学家无疑占有某种中心地位。但这种中心性却并不意味着历史学家必须去排斥其他的特别是平凡的普通人。所以,历史学家的中心性恰恰是一种对其他社会科学家和普通人的充分包容性。

第三种历史表明,历史学家早已不满足于第二种历史那种压抑史家自我情感的沉闷风格和阴暗体系了。历史学家向历史提出了新的要求,向历史提出了自己的要求。这种要求是历史学家第一次坦率地提出来的。历史学家要求历史不要成为灭绝人性的东西。历史学家试图在历史中间发现人性。这种发现通过历史学家自己的真实情感的直接流露和倾诉而得以证实和肯定。所以,第三种历史中所包含的这种历史学家的自我感觉是成功的和有价值的。同时,第三种历史为历史学家认识自己展示了一种新的可能,为历史学家确认自我的价值提供了一种新的方式。认识自己,确认自己的价值,这是每个人的终极使命。但历史学家却通过第三种历史而得以可能完成(至少是部分完成)这个使命。

历史的公正性在于,第三种历史并不以历史自居,但却往往比第二种历史更能揭示历史的真实;第三种历史的作者并不以史家自傲,但却往往比第二种历史的学者更能诚实地理解历史。所以,在某种意义上,历史学家应该感谢第三种历史。因为第三种历史使历史文本深刻地打上了历史学家的印记。第三种历史使历史文本成为有作者的文本,而第二种历史则使历史文本成为无作者的文本。所以,**作者问题成为第三种历史的基本问题**。**历史学家自己的历史也因之成为第三种历史的内在基础**。诚如蒙田所说:"我自己就是这部书的题材。"①历史学家即第三种历史的主题,第三种历史的真正主题就是历史学家自己。历史学家必须在历史文本中写出自己。这种写出自己是全方位的。它甚至体现在历史学家对史料的搜集过程中。实际上,在第三种历史中,搜集史料已转向为采访历史。搜集史料主要是从文字到文字,而采访历史则是超出字面之外,直接切入活人、活事、活物、活景等一系列活生生的东西。

所以,第三种历史的采访根本不同于第二种历史的搜集史料。因

---

　　　① 《蒙田随笔》"致读者",湖南人民出版社 1987 年版。

为搜集史料主要是同文字打交道,而采访历史则不仅要同文字打交道,而且还要同物打交道,还要同人打交道,还要同整个制度和环境打交道。这显然已远远超出了单纯的文字的范畴和意义。更重要的是,搜集史料只是一种肤浅的思维过程,而采访历史则包含有一种深刻的体验过程;搜集史料仅仅是一种理智的运作,而采访历史则还是一种感知的活动。就人的精神结构的整体来说,第二种历史的搜集史料仅仅占据了其中极其有限的一部分,而且是不怎么重要的一小部分,而第三种历史的采访则占据了全部。所以,采访历史表明了历史学家自身精神状态的完满,并意味着历史学家精神能力的健全发展。正因为这个缘故,我们便可以明了第三种历史和第二种历史的价值取向和心态结构何以竟然如此不同。在第二种历史中,历史学家对历史的认识一般都是在搜集史料这一工作完成之后才逐渐产生和形成的;而在第三种历史中,历史学家对历史的思考却大都是在采访这一活动当中就已经开始和进行着了。这是因为,采访是一个全面的训练,是一种综合的活动。采访历史要求历史学家不仅要具备深邃的认知能力,而且还必须具有敏锐精确的感知能力和观察能力以及体验能力。采访历史调动起了历史学家的全部知识、思想、情感,使历史学家得以能够以一种综合直觉的方式去感受、去领悟、去体验、去把握历史的本质与意义。如果有一种"历史精神"的话,那么这就是。而且,这种"历史精神"也只能在第三种历史这种采访中生机勃勃地体现出来。

八

历史学家所赖以存在的那种生活方式并不是我们所想象的那种生活方式。正因为这个缘故,历史学家的生活方式就尤其值得我们注意和思考。因为它与历史学家的全部人格、经验、心灵、思想直接融合在一起并构成一个统一的有机整体。

261

历史学家的生活方式本质上是这样一种概念,它是指历史学家思维方式的生活化以及历史学家更多地从生活角度来理解历史并且更多地关注历史对人类生活的总体影响。它要求历史学家更深刻地将历史与生活二者结合起来,从而既使生活具有更丰富的历史内涵,同时也使历史具有更广泛的生活形式。总之,**历史学家的生活方式使历史学家意识到了自己现实生活的本质**,历史学家凭借这种充满历史感的生活意识,力图使历史成为人类所共有的普遍生活价值。

历史学家的生活方式是全部社会关系总和的一种特殊类型。这种类型的特殊性使历史学家明显区别于其他人和其他学者。历史学家终生与历史打交道。历史本身既有人性又有物性,历史学家就生活在这种人性与物性的重叠和交叉之中,备加艰难和困惑。历史学家的生活方式的这种特殊范式和性质就决定了他不可能完全撇开历史的某一特性而去片面地追逐另一特性。他必须把自己的生活方式与历史研究深刻地结合起来,并借以获取洞察历史的灵感和把握历史的信念。

但我们必须注意:

历史学家不可能为所有这一切而发明新的语言和新的逻辑。他不可能不用一般的语词来思考或说话。但是他在他的概念和语词里注入了他自己的内在情感,从而给了它们一种新的含意和新的色彩——个人生活的色彩。[1]

意识到历史学家个人生活的存在性,并由此存在性出发去考察历史学家思维与意识的生成,这本身正表明了一种新的思维和意识。它将历史学家个人的生活与经验同他本人的学术与思考联系起来,从而使历史研究和历史文本成为一种厚重与丰满的精神存在。

毫无疑问,伟大历史学家的与众不同之处正是在于他的

---

[1] 卡西尔:《人论》,第237页。

个人经验的丰富性和多样性、深刻性和强烈性。……如果历
史学家成功地忘却了他的个人生活,那他就会由此而达不到
更高的客观性。……如果我熄灭了我自己的个人经验之光,
就不可能观看也不可能判断其他人的经验。①

历史学家的生活方式意味着历史学家是一个活生生的人。在他
所写的历史中应该随时随地都能看到他的影子。他应该在自己的历
史文本中自由出没,而不是永远消失。但这种自由出没绝不是历史学
家情绪的自我张扬,而只能是历史学家思想的自我伸张。它意味着,
历史学家不再是历史道口上的一个空荡的幽灵,而是一个实在的灯
标。灯标的闪烁暗示着黑暗的存在。黑暗是存在的本质。所以,**历史
学家对历史不仅具有在场性,而且他的存在具有黑暗性**。令人绝望的
是,这种黑暗非常彻底和纯粹。它意味着,**历史学家可以想象光明,但
却不能穿透黑暗**。

> 我为了研究结论的公允,曾千百度地寻找光明,但光明
> 始终远我而去。我不能不得出这样的结论:鸦片战争时期的
> 清军,本是一个难得见到光明的黑暗世界。②

> 当我抄完吕贤基、刘韵珂两份奏折后,坐在档案馆宽敞
> 的阅档室里,怔怔地望着这两份文件。我揣度着鄂云和那些
> 不知姓名的雇勇的心思,思索着吏治与国运的关系,种种联
> 想不可遏制,连绵而至。天黑了,灯亮了,人们纷纷离去。我
> 才发现已坐了很久,很久,也想了许多,许多……③

历史学家在历史著作中的自由出没,究竟意味着什么? 在我看
来,它明确昭示出,历史学家已不愿意脱离历史而思考,而希望伴随历
史而思考。显然,这是一个很深刻的观念转变。而这一观念转变则与

---

① 卡西尔:《人论》,第 237 页。
② 茅海建:《天朝的崩溃》,三联书店 1995 年版,第 71 页。
③ 茅海建:《天朝的崩溃》,第 391 页。

历史学家的生活方式的变化直接联系在一起。历史学家已自觉意识到自己生活在历史中,自己的生活方式只能是历史的一部分。反过来说,理解历史也只能是自己生活中的应有之义。难道生活本身不就包含有对生活意义的自觉理解吗?难道生活本身不就包含有对生活价值的自由创造吗?

在某种意义上,历史学家在历史文本中的出没和穿梭就仿佛夜行人在黑暗发出的探路的声响和光亮。这声响和光亮显示着夜行者在黑暗中的存在,也包含着夜行者在黑暗中的渴望,还表明了夜行者对黑暗的怀疑和反抗。

历史学家就如同这样一个疲惫不堪的夜行者。他只能靠自己手中的那一点微弱的光亮来摸索地往前行进。这点光亮是由经验、知识、观念以及想象、直觉、激情乃至信仰所组成。但即便如此,这些并不能保证历史学家就一定能够走到自己的目的地。这些只不过使他不至于在恐怖的无边黑暗中完全绝望而已。他在不停地行进过程中,唯一能够做的事情就是不断地猜测夜幕那一边所存在的事物以及所可能发生的一切。夜幕那一边究竟是白天还是黑夜?**他在黑暗中追求的最终是否另一种黑暗?**一种黑暗中的黑究竟有多黑?黑暗中的黑色由什么构成?这是作为夜行者的历史学家永远苦苦求索的问题,也是永远无法证实的问题。历史学家的悲剧就在这里。

　　　遥远的黑暗是传说,漫长的黑暗是失眠

　　　举火照见了什么——

　　　照见黑暗无边

　　　……

　　　是什么构成这历史——这个蒙面人

264　　昨夜露宿在耶路撒冷

今夜已翻越过帕米尔高原

他带来盲目的力量
摧毁星星的堡垒
也把繁殖和疯狂隐瞒①

夜行人能否最终走出黑夜，永远是一个未知数。历史学家能否全部弄清历史真相，也永远是一个未知数。这样，历史学家的生活方式就具有了一种无知性、盲目性和黑暗性。似乎，历史学家从来都是生活在一种无边无际的黑暗之中，历史学家始终置身于一种黑暗的重重包围之中。这就要求历史学家必须练就一双穿透黑暗的眼睛。但这可能吗？的确，历史学家常常为此而感到绝望。在绝望的无底深渊，存在着历史学家生命和价值的全部。这就意味着历史学家的思想必须具有一种抗争性。因为历史学家的生活本身就是一种战士的生活。就其本质而言，历史学家天然具有一种战士的品格。所以，历史学家从来不怕挑战，从来不惧威胁，从来不畏暴虐。暴政和高压之于伟大的历史学家从来都是创造力的源泉。反抗，批判，攻击，是历史学家的天性，是历史学家生命中最致命的一部分，同时也是历史学家生活中最感人的一部分。

历史学家是那种试图把寒冰变成烈焰的人。历史学家所做的工作就是把历史由冰峰变成火山，把历史由沉寂变成轰鸣，把历史由黑暗变成闪电，把历史由腐朽变成神奇。当人们看到历史学家眼睛的时候，他也就看到了历史的影子。**历史学家最先看见历史，却又最后说出历史**。因为对于历史学家来说，历史永远不是一个轻松惬意的话题，它包含了太多太多沉重、痛苦乃至血腥的内容。所以，历史学家的语言总是在滴血。历史学家的语言是一种充血的话语。历史学家的

① 西川：《西川的诗》"黑暗"，人民文学出版社1999年版。

语言是有颜色的,这就是红色。这就是说,无论是面对历史还是倾听历史首先都要有一个心理承受能力的问题。正因如此,并非任何人都愿意研究历史,也并非任何人都适合于去研究历史。

研究历史总是要求人们付出的多,而得到的少。所以,历史研究从来都不是一件有利可图的事,更不是一件一本万利的事。它总是赔的多,赚的少。付出与收获不成正比,永远是历史研究的常态。这样一来,历史学家的生活中就充满着一种特殊的受难者的意味和殉道者的色彩。

当历史学家大力呼吁历史研究要走出象牙塔,而深入到社会和民众之中时,历史学家自己倒应该首先走出自身现有的那种封闭狭小的生活圈子,而把自己的生活方式同整个社会生活协调起来,使自己的生活中包含有更多的现实内容。历史学家不应该以一种孤立的方式生活于时代之外。历史学家始终是超越时代预言未来的人,而不是一门心思沉迷过去的人。在我看来,历史学家对生活的态度理所当然地包含有他对自己的工作、职责和身份的一种自觉意识。每个历史学家都有一个身份,都扮演一个角色,而这种身份和角色对于他的历史意识来说不会没有根本的影响。

在现代条件下,历史学家只能是一种"顾问",历史学家的角色早已被定位为一种备感尴尬和寂寞的"顾问"。就像电视文本上常常出现的"历史顾问"这一角色一样,历史学家就像是现代社会里的"历史顾问"。电视文本作为现代科学技术与第三种历史的交叉产物,其实正准确不过地暗示出了历史学家在现代这种完全由高科技所控制的时代所具有的存在地位和角色价值。

在高科技时代,历史学家的作用在大多数时候都是一种"垂询"、"顾问"和"清谈"。它对社会事务既没有任何决策权,也没有什么实质性的影响力。这样,历史学家的生活方式便成为一种时刻充满危机感的生存状态。历史学家简直不知道该如何生活下去。当历史学家提倡历史研究应该走向社会的时候,不知他们是否想过,问题的解决也许就取决于他们能否或愿意首先去改变自己的生活方式，即，**历史学家如何使自己的生活方式社会化**。只有首先使自己的生活方式实现社会化的转变，历史学家才能从整个社会的角度去看待历史学的过去、现在和未来所产生的方方面面的问题。在任何时候，真正有价值的历史著作都是从社会需要中产生出来的，而绝不单单是从历史学自身内部基于知识的片面积累而自我繁殖出来的。历史学的自我繁殖就如同生物体的单性繁殖一样，虽然是可能的，但却是脆弱的；虽然是可行的，但却是没有生命力的。

　　第三种历史虽然也很关心历史学家思维方式的改变，但它更注重历史学家生活方式的转换，它认为生活方式比思维方式更具决定性和根本性。**历史学家只有首先按照另一种方式自由生活，然后才能按照另一种方式自觉思考**。这就是生活决定思想，生活方式决定思想方式的原则。基于这个原则，第三种历史在要求历史学家去更多地关注普通人的生存和命运时，在要求历史学家必须写出普通人的内心世界和实际生活时，在要求历史学家必须写出下层草根的历史时，就已经潜在地要求历史学家必须首先走出自己的家门，放下自己的架子，使自己像其他人那样生活，使自己的生活具有一种社会化的性质。只有这样，历史学家才能写出有分量有质感的既符合普通人的实际状态又能满足普通人需要的历史著作。

　　与之相反，第二种历史的作者基本上没有意识到自身社会化的必要性，他们差不多都是在一种相当封闭和孤立的状态中去从事历史研究的。第三种历史通过各种途径有力地改变了这一切。它向全社会开放，它尽可能使它的作者完全实现社会化，彻底结束自身与社会之间的封闭与孤立。**第三种历史的出现极大地深化了历史的基本概念**，使历史的领域显现出无限宽阔的可能性，甚至可以说，它正在改写整个历史。在这种改写中，历史学家的存在本身直接成为一个具体的文本。这个文本是由历史学家自己写成的，同时也是由历史本身写成的。

第二种历史

第十三章　个人的世界史

凡是知道如何将整个人类的历史当作其自身的历史来看的人，便能感受到病人的痛苦、老人的怀旧、情人的夺爱、烈士的献身、英雄的迟暮等种种心境。

——尼采

对我们而言，我们的现在是不可能由某种世界史来取代的。我们的处境与问题不是可以从世界史中冒出的。

——雅斯培

一

关于个人历史的世界性，马克思的观点值得重视。"各个个人的世界历史性的存在就意味着他们的存在是与世界历史直接联系的。"①"历史向世界历史的转变，不是'自我意识'、宇宙精神或者某个形而上学怪影的某种抽象行为，而是纯粹物质的、可以通过经验确定的事实，每一个过着实际生活的、需要吃、喝、穿的个人都可以证明这

---

① 《德意志意识形态》，第40页。

268

一事实。"①对于这些论述,人们以往过多倾向于从物质生产和政治革命的角度去加以理解,这诚然有其道理。但我却更看重马克思在这里对个人存在的生命性、现实性、感受性的深切关注和深刻洞察。马克思显然是从个人生存的根基上来思考问题的。所以,个人历史的世界性是一个绝对的规定。这就是说,个人的世界史必须具有一种确定无疑的现实形态。这种现实形态意味着个人的世界史必然是看得见、摸得着的,而绝非虚无缥缈的抽象现实性。这种个人的世界史具体而又直观,实在而又亲切,普通而又沉重,熟悉而又生动。这种个人的世界史既不断生产话语,又不停地扫荡话语。

个人的世界史首先是由个人生存所组建起来的独特世界。它既是一种经历,又是一种空间。**个人历史所展示出来的世界永远是一种意义结构**。个人的世界史意味着**这个**世界是从个人历史中直接诞生出来的东西。个人历史不光是在世界之中发生,而且首先使世界成为可能。所以,个人历史的世界性本质上是说,个人是世界的创造者,个人历史是创造世界的过程。这也就是说,个人的世界史意味着个人创造世界历史。

历史是属人的,历史是人的活动。这些话都不错。但**这个"人"距离个人还有多远**?在个人的视野中,历史究竟是变大了还是变小了?个人的世界史有什么意义?个人的人类史有什么价值?难道天堂就一定比天使更重要?难道国家就必定比一个婴儿的生命更重要?所以,真实的观念是,历史是属于个人的,历史是个人的活动。

别林斯基说:"主体的命运,个体的命运,个人的命运要比全世界的命运更重要。"②必须把历史落实到个人身上。这样,命运就具有了非同小可的意义。命运是什么,我们或许说不清,但历史是什么,我们

---

① 《德意志意识形态》,第 52 页。
② 转引别尔嘉耶夫:《俄罗斯思想》,三联书店 1995 年版,第 75 页。

却一定能说清。特别是当历史与个人联系起来时,命运就成为一种非常具体的东西。它驱使我们去不停地探索历史上的个人问题以及个人何以创造历史的问题。它要求我们提出这样一个问题,现代历史学究竟在多大程度上揭示和确认了个人(真正的个人和普通的个人)在历史上的意义? 为此,第三种历史提出了"个人的世界史"这一范畴。它的含义是,个人世界史就是个人在世界上的生生死死的存在史、心灵史和关系史,就是个人在世界之中的全部总和。

个人的世界史与人类的世界史是两种不同形态的世界史。人类的世界史属于第二种历史范畴,个人的世界史属于第三种历史范畴。因为第三种历史鲜明地强调了世界史的个性风格和个人价值。第三种历史更追求一种个性化的世界史。第三种历史更希望世界史能够在一种充分尊重和确认个人价值的存在基础上去获得一种足以有效地帮助普通个人来改变自己的现实境遇和生存命运的全新意义。

个人的世界史是一个有价值的命题。它并不仅仅意味着"每个人都是一个世界",它也不单纯意味着"每个人都有自己的历史"。它首先是说个人—世界—历史为一不可分割的整体。本质上它是一个综合命题。个人的世界史揭示出了个人与世界史之间的一种新型关系,这种新型关系的内涵在于,**世界和历史均属于个人所有**。个人的世界史这一命题在于保证了个人有权利也有能力站在世界史的高度来全面地审视自己和反思自己。

二

我所谓的"个人历史"并不是指那些历史上的历史人物个人,而是指现实生活中普通个人的生活和命运之总和。但它也不是指复数性的群众之集体历史,而是指**单数性的**个人之个体历史。所以,不论是作为历史人物的英雄个人的历史,还是作为默默无闻的普通群众集体的历史,都不属于我所说的"个人历史"的一般范畴。

个人历史是人类历史的死角。单纯从人类历史角度很难看到个人历史之存在,也无法发现个人历史之价值。个人历史的价值不是对人类历史之价值的分割、延伸、派生和剩余。个人历史的价值是完整的。这种完整性在于,**个人历史创造着完全属于自己的自足的意义世界**。

个人历史的时间单位最小可以精确到分到秒,最大可以到年几十年近百年;人类历史的时间单位最小也可以精确到分到秒,但最大则可以达到几百年几千年几万年甚至几百万年。所以,个人历史的时间性是有限的、短暂的,人类历史的时间性是无限的、永恒的(或近乎无限的和准永恒的)。换句话说,个人历史的时间主要是一种"短时段",而人类历史的时间则兼有"中时段"和"长时段"。这样,个人不但要使自己尽可能在极有限的时间中去把握和领悟人类历史那种时间的久远与无限,而且始终面临着一个实实在在的问题,那就是如何将自己的"短时间"与人类的"长时段"顺畅地自然地有机地衔接起来,使自己的"短时段"成为人类"长时段"中最有价值最值得回味的一段时间。

历史使人获得了最高的生存意识,个人历史则使人类获得了最大的可能性和意义空间。所以,个人历史的可能性永远都是历史意义的总和形态和本质规定。为了更深刻地揭示个人历史的可能性,我们必须引入一种新的分析工具,这就是历史现象学。[1] 历史现象学与第三种历史之关系,我想是否可以这样表述,历史现象学主要是从抽象的形上层面来对个人历史的可能性所进行的思辨性分析,而第三种历史则是对个人历史的各种具体现实形态所作的全面描述。二者是异曲而同工,殊途而同归。故而,个人历史同个人的世界史是一个意思。当我们从各个方面来深入揭示第三种历史这种新历史文本时,我们的

① 参见雷戈:《历史现象学论纲》,《学术界》,1996 年第 2 期。

落脚点始终必须回到个人身上。个人的一切(当然主要是个人的历史)是我们关注的中心。我们在任何时候都不能忽视个人,更没有理由无视个人。为此,在我们的历史观念和历史书写中必须坚持不懈地强调**个人历史的特殊优先性**。马尔库塞说:"人类的真正历史,在严格的意义上说,就是自由的个人历史。"①出于这个考虑,我们需要历史现象学的帮助。

历史现象学的两条基本原则是:

(1)一切历史都要依据人的历史而定;②

(2)人类的一切历史都要依据个人的历史而定。③

在这个意义上,不妨把历史现象学称为"个体历史学"。因为它所思考的主要就是"个人历史何以可能"以及"个人历史的价值是什么"这两个基本问题。所以本质上,历史现象学就成为给个人历史的可能性寻找**确定性根据**的"立法学",故而它也可以称为个人历史的"法哲学"。因为它认为个人历史必须有一种"法哲学"的严格根据。

历史现象学可以分三个步骤来逐步深入地揭示个人历史何以可能的问题。

第一步是将他人历史打上括号悬搁起来,存而不论,从而将个人历史置于一种历史的中心地位。这体现出个人历史与他人历史截然有别的那种中心性特征。

第二步是在确立个人历史的中心性之后,进一步将个人历史之外的那些个人特性(比如心理、思维、想象、经验、性格、知识、身份、种族、性别、信仰、党派等)一律打上括号悬搁起来,不置可否,从而体现出个人历史的直接性。

---

① 《理性和革命》,转引李成鼎、尚晶晶等编译:《当代哲学思潮述评——日本学者的有关论文》,求实出版社1984年版,第151页。

② 这条已经在元史学中得到充分而严密的论证。

③ 这是历史现象学所要讨论的中心问题。

第三步是在此基础上最终确定个人历史的本体性和意义性。因为个人历史既然是中心的和直接的,那么,它也就应该是本体的和意义的。

如果说第一步确立了个人历史对**他人历史**的优先性,那么第二步则确立了个人历史对**个人其他**的优先性。这样,个人历史就成为一种**纯粹透明**的东西完整呈现在我们面前,从而显现出它的历史本体性和生命意义性。

基于这个原理,个人历史何以可能的问题就可以得到合理解释。我们也只有基于对个人历史何以可能的问题的这番解释才有可能去正确解释那些本质地奠基于个人历史之上的他人历史之可能性。对他人历史的解释本真地来源于对个人历史的解释。所以,个人历史何以可能的问题便不言而喻地具有一种优先性。只有首先回答了个人历史何以可能,才可能去回答他人历史何以可能。而要想回答个人历史何以可能,就必须首先将个人历史从他人历史中间区分出来。

个人历史作为一个完整结构不是封闭的原子实体,而是开放的生命本体。就外(个人本身之外)而言,个人历史相对于他人历史;就内(个人本身之内)而言,个人历史相对于个人其他。前者意味着,个人历史与他人历史相异而又相容;后者意味着,个人历史与个人其他相分而又相合。统而观之,则构成一种"个体生命瞬时存在的普遍结构"。①

至于个人存在只不过是个人历史的一种得以呈现的窗口和线索。透过存在的窗口,我们便得以窥视历史的堂奥。所以,历史是比存在更深邃、更内在、更本真的东西。如果说,一般现象学的方法是"还原",那么历史现象学的方法则是呈现。即我们不是通过悬搁而把他人历史还原为个人历史,而是通过悬搁而从他人历史中间呈现出个人

---

① 对于"个体生命瞬时存在的普遍结构"的思考和论证参见我的《哲学主义的历史》第四部分。

历史。同样,我们不是将个人其他还原为个人历史,而是从个人其他中间呈现出个人历史。

如果把个人历史比作一只茶杯,那么他人历史就是这只茶杯旁边的一切其他东西;同样,如果把个人历史比作一只茶杯,那么个人其他就是这只茶杯里装的水、饮料或酒。历史现象学的目的和方法就是首先把个人历史这只茶杯旁边的一切其他东西即所有他人历史拿走、移动、搬开或推置一边,其次再把个人历史这只茶杯里面的一切东西即个人其他倒出来、空出来,这样一来,作为个人历史的这只茶杯就会以直接的透明的方式呈现在我们面前。这只茶杯成为一个毫无杂物的纯粹透明体,既不与外部的他物相关,也不与内部的其他相连,而呈现出本真的完整的初始形态。

就这个比喻来说,要想进行和完成对个人历史的直接把握,第一步就必须把茶杯以外的其他杂物统统拿走、放到一边,使我们面前仅仅保留着这一个为我们所需要观照的茶杯。这只茶杯尽管是孤立的(只有它一个),但却是完整的。它在我们面前占有一个独一无二的中心位置,除此之外,再也没有其他任何一个茶杯或其他东西能够遮蔽它和取代它。如果需要更进一步的话,甚至就连搁放这只茶杯的桌子或茶几也都必须一律撤下和搬走,以便使这只茶杯能够在我们面前占据一个真正的确定不移的中心位置。在此状态下,我们就能与这只茶杯建构起一种直接的对话关系和开放秩序。这只茶杯是独立的,是自足的。所谓独立,是指它独立于其他一切茶杯和其他一切东西;所谓自足,是指它呈现为一个绝对完满的世界,它不需要其他茶杯来证明它是一只茶杯,它不需要通过其他东西来显现它的存在,它更不需要其他东西来说明它的用处和功能。当然,在这里,这只茶杯在历史现象学眼光中所呈现出来的独立和自足并不同样意味着它必然独立于我们对它的观照之外而恬然自足地完满存在着。它并不独立于我们。相反,它恰恰是在我们的历史现象学之眼光中才得以呈现为独立的和自足的。

一旦在我们面前,除了这只需要我们对之加以历史现象学**自由呈现**的茶杯之外而空无一物时,那么,这只茶杯的中心性、直接性、绝对性、客观性就成为不言而喻的。在这个基础上,我们下一步需要做的就是将这只茶杯里面的东西倒出来,**并把它洗干净**,使它成为一个原始的本态的纯粹的透明的一尘不染的茶杯。到这个时候,这个茶杯之为(这个)茶杯的那种东西便不加掩饰地表露出来了。

就个人历史而言,我们的问题是:如何可能使个人历史与他人历史一刀两断,而将他人历史从个人历史**旁边**"拿走"呢?① 如何可能把个人历史与个人其他整齐划开,而将个人其他从个人历史**里面**"倒出来"呢?② 事实上,这种可能性就本质地涉及一个历史现象学所要求的纯粹性问题。因为按照历史现象学所规定的纯粹性要求,这些所谓的可能性在先验逻辑中根本不成其为问题。

当个人历史成为一个历史现象学意义上的纯粹透明体时,意义就会充满其中。所以,透明体不是一个空无一物的容器。它里面与其说是空洞的,不如说是充实的。尽管我们把里面的其他物全都倒了出来。但倒出来只是我们不需要即妨碍我们视线的个人其他,而个人历史经过我们这一番历史现象学的精心处理(即倒出、冲洗、擦干等)便可能呈现出一种前所未有的本真形态和新形式新意味。

个人历史的透明性是其开放性的一种内在规定。唯其透明,我们才可能从各个角度各个侧面去细致地完整地把握它和描述它。每一次描述都是一种意义的发现。意义是无限的。意义的无限性通过历史现象学的眼光便源源不断地进入个人历史的开放性结构内部,从而使个人历史变得异常丰富和充实。所以,当你真正了解一个人的历史时,你都会被它所感动。不管这种个人历史是否确实值得你为之感

---

① 更致命的一个问题是他人历史是否真的仅仅在个人历史旁边?
② 同样致命的一个问题是个人其他是否真的在个人历史里面?

动。但你肯定都会感动。因为这里面包含有一种崇高的原则,那就是,为历史的真实,为个人历史的真诚而由衷的骄傲。

个人历史就像每个人的个人本身一样真实,但它又像每个人的个人本身一样难以把握。就其本质而言,个人历史并不是个人本身的一部分,而是个人本身的全部,至少也是个人本身的本质。因为除了个人历史之外,个人本身再也没有任何其他足以能够使它成之为它的东西了。**是个人历史而不是个人其他使个人本身成其为个人本身的。**个人历史是个人本身最有意义的存在方式。当你直接面对纯粹的个人时,你首先意识到站在你面前的绝不单纯是一个人,而是一种个人历史;绝不仅仅是一个人的存在,而是一个人的历史。存在只不过是历史的总和而已。历史积淀为存在。历史内化为存在。历史显现为存在。历史创造为存在。历史生成为存在。面对一个人,就是面对一个人的全部历史。**面对一个人的存在,就是面对一个人的历史总和。**但这个历史又不像单纯的存在那样直接呈现,它既呈现又隐蔽,所以它还需要你去对之加以揭示。而这种揭示正是历史现象学的一种特殊处理。

三

史学写人早已不再是问题。但**史学写什么人?史学写人的什么?**却还是一个有待解决的问题。写普通人,写普通人的普通感觉,写普通人的普通生活,写普通人的一颦一笑、一言一行、一举手一投足。从普通人的喜怒哀乐写到普通人的衣着打扮,从普通人眼中的忧郁写到普通人身上的脐带。这显然是最彻底的一次选择。我始终相信,少知道一个皇帝不会对了解古代社会有什么损失,而多知道一个普通人则会对认识古代历史有着非常重要的价值。

说实在的,认为第二种历史无法详细、直接地描述具体的普通人和他们的日常生活仅仅是由于一种技术性的原因和方法上的局限是不合适的,本质上,这只能是一种形态上的限制。作为一种新的历史文本,第三种历史是现实的历史、生活的历史、日常的历史、大众的历史、个人的历史。它与人的命运息息相关,它与人的未来千丝万缕。它既琐碎无聊,又激动人心。一方面,它是默默无闻的平凡小事;另一方面,它又是惊心动魄的历史巨变。第三种历史既可以把镜头对准大人物,又可以把镜头对准小人物。所以,第三种历史拓宽了表现历史的新的领域,比第二种历史包含了更加丰富和多样的历史内容和信息。全面展示历史的多样性可以看成是第三种历史努力追求的目标之一。也可以说,第三种历史就是多样化的历史。历史的单一化应该在此终结。

只要历史上还存在有一个领域、一个方面尚未被真正认识,那么我们对历史的认识就是不完整的。只要人身上还存在有一个领域、一个方面尚未被开始认识,那么我们对人的认识就是不全面的。人性有欠缺,历史必有残缺。这就要求历史学家必须致力于"描写**无比丰富**的整体反应"。这个整体坚决反对把人简化为中性的人,妓女和圣女、恶棍和仁者是这个人性整体不可分割的一部分,"正是这个坚实的整体将个人的牺牲与眼泪、残杀和盛宴连在一起。"[1]所有这一切构成了历史,构成了人的历史。"由于人彻底成了历史的,因此,由人文科学所分析的内容本身既不能保持稳定,也不能逃避大写历史的运动。"[2]福柯所谓的"大写历史"其实也就是通过知识考古学来揭示完满人性与完整历史之统一。[3] "如果人的实证性不是立即受制于大写历史的无限性,那么,人就不能出现在其实证性之中。"[4]丹纳则以更为"实证化"的方式说:"真正的历史只有当历史学家穿越时间的屏障开始解释

---

① 乔治·巴塔耶:《色情史》,商务印书馆 2003 年版,第 8、14 页。黑体字原有。
② 米歇尔·福柯:《词与物——人文科学考古学》,上海三联书店 2001 年版,第484 页。
③ 这种对"统一"之揭示并不与"知识型"对"断裂"之描述相冲突。
④ 福柯:《词与物——人文科学考古学》,第 485 页。

活生生的人时才得以存在;这样的人是辛勤劳碌的、充满热情的,牢牢地扎根于他的习俗之中,他的音容笑貌、姿态穿着,就像我们刚刚在大街上与之分手的人一样轮廓鲜明形象完整。"①

　　写人,把人写得更全面些、更细致些、更复杂些,直至写出每个女人眼角的鱼纹丝,直至写出每个男人松弛的皮肤。个人永远是历史上至高无尚的天神。历史学对待个人应该像对待天神一样敬畏。**关心个人的命运是历史学的天职。**个人那混浊的眼神、灰白的头发、裸露的青筋、蹒跚的脚步,都会持久地引起历史学的震撼和激动。历史学不是一门容易激动的科学。因为历史学见得实在太多了。好坏,美丑,至善与至恶,大忠与大奸,都像走马灯一样在历史学面前纷纷滑过。这些早已不能让历史学感动。唯独对个人命运和普通人的历史,历史学始终割舍不下难以释怀。

　　普通人在人类历史上属于一批**灰色人群**,一眼望去,无边无际,漫山遍野地从历史的亘古洪荒和裂谷缝隙向你涌来。你辨认不清其中任何一个人的面目,你叫不出其中任何一个人的名字。他们从你眼前缓缓走过。甚至连个背影你都记不清。他们是一群被历史抹去姓名的人。于是,个人便成为历史上的**灰色人种**。从生到死,他们何曾闯入到历史学家的眼中。数千年漫长的史学史几乎不曾为他们留驻一秒钟。唯有诗人还没有忘记个人。叶芝忧伤地吟唱:

　　　　多少人爱你青春欢畅的时辰,

　　　　爱慕你的美丽,假意或真心,

　　　　只有一个人爱你那朝圣者的灵魂,

　　　　爱你衰老了的脸上痛苦的皱纹。②

这话足以让一切没有心肝的历史学家羞愧得无地自容。

---

①　转引卡西尔:《人论》,第246—247页。

②　《当你老了》,《外国现代派作品选》第1册(上),上海文艺出版社1980年版。

由此看来，无论是刘知几提出的"史学"、"史才"、"史识"还是章学诚提出的"史德"都远远不够。因为它们没有包括历史学家对人性苦难所必须有的同情心和羞耻感。正是在这个意义上，第三种历史对历史学家提出了一个"新史德"的要求。① 所谓新史德，其含义是，**历史学家对人类苦难和历史悲剧必须承担一种道德责任，历史学家必须对个人的不幸和命运担当一种道义上的责任**。如果历史学家还有勇气承认自己有史德的话，那么**他的责任就是永不放弃和拒绝对个人苦难和历史悲剧的彻底思索和勇敢作证，他的使命就是全力维护个人对自身历史苦难的知情权和发言权**。所以，真正的历史学家应该善于去发现历史上那些种种不幸、痛苦、灾难和悲剧，历史学家不应该漠视历史上那些默默无闻的小人物，历史学家不应该歧视历史上那些**倒霉的英雄和伟大的失败者**以及那些**不走运的天才**。凭借着坚强的信念，正直、无畏地去揭示历史上的种种阴暗和黑幕，正是历史新闻学最光彩最辉煌的得意之笔。因为"历史同时就是**欲望、受苦、乌托邦**"。② 对历史的任何思考都必须经得起历史上的苦难的严厉拷问。维尼以诗人的语言强有力地宣称，"我爱人类庄严的痛苦。"③ 罗蒂则相信，"充分认识历史性意味着减轻痛苦和克服非正义的小的实验方法。"④ 所以，对人类痛苦的虔诚，对人类不幸的尊重，并不等于它有一种变态的自虐心理或喋喋不休地纠缠于某些鸡毛蒜皮之事不放的恋苦癖，⑤ 相

---

① 新史德的基本含义有四：第一，在任何时候都坚持说出历史真相；第二，在任何时候都坚决捍卫说出历史真相的权利；第三，在任何时候都不轻信历史真相已被说出；第四，在任何时候都对说出历史真相的能力抱以谨慎的怀疑。简言之，新史德包含有两个基本概念：历史学家的话语权和认知力。不过这里我更侧重于对新史德作历史新闻学的规定和解释。

② 奥斯本：《时间的政治——现代性与先锋》，第178页。黑体字原有。

③ 《牧童住宅》，转引《从文艺复兴到十九世纪资产阶级文学家艺术家有关人道主义人性论言论选辑》，第345页。

④ 《真理与进步》，华夏出版社2003年版，第204页。

⑤ 因为在达官贵人和无耻文人眼里，这些苦难和忧伤同那些宏大的历史规律和辉煌的丰功伟绩比较起来，完全就是不值一提的小事一桩。

反,它再真实不过地表明了第三种历史的诚实和无私。因为第三种历史所蕴含的基本精神结构是一种健全人格的功能体系。

历史研究应该使人培养起一种热爱自由、尊重人性、追求真理的性格和能力。如果这个要求不仅局限于历史学,而且也适用于其他科学领域,那么这只能证明,历史研究正是一项具有普遍意义的现实活动和精神探索。事实上,历史研究给人类提供的思想财富和知识资源并不少于人们对它提出的期待和希望。当然,这句话只能适用于那些伟大史家。十二世纪的诺曼历史学家奥德瑞卡斯·维特利斯说:"爱的热情写冷了,邪恶变得强大起来,以前那些作为神圣的象征的奇迹也不再是奇迹了,历史学家能做的事情只有记录罪恶,记录更多的罪恶。"①吉本在《罗马帝国衰亡史》中也说:"所谓历史,不过是人类罪恶、愚蠢和不幸的纪录而已。"②西方历史学家非常善于也非常勇于对人类历史上的种种灾难、悲剧、痛苦、死亡、疯狂、罪恶作出极其详细、具体、逼真甚至客观和坦率得以至于变得极为残酷的记述、描写和分析,尤其是常常不厌其烦、不厌其细地描述和剖析那些深深地陷入于无法超脱的苦难深渊之中的人们的复杂心理和细腻感受以及种种难以捕捉的变态行为。从史学文化角度看,西方历史学家所作的诸如此类的种种努力和追求,本质上无不都源远流长地来源于他们自己所赖以生存的那种充满崇高悲剧意识的历史—现实的本体总过程。

四

应该承认,无论创造历史还是理解历史,都不需要特别超人的天才,但同时,无论创造历史还是理解历史,我们都摆脱不了这些超人和

---

① 转引古列维奇:《中世纪文化范畴》,浙江人民出版社 1992 年版,第 139 页。
② 见悉尼·胡克:《历史中的英雄》,上海人民出版社 1987 年版,第 115 页脚注。

天才的影响。对历史上的超人现象或天才现象的深入研究,无疑应该成为第三种历史的一个具体分支。它是把世界历史上的不同时期中所产生出来的英雄和伟人作为一个有机整体和同一结构来加以综合研究的。其中,伟人的复杂心理尤其值得注意。这方面,应该是第三种历史最能发挥其优势的。因为在伟人身上同普通人一样甚至比普通人有过之而无不及地包含有更多更广更丰富的直觉、非理性、体验、情感、本能、欲望、个性的因素和成分。把握伟人的这些方面,文学有着历史学所不及之处。但在第三种历史中,文学已成为建构历史形态的一种必要维度和重要内容。

伟人是人类历史的一个永恒现象。人们每当提及伟人,总是习惯于贬低普通人。但现在人们在重视普通人的时候,却又时尚于贬斥伟人。第三种历史需要做的是努力摆平二者关系。但由于第二种历史过多地钟情于伟人,故而第三种历史就不能不把目光更多地集中在普通人身上。在第三种历史之前,虽然也有人主张要重视普通人的历史作用,但由于拘泥于第二种历史的总体框架,故而普通人还只能以一种抽象的形式出现在历史文本中,这样,它就有了一个相当流行的名称"人民群众"或"劳动人民",或干脆简称为"人民"或"群众"。它所代表的历史观有时也被称之为"奴隶史观"。第三种历史不同,它的目的是要写出实实在在的普通人,是要写出有名有姓的普通人,是要写出有血有肉的普通人,是要写出有爱有恨的普通人。它要写出普通人每一次呼吸,每一声叹息。它要写出普通人的恐惧和绝望,写出普通人厌恶感的无穷形式和复杂样态,写出普通人对"**粪便的厌恶**"。① 它要把手放在普通人的膝盖上,放在普通人的手里,放在普通人的额头上,放在普通人的胸口上。它要抚摸着普通人那干枯的脸,那粗糙的手。它要通过这个行动传递出一个准确无误的信息:**普通人和自己是**

---

① 巴塔耶:《色情史》,第 39 页。黑体字原有。

同一种人,普通人并不是与自己不同的另外一种人。**普通人所具有的灰色性是历史的本色和本性**。它不应完全由普通人自己负责。而历史学家则必须为此而承担起一份不可推卸的道义责任。所以,历史学家应该以一种前所未有的虔诚去关注普通人。历史学家不应再使普通人(对历史)感到失望。普通人对历史已经失望得太久了。当然,这主要是因为历史使普通人失去的太多了。

这一切现在应该彻底改变过来,扭转过来。普通人通过第三种历史而第一次真正成为历史文本的主角,成为历史话语的中心。但需要提醒的是,第三种历史写普通人的生老病死并不等于毫无节制地堆砌和罗列大量道听途说、名不见经传的轶闻逸事。因为第三种历史作为一种新历史文本,其目的绝不在于猎奇,尽管它有着很浓厚的文学色彩。它的目的是去报道,即把以前不为人知的历史真实公布于众。在历史景观中,谁被漠视得最久,谁就最有历史价值和新闻价值。普通人作为一批数量最大的灰色群体,恰恰保存了千古沧桑的最多历史信息。一位著名记者曾敏锐地发现,"一个历史上曾经轰动一时的人物,即使他隐瞒了自己的历史,别人也会感觉到他的过去。因为他的经历会在他的脸上和眼睛里留下烙印。"[①]其实,这句话用在普通人身上可能更为准确。油画《父亲》以最具视觉冲击力的直观方式强有力地昭示出这点。普通人的灰色特性使他们无法发声,无法言说,他们像沉默的基石在坚韧地支撑着历史的宏伟建筑。尽管他们的身体四肢被深深地埋没在地表之下,甚至他们的嘴巴里也被填满了过多的沙砾和泥土,但他们的眼睛却还裸露在外面,裸露在土地之上,裸露在建筑之外,他们的目光穿过钢筋水泥,穿透时空铁幕,向我们透示出无比丰富的历史信息。

泰戈尔说:"天空没有翅膀的痕迹,但我已经飞过。"历史星空也没

---

① 奥里亚娜·法拉奇:《风云人物采访录》,新华出版社1983年版,第31页。

有普通人的痕迹,但他们确实存在过。确认并展示这点,需要一种新视野和新眼光。我喜欢把历史上的普通人比作夜幕中的群星。我们知道这些星星比月亮大得多,比地球大得多,甚至比太阳也要大许多。只是因为距离太远,便显得既小且暗。同样,我们知道普通人比那些大人物重要得多,也高尚得多,但只是由于他们生活在我们周围,距离我们太近,故而便显得微不足道。这就意味着,我们同时犯了两个错误,对天空中的星辰我们是因为它距离我们太远而小看它们,对生活中的普通人我们则是由于他们距离我们太近而轻视他们。这两个错误具有相同的性质。这是因为这两种存在具有相同的价值。也许我们需要修改一下康德的说法:**头顶上灿烂的星空,生活中的普通人性和平凡生命**。如果我们能写出普通人的历史,我们就能写出整个宇宙的历史。这两件事情具有相同的难度。如果我们能描述一个普通人的心灵,就好比天文学家发现一颗新星。这两种发现具有相同的快感。更重要的是,这种发现的快感本质上是一种深刻的美感,甚至还是一种面对上帝时的神秘感和敬畏感。作为保护地球生物多样性计划的领导人之一,威尔逊承认,"当自己透过显微镜鉴别出一个尚未认识的新蚁种时,有一种'似乎看到了——我不想被误解为诗人——看到了造物主的真面目的感觉'。"学者惊叹,"一只小小的蚂蚁,就足以使威尔逊对宇宙的玄妙保持敬畏之心。"①这确实让人感动。可我奇怪的是,为什么历史学家面对历史、面对人却毫无感觉呢?也许,历史学家需要补课,需要重新学习。既然"一只小小的蚂蚁"就足以使科学家"对宇宙的玄妙保持敬畏之心",那么去认真地、虔诚地写一只蚂蚁,似乎应该成为历史学家观察人性的基础训练。在我看来,写蚂蚁爬在农民赤裸的脚背上的感觉,爬在女孩光滑的脖子上的感觉,都是第三种历史的应有之义。美国现代女人类学家比鲁杰·加尔迪卡斯曾告

---

① 约翰·霍根:《科学的终结》,远方出版社1997年版,第209页。

诉人们,"当我注视着巨猿的眼睛时,我看到了上帝。"①这使我们更没有理由怀疑历史学家究竟该怎么做了。因为历史学家的高尚并不表现在他去研究什么人,而在于他在面对普通人时是否具有一种虔诚感。所以我想说的是,当我们凝视着普通人的眼睛时,能否毫不做作地说出这句话:透过一个普通人的眼睛,我们能够看见上帝,我们能够看到整个大千世界。一滴水能反射出太阳的光辉,普通人的眼睛则能够反射出人性的光辉。**上帝的形象,人类的面容,都在普通人的眼睛中。**俗话说,人眼里容不下沙子,但普通人的眼睛却能装得下全部人类历史。普通人的眼睛告诉我们掩埋在泥土里的普通人的心灵是在如何跳动。

当历史学家的目光透过普通人的服装,透过普通人的皮肤而进入到普通人的心灵之中时,他能够被这颗受伤的心灵所感动吗? 他能够被这颗敏感的心灵所接纳吗? 莱蒙托夫告诫历史学家:"一个人的心灵的历史,哪怕是最渺小的心灵的历史,也不见得比整个民族的历史枯燥乏味,缺少教益,尤其是这种历史是一个成熟的头脑自我观察所得的结果,而且写作的时候并非出于存心博取同情或者哗众取宠的虚荣欲望。"②在这里,对普通人的关心来源于对普通人的爱心。只有当历史学家不把自己置身于普通人之外时,他才会由衷地热爱普通人的一切。这实际上已不是历史研究的职业需要,而是一种个体生存的本能情感。所以,当古斯塔夫·弗赖伊塔格表示,"在政治事件的暗流中流逝的人民的生活——千百万微贱男女们的境地、悲哀和欢乐对我来说一向是有巨大吸引力的。"③我深信它绝不是一种故作姿态的职业微笑。

诚然,普通人的生活是无足称道甚至不足挂齿的平凡生活。它缺

---

① 《雨林深处》,《参考消息》1993 年 1 月 3 日。
② 莱蒙托夫:《当代英雄》,上海译文出版社 1978 年版,第 58—59 页。
③ 转引古奇:《十九世纪历史学与历史学家》下册,第 864 页。

乏传奇,更不神秘。但也正如杜威所说,"一个完全都是惊险事物的世界就是一个不可能进行冒险的世界。"①可见平凡的世界似乎更适合于历史学家的想象、探险和工作。因为没有什么东西比普通人的实际生活更吻合于历史学家的生存状态。普通人日常生活中的绝大部分时光都是在一种枯井不波死水一滩般的状态中过去和流逝的。其实仔细想想,作为历史学家的我们又何尝不是在这种近乎麻木的平庸生活中度过自己的乏味一生呢? 既然如此,那么历史学家又有什么资格去轻视普通人的这种生活状态呢? 个人命运和个人利益,都是个人最为关心的事情。这些本能和常识在史学研究中却得不到正常尊重。这只能说明历史学家的变态。一个现实生活中的庸人在历史研究中却往往自我想象成一个超人。但历史学家的这种自我神圣化却并不具有堂吉诃德式的道德勇气和人格正义。在第三种历史看来,**普通人就是历史学家的一面镜子**。历史学家反思的起点不在别处,就在这里。

五

个人历史的重要性已属共识,现在的问题是,怎样才能真正把个人历史由无声变为有声,由无名无姓变为有名有姓,由灰色变为彩色? 这就需要一种方法、技巧或者是一种可供具体操作的实际程序。

在这方面,有三种历史方案可供考虑,即,传记法、口述史学、日常生活史。比较而言,这三个方案中,"传记法"具有更多的理论色彩和文学倾向,②而"口述历史是保存文学成分较多的历史",③至于"日常生活

---

① 杜威:《经验与自然》,商务印书馆 1960 年版,第 41 页。
② 参见科恩:《自我论》,三联书店 1986 年版,第 259—266 页。
③ 唐德刚:《史学与文学》,第 12 页。

史"则侧重于研究内容和题材的界定。① 事实上,三种方案之间的界限并不十分清晰,三者均有相当之交叉和重合。所以这三种方案都是第三种历史所需要的,也都能够被整合进第三种历史。但就个人的选择而言,我似乎更偏爱口述史。② 因为按照唐德刚对口述历史所作的比喻,"搞口述历史要像桃园三结义一样,把历史、文学、新闻三位结成一体变成刘、关、张三兄弟,就可以写成很好的历史了。"这种"写历史必须用文学来写,并与新闻合作(新闻是当前的历史)"③的三合一的口述史之思路和风格,显然非常吻合于我心目中对第三种历史的**理想性设计**。

不过我还必须指出,口述史固然把中心对象确定为普通人,但这做法本身也就是对精英人物的一次重新定位。在口述史的写作中,"英雄"的定义已被修正,甚至就连"英雄"这一概念本身也都遭到严厉质疑和挑战。所以,无论是普通人还是英雄都有待于重新理解。在这个意义上,口述史的真正价值就在于它已经深入到了人性内部,它是对人的一种理解,**它试图重新思考人本身**。正如英国历史学家托什所言:"口述史的宗旨就是使社会史更富有人的特点。"④基于这个思路,个人历史才被异乎寻常地凸显出来。而口述史的这种探索恰恰与第三种历史所建构的"个人世界史"相一致。

如果说第二种历史的表现形态是文献历史,那么口述历史则属于第三种历史。口述历史最大限度地体现了**历史面前人人平等**的"**新历史主义**"⑤原则。在这里,问题不仅在于要求历史学家去发现普通人

---

① 参见杰弗·埃利:《"劳工史、社会史、日常生活史:日常经历、文化与政治"——西德社会史发展的新方向?》,《八十年代的西方史学》,中国社会科学出版社1990年版。

② 参见陆象淦:《现代历史科学》,第257页。

③ 唐德刚:《史学与文学》,第13页。

④ 《追踪历史》,转引庞卓恒主编:《西方新史学述评》,高等教育出版社1992年版,第487页。

⑤ 我所说的"新历史主义"同后现代文本化或文本主义的"新历史主义"完全不同。简言之,我所说的"新历史主义"是一种历史观,后现代主义的"新历史主义"大体是一种史学观。

的历史,而在于要求**普通人自己来发现自己的历史**。口述历史的价值观就是,每一个人都能直接面对历史,每一个人都能完全拥有属于自己的那份独一无二的历史,每一个人都有权利去评价自己的历史。一句话,每一个人在历史面前都能平等地言说自己的历史,每一个人在历史面前都有平等的发言权。这种平等的发言权既包括对人类的历史,也包括对自己的历史。无疑,第三种历史以一种范畴甚至体系的形式为口述历史的这种**纯粹个体化**或**纯粹个人倾向**的价值观提供了一种较高层次的理念根据。当然,这种理念根据本身也同样有其内在根据,因为它们本真地来源于更高层次的元史学或意义学。

对于一个男人或女人来说,他或她的第一次恋爱、第一次做爱或者生第一个孩子的感觉同他或她所经历过的几次重大历史事件比较起来,虽然含义绝不相同,但无疑有着相同的意义。因为这些均属个人私生活的事件同那些属于社会政治生活的事件虽不在同一个层面上,但都在一定程度上决定或改变了一个人的一生命运。诚然,个人事件无法同历史事件相提并论,但对具体个人来说,个人事件无疑显得更为根本、持久。一个人对历史事件的理解与评价在相当大的程度上就是受到这些个人事件的影响和左右的。少女的失恋或失贞在她的心灵中所产生的震动和留下的伤痕,较之于某次战争或某次运动对她思想所造成的冲击可能还要巨大还要深远。

文学评论家相信:"连环漫画犹如狄更斯的小说那样值得进行研究和受到尊重。"同样在社会史学家看来,"'月经初潮史'应该和'君主政体史同样重要',而米老鼠'比富兰克林·罗斯福对于理解 20 世纪 30 年代更为重要'。"①而历史学家的看法可能更具说服力。"在帮助我们了解过去方面,重大事件也许还并不如——几封信、压在旧书

_____

① 希梅尔法布:《对新史学的若干思考》,《现代外国哲学社会科学文摘》,1990年第 4 期。

里的几朵花、几张过时的舞会节目单、曾为人所喜爱因而不忍抛弃特意加以珍藏的玩具之类——一些普通人无意留下的小物品。"历史学家甚至认真地向人们展示出这样一种可能，"如果摇曳音乐的一代留下那么一个——比如在一个仓库里藏下像菲伯·麦吉童话中所说那么大小一个橱柜——那也许就可以让我们看出他们是什么样子,他们忍受过什么痛苦,他们曾有些什么梦想,哪些梦想已经实现,哪些破灭了。"①

个人历史的分量只有个人才能感觉到,个人历史所构筑的世界只能供个人居住。个人是个人世界史的唯一主人。当我们写出历史上的一个个个人时,历史不就是属于人了吗？历史不就具有了人性吗？人性的纯真与崇高不在历史之外,而在历史之中。唯有历史能赋予人性以尊严。**唯有历史能把人性承担起来**。这样,个人历史便得以成为可能。当我们认真关注个人历史时,我们的目的既不是要把人类历史分割成无数碎片的个人历史,也不是要将个人历史重新整合为一种宏大的总体历史。个人历史就是个人历史。个人历史的价值只能由个人存在来保证。**个人存在不是别的,恰恰是个人历史的现实形态**。所以,它构成某种**个人世界史的内在循环**。即个人历史使个人存在得以可能,个人存在又使个人历史有价值。其实,一种辩证的理解也是可能的,个人历史使个人存在,故而个人历史有价值。

六

从根本上讲,**个人的存在方式取决于个人的历史生成**。狄尔泰断言:"人是什么,只有他的历史才会讲清楚。若人们把过去置诸脑后,以便重新开始生活,就会完全徒劳无益。他们无法摆脱过去之神,因

---

① 威廉·曼彻斯特:《光荣与梦想》第 4 册,第 1822 页。

为这些神已经变成了一群游荡的幽灵。我们生活的音调是取决于伴随着过去的声音的。"①正因如此,谁想知道自己是谁,谁就必须记住自己身上的每一处历史。这就要求,每个人都应成为一个历史学家。② 事实上,"在当前所有生活的实际事务中,人人都是一个好的历史学家。"而这点恰恰取决于"他的理解力,而不是他的超然态度"。③对于人的自我理解来说,态度诚然重要,但能力则更毋庸置疑。因为这是从人的内心生长出来的欲望。这种欲望要求把个人历史变成一种自己能够自由言说的东西。个人历史对于个人来说,永远有着神奇的魅力。个人必须去理解它。所以,个人成为他自己的历史学家并不是出于一种职业的需要,而是源自一种生存的需要。这就是说,**为了生存,必须理解历史。为了自由地生活,必须创造历史。**

在任何时候,个人对自己历史都有着毋庸置疑的优先发言权。没有人能比个人更了解自己。这是由生存本质所决定的。从实际生活中,个人获得了索解自己历史的真正奥秘。这种奥秘在绝大多数情况下,其实都只是一种普通之至的生活常识。个人因拥有这种生活常识,便绝对高于那些掉书袋的历史学家。马克思曾嘲笑说,"在日常生活中任何一个 Shopkeeper(小店主)都能精明地判别某人的假貌和真相,然而我们的历史编纂学却还没有达到这种平凡的认识。"④在许多最基本的历史问题上,我宁愿相信普通人的朴素直觉,也不愿相信历史学家的精明言词。有时,我甚至觉得,普通人也许比历史学家更有

----

① 《梦》,《现代西方史学流派文选》,上海人民出版社1982年版。
② 我在本书第十二章"历史学家在历史文本中的角色变迁"从个人写史角度对此作了专门论述。因为个人写史具有双重含义:一是指公民合法的政治权利,一是指普通人为满足生活需要的自我追求。不用说,到目前为此,这两层含义都还没有超出纯粹的理论范畴。
③ 卡尔·贝克:《人人都是他自己的历史学家》,《现代西方史学流派文选》,上海人民出版社1982年版。
④ 《德意志意识形态》,第56页。

資格成为历史学家。起码，个人历史的优先性，应该使历史学家成为普通人属性的一部分。即普通人不必去从事研究历史这件专门工作，但他却必定拥有一种了解自己历史的内在冲动。这种冲动是普通人生命本能的一部分。它以最根本的方式塑造着普通人的人性和历史意识。普通人凭借经验早就懂得，了解自己是了解他人的前提，认识个人历史是认识人类历史的基础。"若非不断地把人们经常提到的漫长历史时期同我们短促的一生经历联系起来，就无以了解历史。五年的时间是不短的，对大多数人来说，二十年是漫长的，而五十年前则简直像远古一样。要想知道任何一代人的命运如何，首先得想象出他们的处境，然后用我们生活中的时间概念加以衡量。"①显然，个人历史与人类历史之间永远存在着一种认识论意义上的对勘和置换。这个过程使得个人历史始终成为理解人类历史的底线、基数和平均值。②

个人世界史建构起一个完整的个人世界，并赋予它一种本体论的意义。个人世界史意味着：个人创造世界史，个人与世界史等值。即世界史并不大于或高于个人，个人也不小于或低于世界史。第三种历史并不是把世界史缩小为个人史，也不是把个人史放大为世界史。第三种历史只是提供了一种更深更细的眼光。这种眼光足以关注到世

---

① 丘吉尔：《英语国家史略》上册，新华出版社1985年版，第54页。
② 对于这个问题，托夫勒《未来的冲击》（中国对外翻译出版公司，1985年版）有过一段最为生动和形象的说明。

"如果以大致六十二年的时间作为一个人生，来划分人类过去五万年的存在，那么人类就大致有八百个这样的人生。在这八百个人生当中，人类整整有六百五十个人生是在洞穴中度过的。

"只有在最后的七十个人生内，一个人生和另一个人生之间的沟通才能有效地进行——因为文字使这种沟通成为可能。只有在最后的六个人生当中，众多的人才能看到印刷文字。只有在最后的四个人生之中，人们才能精确地测定时间。只有在最后的两个人生之中，无论什么人或什么地方才能使用电力。我们今天日常生活所用的一切物质商品，绝大多数是现在的第八百个人生之中制造出来的。

"这第八百个人生，标志着人类和它过去的一切经验的彻底决裂。因为在这个人生中，人类和资源的关系已经改观。"（第16页）

界历史上的每一个幽暗的角落和肮脏的旮旯。只有用细腻的目光才能适应和展示个人史的卑微。第三种历史的眼光可以细微到前所未有的程度。它能够看清个人的手纹、眼神和背影。但这并不使第三种历史变得庸俗和浅薄。相反,这才是一种真正的高贵和深刻。虽然研究题材的宏大可以提高人的精神境界,但这只有在研究者充分地理解了他所研究的题材本身的性质之后才是可能的。所以,不能笼统地说,研究战争成败得失因果过程的史书就一定比记述战争中一个普通士兵的经历和命运的史书更有价值。

唐德刚曾反省说,他写了一部上千页之巨的大部头《民国史》,但写的全都是大人物。

> 我写过抗战期间,一小时死伤千人以上的惨烈的"上海之战";我也曾写过"以白骨铺成"的印缅大撤退。但是我笔下的英雄却都是一批在后方指挥,毫发未损的大将军、大司令。至于浴血于前方,四肢不全、呻吟惨号、血流如注的士兵小卒则只字未提。再拜读拜读其他高手的著作也只字未提。——一将功成万骨枯,我们史学执笔者,对这千万个卫国英灵,良心上有没有交代呢?我们都是抗战过来人,耳闻目睹,想为后世子孙交代一下,又如何交代起呢?①

其实,普通人的历史要想真正成为"历史",远不仅仅是一个视角和观念问题,它同时也是一个更为普遍的体裁和形式问题。当然,唐德刚也已充分意识到了这个问题。而他所建议的最好"利用'像小说而非小说,像历史而非历史'的这一种写作模式",②显然非常接近于我所构想和论证的第三种历史这种历史新闻学文本。至少在我看来,较之于第二种历史,第三种历史拥有足够的空间来容纳个人历史。

---

① 唐德刚:《史学与文学》,第 27 页。
② 唐德刚:《史学与文学》,第 28 页。

比如,《时间创造的奇迹》这样一个故事就只能见诸第三种历史。1915 年,第一次世界大战期间,西奈沙漠的一座碉堡里,一支英军小分队被截断了与外界的一切联系,弹药食粮也全部断绝,队长恺撒大尉作出决定:夜里进行自杀式突围。这时一个 130 岁的老人送来一封信。说是拿破仑皇帝给恺撒大尉的信。信上说,碉堡下面埋有粮食和弹药,并告诉他们撤退路线以及水源地点。恺撒大尉慢慢回忆起来,他的曾祖父 1799 年加入拿破仑的军队,就是在这一带战死的。他的名字,也叫恺撒。第二天恺撒大尉率部队成功突围。这位老人说,拿破仑给他那封信,由于当时这座碉堡的驻军已撤退,而没有送到。116 年后,同名的恺撒大尉唤起了他久远的记忆。这让人们不得不感慨系之,"幸亏他这么长寿!幸亏他当时没把信当废纸扔掉!幸亏前后两个队长同名同军衔!幸亏……"①

这件小小的戏剧性的历史机遇在一般的战争史著作和一战史著作里是根本找不到的,它也许能够激发起我们的灵感,但一旦深入到第一次世界大战整个宏阔的场景之中,就会油然感到恺撒大尉的幸运实乃一桩几乎不值得一提的细微末节。这次机遇对于当事者本人的恺撒大尉及其士兵来说,乃是命运之神的垂青所致,他们个人的生命在这次机遇中得到一次决定性的归宿。但这毕竟是太微弱了,他们的生存机遇根本无助于整个战争宏局的改观。

尽管如此,可我仍然忍不住要说,在世界历史的天平上,个人的生命是否一定就比战争的胜负更微弱,更不值得一顾?我希望,当一个普通士兵在战争中奋力冲出重围时,我们的历史学家也能够冲出第二种历史的重重包围。我还希望,当恺撒大尉带领他的士兵逃出死神的魔爪时,我们的历史学家也能带领个人走出死亡的阴影,使个人在历史上获得永恒。没有人相信个人和历史会有真正的永恒。但我们必

---

① 《读者文摘》1987 年第 3 期。

须创造这个奇迹。这是因为，**个人的世界史是一场个人的战争**，它虽然没有世界大战的规模，但却有世界大战的残酷。个人的一切均在这里得到考验和磨难。个人的尊严是这种考验的证明，个人历史的价值是这种磨难的结果。当第三种历史着手揭示它们时，所有的历史都将会是另一种样子。

后　记

　　近来,顾炎武风尘仆仆于东西南北的生存状态常常在我眼前构成一道游移不定的纵深视线。但愿不是幻觉。

　　有史故我在,有史故我思。

　　对我来说,历史即现实是自明的,研究历史必须落实为批判现实也是自明的,创造历史必须落实为改变现实更是自明的。可我不知道我的繁复论证是否已把一盆清水搅浑?

　　其实正是这种近乎放肆的搅动方式才使经典历史著作成为历史河道上的中流砥柱。它虽然不能使河流改道,但却可以成为指示航道的标尺、界碑或灯塔。它虽在河流之中,但又不仅仅是河水中的一部分,而是永远高出水面的一部分。不过历史真相浮出水面的过程并非水落石出的自然结果,而是历史学家逆流而上破釜沉舟的冒险尝试。

　　如同拥有两副面孔的雅努斯神,历史学家既是水手,又是火警。所以水火无情是历史学家书写历史的生存体验,水深火热是历史学家置身历史的现实常态,而引火烧身则是伟大史家创造历史的终极形式。可我更喜欢盗火的快感。写出一本配得上历史的史书是所有史家的野心。我把这个野心变成了一把摧枯拉朽的野火。网络展示的巨大真实已使重写历史成为一场在现实荒原上刀耕火种的思想烈火。网络版的《当代中国历史》实乃必然。或许,文学的激情与尖利、新闻的敏感与惊奇、史学的深邃与达观因此得以整合,从而具有一种强大的思想粉碎机功能。对于历史学家而言,这种功能在于敲打其骨头,而不是戏弄其舌头。这也许会让他明白,必须先对砖头的存在作出正常反应。这才是一种最直接的现实批判。因为他必须一脚踢开自己眼前碍事的这块砖头。我知道,这让那些只记着戴帽却忘了穿鞋的人士感觉不爽。我总觉得,历史学家衣冠楚楚,唯独缺少一双像样的鞋子。看来,给他们做鞋将成为我的职责。所以,我把自己视作史学界的鞋匠。毫无疑问,历史学家需要各种各样的鞋子。而我所制作的这双鞋子则不是灵巧漂亮的滑冰鞋,而是结实耐用的登山鞋。或者说,它不是供历史学家休闲用的轻便拖鞋,而是供历史学家竞赛用的运动鞋。

最起码,历史学家不应该幻想成为现实真空中的赤脚大仙。他在回首过去或眺望未来时,首先需要低头看看自己脚下。脚下的现实是荆棘丛生的历史墓地。这往往使历史学家成为现实中最不安定的一部分。二者之间充满张力而又岌岌可危的暧昧关系,使得史家无言或发言均意味深长。其沉默暗示警惕,其声音昭示警醒。这样,历史学就成为一把专门用来劈开现实黑暗铁幕的利斧。这使改变现实成为被改造思想之余历史学家力所能及之事。虽然思想改造的历史曾使人们放弃了改变现实的思想努力,但为了抵抗改造思想,必须坚持改变现实。

改变现实是最具创造历史意义的个体性实践。所以,实践主义构成现实主义历史观的动力论。现实主义历史观是一种要求改变现实的历史观。在现实意义上,创造历史已成为每个人的责任。正如可以把改变现实理解为改变个人生活,同样可以把创造历史理解为创造个人生活。这不仅是一种有效的个人主义方法论策略,同时也是一种可能的个体主义生存论方案。我相信,改变自己生活就是改变他人生活,创造个人历史就是创造世界历史。

现实自身就在变化,改变现实并非要加快变化,而是要调整变化,即使变化尽可能符合我们的意愿。产品要想合格,就必须经受破坏性使用。理论要想有效,就必须经受批判性检验。即看它能否改变事物现状以及事情的既定状态。显然,这正是改变现实的本义。因为改变现实的底线不是一般性变化或自然性变化,而是方向性变化和目的性变化。

改变现实:小而言之,改变个人生活;大而言之,改变社会现状。改变个人生活依据道德判断而定,即个体自我感觉个人生活是好还是坏;改变社会现状依据理性判断而定,即社会秩序是否包含一种普遍合理性。

更多的话还是放到《史学微言》中说。

现在交代一下本书写作过程。

1992 年写,1999 年改,2002 又改,2005 再改。

一如既往,本书有爱,有思,有义。

此前部分章节曾在《山东社会科学》、《东岳论丛》、《文史哲》、《重庆社会科学》刊发。特此致谢。

2006 年 11 月 21 日

责任编辑:王世勇
装帧设计:曹　春

图书在版编目(CIP)数据

第三种历史——一个历史新闻学的文本/雷戈 著. -北京:人民出版社,
2007.6

ISBN 978－7－01－006194－8

Ⅰ.第…　Ⅱ.雷…　Ⅲ.史学:新闻学-研究　Ⅳ.K0

中国版本图书馆 CIP 数据核字(2007)第 067464 号

第 三 种 历 史

DISANZHONG LISHI

——一个历史新闻学的文本

雷 戈 著

人民出版社 出版发行

(100706　北京朝阳门内大街 166 号)

北京瑞古冠中印刷厂印刷　新华书店经销

2007 年 6 月第 1 版　2007 年 6 月北京第 1 次印刷
开本:700 毫米×1000 毫米 1/16　印张:18.75
字数:240 千字　印数:0,001－3,000 册

ISBN 978－7－01－006194－8　定价:43.00 元

邮购地址 100706　北京朝阳门内大街 166 号
人民东方图书销售中心　电话 (010)65250042　65289539